河南省高等学校哲学社会科学优秀著作资助项目

伯林自由主义伦理思想研究

杨 晓 著

河南大学出版社
HENAN UNIVERSITY PRESS

·郑州·

图书在版编目(CIP)数据

伯林自由主义伦理思想研究／杨晓著． -- 郑州：河南大学出版社，2022.7

ISBN 978-7-5649-5252-5

Ⅰ．①伯… Ⅱ．①杨… Ⅲ．①伯林(Berlin, Isaiah 1909-1997)-自由主义-思想评论 Ⅳ．①B561.59

中国版本图书馆 CIP 数据核字(2022)第 138644 号

伯林自由主义伦理思想研究
BOLIN ZIYOU ZHUYI LUNLI SIXIANG YANJIU

策划统筹	杨国安　谌洪波
责任编辑	阮林要　林方丽
责任校对	张雪彩
封面设计	陈盛杰

出　版	河南大学出版社
	地址：郑州市郑东新区商务外环中华大厦2401号　邮编：450046
	电话：0371-86059715(高等教育与职业教育分公司)　网址：hupress.henu.edu.cn
	0371-86059701(营销部)
排　版	郑州市今日文教印制有限公司
印　刷	广东虎彩云印刷有限公司
版　次	2022年7月第1版　　　　　　　　　印　次　2022年7月第1次印刷
开　本	710 mm×1010 mm　1/16　　　　　　印　张　15.75
字　数	258千字　　　　　　　　　　　　　定　价　48.00元

(本书如有印装质量问题，请与河南大学出版社营销部联系调换。)

导　论

　　作为二十世纪最具代表性的自由主义捍卫者之一,伯林的自由哲学和政治哲学思想广为人知,备受众多知识分子的推崇。然而,与其自由哲学和政治哲学联系紧密的道德哲学思想却并没有引起知识界应有的关注。伯林强调政治理论乃是道德哲学的一个分支,其展开的起点就是设法在各种政治体系之中发现或者应用道德观念。通过审视伯林散论在不同文章和著述中对观念史的研究和对自由概念的独特的诠释,我们可以得知:伯林对道德哲学的重视和他致力于倡导价值多元思想以及对消极自由的维护和对个体权利的强调息息相关;在对理性主义一元论批评的基础上,伯林推崇价值多元主义思想并力图在此基础上重构自由主义。贯穿于伯林自由主义伦理思想之中的逻辑主线就在于对消极自由的捍卫以及对价值多元主义的推崇。对伯林而言,唯有在一个尊重个体思想的多样性、保障个体权利和选择自由的社会之中,道德哲学才能得以存在和蓬勃发展,而这才是符合人性全面发展的社会。因此,伯林的道德哲学和自由哲学可谓一体两面,相辅相成。

　　伯林的自由主义伦理思想在对二十世纪道德现状反思的基础上回应了"祛魅"后"诸神冲突"的现代世界。同时这也意味着伯林对自由主义的思考和阐释是以现代性的语境为基础的,其实质是一种拒斥"同一性""反基础主义"的自由主义,即放弃自柏拉图以降在西方智识传统中占主导地位的基础主义和同一性哲学等西方传统理念,进而对个体自由和权利进行捍卫和坚持。伯林以个体自由和权利为立足点展开其自由思想,其间个体不可避免地会遭遇在多元样态的道德价值之间进行选择的问题,由此就凸显出伯林的自由主义伦理思想所直面的境况:在我们所生活的这个充满歧义和纷争的世界中,我们应当如何地对待生活方式和道德价值的多样性?同时,通过对爱奥尼亚谬误根源即理性一元主义的回溯,伯林立足于二十世纪的政治和道德实践,对导致二十世纪自由理想失落的理性一元主义进行了批判,其目的在于警醒人们认识到极权主义潜在的危险,进而摒弃一元论思维。由于理性一元主义以普遍的人性论为前提,所以伯林认为这种缺乏对人类悲剧状况深刻认识的观点仅是一种形而上学的幻想。为此,伯林以多变的人性论为逻辑起点,提出了多元主义的思考方式。在伯林看来,从欧洲浪漫主义哲学传统中挖掘而来并得到进一步阐释的价值多元主义既是一个理论问题,亦是现实存在。伯林认为在现代性不断遭到批判的今天,传统的价值体系和价值判断已失去了其终极的完备性,多元性成为现代世界的根本特征之一。这种价值多元主义对道德生活和政治生活的意义体现在:价值多元主义在道德生活中要求个体自主选择价值,在政治生活中要求积极参与公共事务,通过协商的方式达成共识或寻求宽容来缓解冲突。同时,伯林对两种自由概念的重新划分和解释也以价值多元主义为理论基石,在此基础上伯林力图为自由主义的核心理念即个体自由进行辩护,从而对自由主义进行理论上的重构。因此,伯林的"自由多元主义"将"基础主义的自由主义"从对某种绝对的道德价值的信仰而带来的危险中解救了出来,由此赢得了人权与自由。

在秉承西方自由主义传统的基础上,伯林建立了一个全新的、属于其自身的坐标体系。伯林认定对历史的追溯和反思亦是对过去之人的独特的意识经验和思想结晶的汲取,他以处理历史之中独特意识经验的观念史为基点,秉持多元主义的原则,与十九世纪史学潮流相悖而行。伯林拒斥当时史学所持的进步意义,质疑非个人解释力量比重的日益增大,惋惜个体在历史演进过程中的缺席,而对与个体选择的自由相伴生的个体对历史所负责任的漠视和压制更不为伯林所认同。同时,受启蒙运动的启发,依据人类发展的历史,伯林认为从未存在一个通用的人类生活剧的剧本。这正是伯林所要传达的历史观和人性论的主题:人类的自我创造总是使自己成为多元的而不是单一的,所以,单一的人类历史的观念,就像完美的人类生活的观念一样,都是一种误解。伯林所提倡的多元论所要颠覆的正是这种误解。对伯林而言,人类历史必然同人类所操持的语言一样具有多元的样态,事实上,语言的本性恰恰就在于其差异性和多元性,所以,人类历史并非是单一的和静止的,而是多元的和动态的,这亦是人类历史的真实面目。此外,伯林对与历史观联系紧密的人性论思想的处理同他一贯所秉持的价值多元主义理论相一致,他提倡一种多元化的、动态的人性观。对伯林而言,那种一以贯之认为人性是固定不变的,并且试图用理性主义来解剖人性,希望把科学研究的方法应用到对人性的研究中,从而演绎推理出人类的价值的观点是荒谬可笑的。他赞同浪漫主义所倡导的人类在发展的过程中具有多元性和差异性的观点,并把其糅合进人性论中,从而秉持一种自由主义人道主义的人性论。

  当前中国正处于一个社会转型期,经济的大幅度提升和精神道德的危机都亟待解决。在这种进程中,各种心灵秩序危机和道德情感危机层出不穷,利益主体的多元化导致的冲突以及物质上的富裕、精神上的虚空以及道德层面的阙如日益凸显。因此,在大力推进社会主义文明建设的进程中,一方面我们必须努力建设和完善社会主义核心价值体系,在尊重差异中扩大社会认同,以社会主义核心价值体系作为社会主义制度的精神之魂、社会主义意识形态大厦的基石。另一方面我们也应当勇于借鉴人类政治文明的有益成果。对伯林所提出的观点我们需要认真加以甄别,要有清醒的认识和判断。这就要求我们在复原伯林自由主义伦理思想的基础上,对它进行批判的分析,揭示其逻辑上的漏洞和实践上的后果,从而阐明其局限性。同时我们也要汲取伯林思想中有益于促进我国社会主义建设的观点,比如他对两种自由概念的澄清和划分,对于我们理解社会主义条件下的自由问题无疑是一种有益的参考;伯林的多元论对我们当下的道德思维方式的转变也是一种借鉴;他对伦理问题的认识视角和思考方法,他的深切的"现实感",为我们反思我们既往走过的道路、对我们当前的伦理理论研究和实践也具有一定的启示意义。

目　录

导　论 ……………………………………………………………（ 1 ）
第一章　伯林自由主义伦理思想直面的问题：道德价值的多元化 ……（ 1 ）
　第一节　伯林自由主义伦理思想的现实背景……………………（ 2 ）
　第二节　逻辑起点："爱奥尼亚谬误"……………………………（ 8 ）
　第三节　逻辑指向：道德价值的差异性和多元性………………（ 16 ）
　第四节　伯林自由主义伦理思想的基石：价值多元主义………（ 30 ）
　本章小结…………………………………………………………（ 47 ）
第二章　伯林筑基于多元主义之上的自由主义思想……………（ 49 ）
　第一节　西方自由概念的思想史回溯……………………………（ 50 ）
　第二节　伯林的两种自由概念……………………………………（ 63 ）
　第三节　筑基于多元主义之上的自由主义：一种重构的尝试………（ 85 ）
　第四节　自由的价值和权利的绝对性……………………………（ 99 ）
　第五节　伯林的自由概念所引发的学术论争……………………（115）
　本章小结…………………………………………………………（125）
第三章　伯林彰显个体自由意志与责任的历史观………………（127）
　第一节　伯林彰显个体自由意志的历史观………………………（128）
　第二节　伯林历史观的逻辑进路：从观念史到对决定论的批判……（142）
　第三节　伯林历史观的逻辑面向：现实感…………………………（152）
　本章小结…………………………………………………………（171）

第四章 伯林自由主义伦理视域下的人性论 ……………………（173）
  第一节 选择者和目标的探求者…………………………………（174）
  第二节 族群的归属感和认同的寻求………………………………（188）
  第三节 基本道德范畴存在的必要性………………………………（199）
  本章小结……………………………………………………………（217）

第五章 结语 ………………………………………………………（218）
  第一节 伯林自由主义思想的独特样态及其理论困境……………（219）
  第二节 伯林自由主义伦理思想对我国社会主义建设的启示……（227）

参考文献 ……………………………………………………………（232）

第一章
伯林自由主义伦理思想直面的问题：
道德价值的多元化

伯林所处的时代是自由主义饱受"左""右"两翼夹击、境况困窘的时代。作为一种在西方智识史上显赫的思想体系，自由主义在20世纪遭遇到前所未有的挑战。同时，当代西方思想发展的核心指向也体现为对自由主义展开批判和反思。由于对现存的自由民主社会的不满，批评者把其弊端归于那种信奉消极自由的、权利观念占据主要地位的、个人自主本位的自由主义。社群主义者指责自由主义者为了个体权利而牺牲社会稳定和个体的美德，忽视公共规划与目标，使个体成为一些孤单与自利的"原子"。对共和主义者而言，其所致力的方向则在于重新阐释自由的概念，克服权利论自由主义对消极自由的片面注重。他们试图打破伯林对自由以消极—积极两分的框架，力求将自由主义传统所摒弃的"积极自由"成分以及法律干涉的正当性重新统和在对自由概念的重构之中，与此同时仍然谨慎地保留个人"消极自由"的正当性。①因此，强调个体权利和个体自由的伯林的自由主义思想所直面的问题体现在：在我们所生活的这个充满歧义和纷争的世界中，我们应当如何对待生活方式和道德价值的多样性？

---

① 昆廷·斯金纳.自由主义之前的自由[M].李宏图,译.上海:上海三联书店,2003.

第一节　伯林自由主义伦理思想的现实背景

亚里士多德在《尼各马可伦理学》中指出,如何能拥有一个美好的人生是伦理学首要面对的问题。由于人是目的性动物,他的行为通常是朝向某种目标而行动,虽然这些目标不尽相同。对一些人而言,人生的目的在于对真、善、美的追寻或者人生的目的就是追寻幸福。至于真、善、美和幸福的内容为何,则存在着互有差异的答案。若对这些问题不能找出具体的内容,那么真、善、美和幸福一词就仅仅是空泛的概念而变得毫无意义,因为如何寻求有意义的幸福人生涉及人们对价值的探索,这种探索一直从古希腊延伸至今。而苏格拉底所谓的"不经反省的人生是不值得生活的!"所诠释的正是人生存在的价值在于找到或者构建出生命终极意义之目标。

对于人类存在所欲求的价值,由于各种哲学思想立论以及关注的焦点相异而呈现出不同的面向。抑或尊重价值的主观性层面,国家中立立场对个人价值选择予以尊重而不介入干涉,抑或为现实追求社群的善或群体善之目的,必要时对个人价值或行为予以介入干涉或限制。因此,要清楚地了解伯林自由主义伦理思想的主要特性及其主要呈现形态,仍需溯及本源及对其所面对的现实背景进行诠释,方能勾勒出清晰的轮廓,对伯林自由主义伦理思想阐述之要点或能有所帮助。

一、"国家至上"和极权主义的影响

伯林所生活的时代注定了对平静生活的向往只能是个梦想,二十世纪人类社会发展的历程如梦魇的崎岖杂乱,政府干预和"福利国家"政策失利所产生的恶劣影响、苏联集权主义时期对民众尤其是知识分子的压制、德意法西斯肆意践踏公民自由及屠杀犹太人的残暴行径都令伯林意识到只有在新的历史条件下廓清自由概念所处的困境,直面自由主义所面临的问题才能防止悲剧重演。

首先,随着资本主义的迅速发展,社会繁荣进步的同时也伴生着两极分化和工人失业化的日趋严重。古典自由主义衍生的自由放任政策逐渐地不再适应国家的发展,国家的概念也因此发生了根本的逆转,自由主义者也开始承认

"仅仅为了缓和失控的私人企业的非人道的行为,保护弱者的自由,捍卫一些基本人权——没有这些权利,不可能有幸福、公正,也不可能有追求生活意义的自由——也需要一定范围的调整甚至对社会生活的控制,而也许正是受到憎恨的国家,能够承担这种调节与控制的工作"①。因此,修正自由主义所抛出的积极国家的观念日趋重要,国家在政治、文化和经济生活中所占的比重也日益增多,国家的触角成功地深入社会生活的每一个角落,而留给个体公民的自由选择空间变得极为狭窄,个人在生活中好像被束缚进一个紧身衣中,事无巨细的都需要得到国家的关注和处理。国家力量愈来愈被视为追求自由的重要方法和途径,大规模地蚕食着构成社会的最小单位的个体固有的自由领地的状况导致个体自由和个体权利面临着巨大的威胁。《二十世纪的政治理念》中伯林指出:"今天,即使是最好意的庇护人式的国家,也许正是它减少饥荒、疾病与不平等的真实努力,它的穿透生活的所有被忽视的角落与裂缝——这些角落与裂缝也许正表明需要它的公正与慷慨——的努力,它的这些善意活动的成功,压缩了个体犯错的范围;为了他的福利或卫生、他的健康、他的安全、他的免于匮乏与恐惧的利益(非常真实的利益),剥夺了他的自由。他的选择领域变得越来越小……"②国家对个体生活的各个方面的渗透的初衷在于增进全社会的利益,为个体自由和个体权利提供切实的制度保障,但其造成的后果却是在人类追求和扩大自由的进程中,个体自由选择的领域日益缩小。这种有悖于政府行为初衷的现象引起了伯林的深思。

此外,二十世纪甚嚣尘上的极权主义也迫使伯林对漠视和压制个体自由和个体权利的政府制度走向持批评态度。法西斯主义的暴虐罪行是人类社会历史上的大灾难,但更严重的是其给人们的心灵造成了极大的创伤。法西斯极权主义公开禁止公众集会和出版报纸,而且严格控制个体自由,控制自由发表意见的权利,包括出版、集会和结社权等,国家有权检查个人信笺、电报和电话,以及搜查家庭,限制或没收财产等,③并且大力鼓吹国家或民族至上主义,"个人必须为国家的利益而完善其人格",任何时候都要有"服从、牺牲和为祖国献身的美德",反对民主自由,强调"创造文化的种族需要从属的劣等种族

---

① 以赛亚·伯林.自由论[M].胡传胜,译.南京:译林出版社,2003:73.
② 以赛亚·伯林.自由论[M].胡传胜,译.南京:译林出版社,2003:100-101.
③ 达巍,王琛,宋念申.消极自由有什么错[M].北京:文化艺术出版社,2001:156.

提供劳动和服务作为'辅助力'"①。以此为指导,纳粹德国两度颁布"反犹太人法",并采用多种残暴手段,有计划地对德意占区的犹太人进行惨绝人寰的大屠杀。他们在德意控制区设立了奥斯维辛等多座集中营,建造毒气室、尸窖和焚尸炉等大规模系统性灭绝设施,专门用来消灭犹太人,甚至对其进行活体解剖,试验病毒的传染及疫苗效果。集中营里堆满了犹太人的尸骨,这场浩劫成了他们永远的噩梦。

伯林对法西斯极权主义对犹太民族的无端迫害非常憎恶,但是最令他感到气愤的则是这些统治者甚至剥夺了犹太人获知自身命运的权利。伯林厌恶地指出:"法西斯主义的道德观点的核心在于否认人类道德主权……他们都试图对自己的追随者进行洗脑、对自己的敌人加以彻底消灭……也试图用灌输的方法让人们放弃经过自身判断得来的信仰。"与乔治·凯南(George Kennan)关于对法西斯主义和苏联共产主义的讨论的通信中,他详述了纳粹刽子手如何向犹太人保证将其带到东方"重新安顿",以哄骗他们安静地走向死亡,尔后叹息:"为什么这种在客观上有可能减轻受害者痛苦的欺骗会在我们的心里引起一种真正难以言说的恐怖之情呢?……这当然是因为我们无法忍受连人们最后的权利也被否定了——那就是知道事情真相的权利,至少能以前途已定的人所能有的自由来行动的权利。"②仅仅这种对极权主义的信念还不足以支撑伯林的思想所面对的境况,"正是由于想到自己的民族被人卑劣地欺骗,懵然不知地走向死亡,这个主题才变成了信念,这个观点才变成了学说"。③ 如果说对马克思主义和苏联实践日益强烈的反感让他萌生了捍卫个体自由之念的话,法西斯暴行则给他另一种刺激,令他在维护个体权利,尤其是知晓自身命运并对其做出判断的权利时有一种带着忧郁感的雄辩。因此,伯林在多元主义的基础之上所重新构建的自由观是在二十世纪苏联的集权主义和法西斯主义的双重作用下产生的。

二、工具理性和原子式自由主义的质疑

社群主义的政纲之一就是摒弃对理性的"工具化"的理解,据称那是自由

---

① 乔治·萨拜因.政治学说史[M].邓正来,译.上海:上海人民出版社,2008:998.
② 伊格纳季耶夫.伯林传[M].罗妍莉,译.南京:译林出版社,2001:272.
③ 伊格纳季耶夫.伯林传[M].罗妍莉,译.南京:译林出版社,2001:272.

主义理论所依赖的思想。他们将工具理性视为自由主义人性论的一部分：人在本质上是互相隔绝的。他们说，自由主义者承认很多个体权利，却不承认公共责任。如果偏好与立场都是主观的，人受主观愿望的驱动，那么，人们的目的就是互不依赖的，人与人之间的关系就只有工具意义，而没有内在意义。很多早期及当代自由主义者都是怀疑论者，他们把理性贬低为单纯的欲望或激情的工具。但要知道，这些观念并非自由主义的必然特征。因此，尚不清楚，对工具理性的批评必然就针对自由主义。伯林认为这种从过于抽象的角度对自由主义进行批判的方式通常是不得要领的，因为自由主义并非是关于"自我和自我之目的"之间的关系的学说，它直接提供的是政治生活的组织方式，这种方式重视自由、个体权利、理性、个人自主等的重要性。同时，具有理性能力的人正当地追求各种各样的生活方式、目标、理想。事实上，自由主义道德哲学的重要之处在于其把人从那些束缚个体并限制选择的紧身衣中解救出来。自由主义的理性能力必须足够宽泛，它兼容并蓄，必须能够容纳自由主义的多样性。

　　面对社群主义的这种批评，伯林并没有立即做出反驳之举。因为伯林的自由理念具有独创性以及鲜明的特色，它与社群主义所极力抨击的在英美世界占据支配地位的新自由主义思想并不一致，同样，与这些新自由主义思想的源出的较老的自由主义传统也不尽相同。究其根源，盖因以罗尔斯、德沃金、哈耶克等为代表的新自由主义全都依赖于理性选择的概念，而无论是康德式的还是密尔的自由主义亦从理性概念之中引申出来。与这些自由主义思想相反，对伯林而言，自由的价值源于对理性选择的限制。恰恰是对建基于理性选择概念之上的传统自由主义的批判，导致了伯林的思想在现今的道德哲学和政治哲学中影响甚小，因为伯林所欲瓦解的理性主义无论是对新自由主义还是对传统的自由主义而言，都是其赖以存在的根基。当然，伯林并非一个反理性主义者，同他心中的圣者休谟一样，伯林亦坚守启蒙主义精神——依据理性的研究来说明人类世界。对伯林而言，个体自由和个体权利是其自由主义思想的核心所在，他对个体自由的尊崇并不是以对理性的工具理解为前提。对自由主义而言，只要具有思考的能力，有朝向特定目标的欲求以及行为正当，任何生命都是道德个体，都需要得到我们的尊重，都有平等的享受各种基本自由的权利。然而，自由的个人要求获得尊重，并不意味着要抹除所有关于美好生活的判断，个体有选择自身生活的权利亦非意味着个体所欲求的目标是善的。

三、对个体自由和个人自主的强调

对伯林而言，自由主义不仅蕴含着把人视为自我决断、灵活善变的理念，他还指出作为多元的、宽容的社会中的组成部分，个体亦面临多种不同的生活方式，并且必须在这些不同的生活方式中直接做出选择。社群主义者对此却并不苟同，他们指出，自由主义认为人本质上是孤立的、原子化的以及自足的。对他们而言，自由主义的自我是一具意志的空壳，它面临无数种开放的可能性，没有客观的道德路标，也没有可供指引选择的基础。当被要求选择自己的全部依属，甚至自身的归属时，自由主义的自我无力为之，因为他们已经失去了服务他人、服务于其他目标或目标的建构性志向。社群主义者认为自由主义理念将存身于其中的个体描绘为"严重分离"的陌路人，自由主义个人主义是一种"认为社会由严重分离的、注定会彼此争斗的个人组成的学说"。自由主义强调个体权利、个体自由和个人自主，事实上其目的在于保护原子论自由主义个人的漫无目的、与世隔绝的自由。

对于社群主义对自由主义的这些抨击，伯林并不苟同。他认为自由主义不限于对理性的一种"工具化"理解，或者对生活目的的一种怀疑论或主观论；自由主义个人主义不应该被理解混同于原子论或关于社群的某种肤浅的理解。在伯林的自由主义思想中，自由通常是与消极自由联系在一起的："这个意义上的政治自由只限于人可以不受他人阻扰而行动的范围"；对它的制约，不是由于个人的能力，而是由于他人蓄意的干预。这种自由是在同其他的价值的比较之中显示出自身的价值的，它的价值也不是"绝对的"和"神圣的"。同样，伯林认为存在着多种因素和尺度，所以消极自由会受到多方面的限制。因此，伯林认为并非只有外在强制力量的干涉才能对消极自由有所限制。积极自由的概念指的是自己做自己的主人，意识到自己是"有思想、有意志、积极的生命，对自己的选择负有责任，并有能力根据自己的思想与目的去解释自己的选择"。与消极自由不同，积极自由会因"内在"的原因而失败。值得我们注意的是，不能误解伯林的真正含义。伯林无意于否认人的独特之处在于具有积极的能力，这种能力可以证明人被赋予道德尊严或价值是正当的,并要求我们"认为"这些人值得受到完全的尊重。同时,伯林也意识到:一个主体在被认为是自由的之前,至少具备最起码的理性——在我们认为不应具备这种资格的行为主体中,包括虚妄的、错乱的、中了邪的人。

同时,伯林也并不否认开发我们的批评思考与自我抉择的能力是有益的。他认为,自由不应该与其他原初价值,如善、正义、理性或关于崇高目的的具体理解混为一谈。做一个自由的人,并不必须是完全自治的人,或完全开明的人。自由主义者避免将理性的栅栏修得过高,因为他们相信,所有正常的有行为能力的成年人都具有道德尊严;这一点可以通过人们的反思与抉择能力来证明,而与人们所做出的选择的基本品质或价值无关。如果以追求真实性、追求更高的自我或真正利益为名去压制一个人,说这就是使他自由,这样的说法只是在掩盖为干预他人生活而付出的真正的道德代价。消极自由也并非绝对的东西,它可以受到权衡和抑制,甚至很多自由主义者也承认,有时法律应该促使人们做对自己有益的事。消极自由这一术语也让我们明白,当人们的选择受到干预时,某些有价值的东西就失去了,这一术语还能防止我们将专制的业绩与自由的勃兴等同起来。

伯林认为,在道德意义上的"正常"人都有权利得到我们的尊重,都有对宽容的道德诉求,都享有平等的自由权利。个人有能力进行慎重的选择,有能力制定、追求及修改生活的目标、计划和方案。个人有一定程度的实践与认知理性,是自治的、独断的,他们认识到自己具有时间上的连续性。自治的个人的反思能力可能会因一些缺陷而被削弱,但是崇尚个体自由权利和自治的人都尊重他人的这一原则,并且大体上全都反对操纵、高压、家长制以及完美主义。对伯林而言,人是值得尊重的,因此人可以自由地选择自己的理想,甚至可以不要理想地生活。然而,在尊重选择的自由的同时,并非所有的选择都同样具有价值,或者同样与某种自由主义形式的美德相适应。全面提升道德个体的反思能力,将会使人接近一种理想的状态,我们称之为个体自治。伯林认为这种个体的自治是一种价值,甚至是内在的价值。但是对伯林而言,他不可能从以英美流行的经验主义的标准或功利主义的标准把价值看作满足需要的手段这个角度来考虑自由的价值问题。自由是一种内在的善,是一种终极价值,而不仅仅是满足人的愿望的手段。因此,自由的内在价值,特别是消极自由的内在价值,并非体现在其对积极自由的个体的自治的增益,而在于它是选择的"基本自由"的具体化——这里的选择不是指在真正的善之间的理性选择和根据个体自治而称作值得选择的选择,而是绝对的选择自身。由此可知,伯林的自由主义并非建基于自治的概念之上,虽然他承认自治是一种善。但对伯林而言,这种以个体自治为基础的自由主义过分地抬高了一种生活理想,而这种理想本来是有争议的和有疑问的。

对伯林而言,价值会因每一个体之个性差异而呈现出多样化的样态,因此应该赋予个体充分自由想象的空间去准许你自身所认定的理想人生,这必然会导向价值主观性和价值多元化,因此,在面对"究竟什么样的生活才是美好的人生?"这类涉及个体对于价值的选择时,伯林的自由主义伦理思想体现出一种多元主义开放的态度,一以贯之地指出并不存在一种永恒的衡量标准和尺度去度量每个个体自身所做出的选择,因此必然要尊重个体自身所做出的选择,同时也宽容地对待个体所秉持的互有差异的意见。因此,在强调个体自由和个体权利的不可替代性之后,伯林面临的首要问题是:在我们所生活的这个充满歧义和纷争的世界中,我们应当如何对待生活方式和道德价值的多样性?对伯林而言,试图用某种特定的价值统御所有的生活和目标,以求得社会世界的和谐与统一,无论这种企图是出于多么美好的意愿或以多么崇高的名义,都是极不可取的。这种信念正是伯林在其学术生涯中所极力批判的"爱奥尼亚谬误"。

第二节 逻辑起点:"爱奥尼亚谬误"

出于对宽容和个体自由的注重,伯林的自由主义伦理思想的侧重点就体现为:对追寻"爱奥尼亚谬误"的一元论的批评,在价值多元主义的基础上对自由的重新建构以及对崇尚个体权利的消极自由的辩护。与其他的思想家相比,伯林从未声称自己掌握了某种简单的真理,从而用其来解释和改造这个世界。但是他所追寻和探求的这些思想因素既非漫无目的的随风倒的产物,亦不是一些应时之作,相互没有关联。反之,这几种因素之间是紧密联系、具有一致性的。作为一个多元主义者,伯林自由主义伦理思想的主旨便是对"坚定的一元论者"以及他们的政治上、道德上的追随者进行不懈的批判,进而支持一种多元样态道德存在的价值多元主义思想。

一、寻求价值同一性的"爱奥尼亚谬误"

伯林的著作中对历史和道德理论的描述大部分都指向一个明显的目的：对"爱奥尼亚谬误"的揭露和批评。最早提及"爱奥尼亚谬误"的描述出现在《逻辑转移》中。在这篇文章中伯林提醒我们注意，并非所有的哲学问题都可以去寻求一种解决方案，并且存在一种方法论。例如这样的问题："事物是由什么构成的？"就必须预设一种理解所有真实事物的存在所依赖的基本原则的基础。假如这种所做出的一切事物都是统一的假定是会遭受质疑的，那么整个找寻解决所有问题的唯一的方案无疑是得不到合理性的证明的。正如我们从散论在伯林的著述中认识到的，他认识到在人和自然现象之间存在很大的差别，并且知道每一种知识的方法论都不尽相同，此外，在我们的研究领域中没有哪一种方法是可以在这个领域中久盛不衰的。但是"爱奥尼亚谬误"的一个实例就体现在相信着重演绎推理的科学对问题的最终解决方案，并试图把这种应用于科学研究中的方法套用到人文学科的研究中去。"机械推断的明证，或者是把最多能解释生活的一个方面的东西过于热衷地应用于整个生活开始的，这是爱奥尼亚哲学家们所采取的一种古老的荒唐形式。他们企图对'万事万物由何构成'这个问题给予单一的回答。"① 伯林确证这种谬误是被实证主义者应用到历史写作和哲学反思中的。此外，伯林同样也意识到了这种推动力也曾在规范伦理的谱系中出现——特别是在道德哲学和政治哲学中。

在《理想的追求》中，伯林通过对西方智识传统的回溯，揭示出追寻价值统一性的"爱奥尼亚谬误"的根本问题所在——对问题的最终解决方案的寻求。伯林意识到这种对最终解决方案的寻求是由一种假定所驱动的，而这种假定是可以被理性的人们所理解的。不论他是否理解基督徒和希伯来人的传统，或对柏拉图和亚里士多德哲学的研究，斯多葛主义、经院哲学，自然法理论者、经验主义者或启蒙思想家以及他们的继承者，例如功利主义者，或黑格尔和马克思，伯林开始确定一种共同的方法论和形而上学的假设。② 他指出"在

---

① Isaiah Berlin. Concepts and Categories[M]. New Jersey:Princeton University Press,1999:159.
② 以赛亚·伯林. 扭曲的人性之材[M]. 岳秀坤，译. 南京:译林出版社,2005:8.

某一刻,我意识到,所有这些观念的共同之处是一个柏拉图式的理念:首先,像在科学中一样,所有真正的问题都应该有且只有一个真正的答案,而其他的答案都是错误的;其次,必定有一条可靠的途径导向这些真理的发现;第三,真正的答案,如果找到了的话,必定彼此融洽、俱成一体,因为真理不可能是相互矛盾的——这一点是我们先验地知道的。这种无所不包的理念才是对宇宙的七巧板式谜题的解决之道。至于伦理道德方面,那时我们会发现,完美的生活必定是,而且应该是,建立在对于统治宇宙之法则的正确理解的基础之上的。我们或许永远达不到真理这种完美的认识状态;也许是因为我们智力愚钝、过于低能、腐化堕落,或者是罪孽深重而无法把握它。可能有太多的障碍,无论是智识精神,还是外部物质方面。此外,像我们之前所说的,应该循着哪条道路去追索,也是一件纷纭:有人去教堂里寻找,有人却埋头于实验室;有人相信直觉,有人依靠试验,有人依赖神秘的幻想,有人则坚信数学的计算。不过,这些真正的答案,或者是一个最终的体系(所有真正的答案是交织于一起的),即便我们自己不能发现它们,它们也必定存在——除非问题不是真正的问题。必定会有某人能够知道真正的答案;也许是天堂里的亚当;也许我们只有等到世界末日才会知道。如果我们人类不能知道,那么也许天使会知道;如果不是天使,上帝总会知道。这些永恒的真理,从原则上讲,一定是可知的。"①

因此,"爱奥尼亚谬误"是源于"柏拉图理念",它是在追寻真、善、美的过程中产生的。单纯哲学的反思并不会导致谬误的产生。是什么原因导致人们相信必定能发现终极的、永恒的、兼容的、和谐的解决方案?这种信仰本身是与生命、自然和道德背后的至关重要的假设相互联系的,亦即存在一种未经揭露的先验的秩序,但问题在于我们如何把生活的拼图合适地拼在一起。这种"爱奥尼亚谬误"的根本问题在于:它假设是存在一种总体规划,处于这个规划之中的所有方面和因素都必然是相互融合的。由此可知,盖因其相信存在着永恒不变的生活方式,所以这种思维方式是一元论的。在伯林的著述中"爱奥尼亚谬误"是一个频繁的话题,虽然对这种谬误的基本陈述却经常会发生一些变化,但伯林对其的批评的立场始终是一致的。在《反潮流》中,伯林详细阐述了关涉古典理性主义、现代理性主义以及普遍意义上的一元论思想。对

---

① 以赛亚·伯林.扭曲的人性之材[M].岳秀坤,译.南京:译林出版社,2005:9-10.

伯林而言,古典的怀疑论传统,塞克图斯的经验主义思想,怀疑论者像卡利阿德,相对主义者像普罗泰格拉都反对这种追寻统一和完美的"爱奥尼亚谬误",例如,卡利阿德认为在理性基础上产生的道德目的之间的冲突可能是不可避免的和不可调和的。但是这些怀疑论思想家对西方智识传统产生的影响小到可以忽略不计。因此在这种智识的争斗中,柏拉图和亚里士多德的理性主义直到今天仍然是胜利者。

伯林认为直至文艺复兴运动,这种理性主义和一元论的假设才开始正式进入人们批判的视野。其中一个主要的转折点就是从文艺复兴的法理学家对自然法的批评开始的。在十六世纪的后半叶,通过对罗马法的研究,特别是新教改革运动,人们开始认识到罗马的原则、法则和生活方式并不适合现代的境况。然而,自然法的普遍性假设,随同超越于古代人的智慧的假设一起,暗示出对古代人而言是正确的事情对现代人也同样如此。这种假设和结论不久就受到了人们的质疑。例如,在对奴役和解放做法律意义上的理解时问题就出现了。法律和社会结构对这样的行为的支持明显是与基督徒所信奉的人类尊严的规则相悖的。对这样的现代思想家而言,人是生而自由的,他们并非从一出生就是奴隶,被人奴役。在这种境况下,古代人也并不比现代人更睿智,同样的情况也发生在其他的境况中。最终人们会意识到古代人关于人和社会的律法是错误的。自然法的内容也可能需要变更,道德在发展的过程中可能会逐渐完善。但是如果是针对这种境况,我们对人性的理解就是不明确的,并且是可以得到修正的。由此人们可能会质疑他们所支持和信奉的固定的人性的理论和道德的规则。

二、"爱奥尼亚谬误"的一元论本质和矛盾

伯林通过对"爱奥尼亚谬误"追根溯源,揭示出其苛求真、善、美的"柏拉图理念"的源头———一元论。而对伯林而言,旨在肃清极权主义倾向的对一元论的批判贯穿在他的思想之中。伯林认为二十世纪肆虐的极权主义并非无根之木,而是有其深刻的逻辑和理论的根源———一元论及其不同的变种,同时也是体现在政治思想核心的历史潮流中的主要逻辑发展路向。

在西方智识传统中一元论的观点由来已久,其核心理念相对于笛卡尔式二元论的哲学理论而言,主张世界的本源只有一个。这种二元论将物质世界

二分为精神和物质的实体,而一元论则是在精神问题上,只承认精神或只承认物质为世界的本源。伯林终其一生予以批判的一元论是一种理性一元论,这种一元论的典型特征体现在:存在一种能解决所有问题的终极答案,各种冲突最终都能得到妥善的解决,各种混乱也在这种终极的解决方法之下达至一种永恒的和谐。对于伯林自身所抨击的理性主义一元论的描述体现在他的不同文章之中,其中最重要的一篇则是《刺猬与狐狸》。在这篇文章中伯林划分了西方智识传统的两种思考模式:狐狸多知,而刺猬有一大知。① 这里的刺猬之道也即对一元论世界观的信奉:"一边的人凡事归系于某个单一的中心识见、一个多多少少连贯密合成条理明备的体系,而本此识见或体系,行其理解、思考、感觉;他们将一切都归纳于某个单一、普遍、具有统摄组织作用的原则,他们的人、他们的言论,必惟本此原则,才有意义。"② 与之相反,狐狸的多知则意味着一种多元的思维模式:"追逐许多目的,而诸目的往往互无关联,甚至经常彼此矛盾,纵使有所联系,亦属于由某心理或生理原因而做的'事实'层面的联系,而非道德或美学原则;他们的生活、行动与观念是离心,而不是向心式的;他们的思想或零散、或漫射,在许多层面上运动,捕取百种千般经验与对象的实相与本质,而未有意或无意把这些实相与本质融入或排斥于某个始终不变、无所不包,有时自相矛盾又不完全、有时则狂热的一元内在识见。"③通过这两种思维方式的不同,伯林得出结论:托尔斯泰天性是狐狸,却相信自己是刺猬。由于托尔斯泰对繁芜复杂的现实体悟至深,再加上其对那些妄图解释、整理或预测复杂历史现象的教条和体系痛加斥责,因此被人贴上了虚无主义的标签。然而,在这种虚无主义的背后却是对永恒真理的渴望,对一元论的忠诚信仰。伯林认为,类似于托尔斯泰这种既对绝对价值持有怀疑态度,却又渴望存在一种可以解决所有道德问题的真理,因而内心不断冲突的情形同样也体现在俄国知识界的几位接触思想家身上。

在伯林看来,俄国国内独特的历史困境,使得俄国人十分容易陷入同托尔斯泰一样的内心困境之中。在专制君王残酷的独裁统治下,俄国少数接受西方文化的知识分子深患当时欧洲诸国所没有的幽闭恐惧症,于是也造成他们

---

① 以赛亚·伯林.俄国思想家[M].彭淮栋,译.南京:译林出版社,2001:26.
② 以赛亚·伯林.俄国思想家[M].彭淮栋,译.南京:译林出版社,2001:26.
③ 以赛亚·伯林.俄国思想家[M].彭淮栋,译.南京:译林出版社,2001:27.

激烈地摒弃一切安慰人心、因而掩饰以及为社会与道德专制制度辩护的片面真理。同时,他们的历史经验亦使他们染上了广场恐惧症。因此,俄国知识分子由幽闭恐惧症而对绝对价值产生怀疑,同时受广场恐惧症的影响,又深信存在某种统一的、绝对的真理的存在。这种冲突所造成的后果是,俄国知识分子大部分屈从于信奉绝对真理存在的一元论。最明显的事例莫过于俄国民粹主义者,他们在摒弃他们固有的信仰之后,找到那些属于他们的绝对真理,并把其用于实现社会正义和社会平等:"他们大多沿着赫尔岑之说,相信俄国农民公社已经建立起一种公正和平等的社会……民粹主义者认为,如果以此为基础,再参照法国社会主义普鲁东的路线,就能建立起一个由社会化的、自治的单位构成的联盟。民粹主义者相信,这种合作形式可以在俄国建立一种自由民主的社会制度,因为它来源于俄国社会——应该说一切人类社会——深处的道德本能与传统价值……由于这种制度建基于人类的基本需求以及正义感之上,因此,这种制度将会确保公正与平等,而且为人类能力的发挥提供保证。"[1]这种以民粹主义者为例的、在俄国出现对一元真理和终极解决方案的狂热追求,使得十九世纪俄国出现了一种新的专制压迫形式。正如伯林所谓:"危险之至,岂非是以新桎梏代替旧桎梏,岂非以知识分子的专制寡头政治代替贵族、官僚与沙皇?你有什么理由可以相信新主人的压迫将会低于旧主人?"[2]

对伯林而言,二十世纪的极权主义的出现与俄国所经历的道路如出一辙。时至今日,人们仍然选择欲求唯一绝对真理和最终解决方案的存在。伯林对这种一元论的分析和抨击的目的在于使人们正视这种理论的危险以及人们受其束缚的现状。在《扭曲的人性之材》中伯林明确描述出,自柏拉图以降的整个西方智识传统都建立在这样的一种理念之上:"首先,像在科学中一样,所有真正的问题都应该有且只有一个真正的答案,而其他的答案都必然是错误的;其次,必定有一条可靠的途径导向这些真理的发现;第三,真正的答案,如果找到了的话,必定彼此融洽、俱成一体,因为真理是不可能相互矛盾的——这一点是我们先验地知道的。"[3]这种"柏拉图式的理念"被大多数思想家毫无疑问

---

[1] 以赛亚·伯林.俄国思想家[M].彭淮栋,译.南京:译林出版社,2001:212-214.
[2] 以赛亚·伯林.俄国思想家[M].彭淮栋,译.南京:译林出版社,2001:219.
[3] 以赛亚·伯林.扭曲的人性之材[M].岳秀坤,译.南京:译林出版社,2009:9-10.

地认可,并始终在西方智识传统中占据主流地位。从古希腊到罗马,从中世纪经院哲学到伟大的文艺复兴,从笛卡尔、莱布尼茨、斯宾诺莎到法国百科全书派,以至十九世纪的思想界,形而上学的信徒、实证主义者、现实主义者、唯心主义者和所有信奉科学思想的人无不如此地遵循这种"柏拉图式的理念"。对于这些坚定的一元论者而言,任何涉及真理性的问题都必然会有一个确定的答案,我们无法获知这种答案的原因在于我们的软弱、愚昧、无知或者是原罪的惩罚。因为,对他们而言,"在原则上,答案必定会被揭晓,如果不为一般人所获知,那么至少也会被全知全能者或上帝所洞见。如果答案仍然是未能获知的……那么这个问题必然存在着某种错误。"①一元论的蔓延不仅使整个西方智识传统都相信每个真实的问题都有一个正确的答案,并且相信人们最终能够获得解决问题的有效方法。因此,理性主义日趋重要,逐渐成为叩开真理之门的唯一凭证。柏拉图在《对话录》中描写过苏格拉底就信奉人类只要运用理性即可达成一致的意见。对于这种古老的一元论信念,伯林对其拒斥的目的在于提醒人们,如果人们视此理念为圭臬的话,那么世界仅将是个"用理性方法加以描述和解释的单一体系"②。

伯林认为这种"柏拉图式的理念"对人类自由伤害最大之处莫过于其认为:真理以及真理之间形成的体系是支配世界运行的枢纽,一切人类的活动如果都能遵循真理的指导,那么人类的生活将会全然地导向幸福和和谐。反之,如果人类的行为一旦脱离真理的轨道,那么随之而来的只能是无休止的冲突和混乱。对信奉一元论理念者而言,知识即美德,人类的幸福和和谐仅仅在于我们的行为是否遵循真理的指导。他们强调:"人类所有的弱点、失误、愚蠢、腐化、不幸,所有的冲突以及所有的邪恶和悲剧,都要归咎于无知和错误。如果人类预先知道,他们就不会犯错;如果他们不犯错,他们就能够——而且作为理性的人,他们就愿意——通过最有效的方法来追求他们真正的利益的满足。"③一元论现行设定了真理之间的相容性以及冲突的最终解决。所以,如果人们的行为合乎理性,那么冲突就绝对不会发生,所有的罪恶和悲剧性的冲突都源于我们的行为与真理相背离,这种与真理相悖的行为也是人类混乱痛

---

① 以赛亚·伯林. 浪漫主义的根源[M]. 彭淮栋,译. 南京:译林出版社,2009:21.
② 以赛亚·伯林. 反潮流[M]. 冯克利,译. 南京:译林出版社,2002:100.
③ 以赛亚·伯林. 现实感[M]. 潘荣荣,林茂,译. 南京:译林出版社,2004:197.

苦的源头所在。而对一元论者而言，只要能够找到解决问题和冲突的最终答案，使人类社会永久和谐、幸福，那么付出多么大的代价都在所不惜。这种理念对自由的损害正如伯林所指出的："为了制作这样一个煎蛋，肯定是打破多少鸡蛋都无所谓了。"①正是这种特征使一元论成为极权主义者的借口，既然愚蠢的民众不明白我所谓的意图，那么他们就不应该拥有哪怕最低限度的选择的自由。通过这种口径，极权主义者认为他们对民众自由的剥夺的目的恰恰也是民众自身的幸福；他们强迫民众信奉他们所颁布的制度和号令，政府就是带领民众奔向幸福的舵手，即便在这个过程之中需要牺牲一代人的自由幸福甚至生命，才能完成这项浩大的工程，亦是在所不惜的："因为如果你解放全人类的愿望是真诚的话，你必须硬起心肠，不要计算付出的代价。"②

对伯林而言，这种一元论的幻象和乌托邦的蓝图却是损害自由的中坚力量，而那些狂热的空想家也总以此作为掩盖他们屠杀的行为的绝佳借口："此辈持之以束缚人类，若有必要，甚至不惜以暴力强做活体解剖，以实现其某种抽象的理想：所谓理想，则建基于某种未经批判验证的意见和观点……借此理想之名，心安理得地行杀戮、施酷刑，因为他们知道这是并且必定是——解决一切社会和个人疾苦的唯一方法。"③由此可知，伯林对一元论的拒斥很大程度上在于其与极权主义之间的关联。他认为这种以完美的社会为借口，从而要求人们为了虚幻的目标做出牺牲的一元论理念，正如赫尔岑在《彼岸书》中所指出的"在我们这个时代，一种新的人类献祭形式已经出现了，活生生的人被摆上了抽象物（比如国家、教会、政党、阶级、进步、历史的力量）的祭坛。"④对伯林而言，这些极权主义者所开列的后世的幸福和自由恰如镜中花、水中月，而要求我们为之虚设的幸福或自由做出牺牲则是人类历史上最大的欺诈行为。作为一名自由主义者，伯林认为"生命的目标在于生命本身，为某种模糊而不可预测的未来而牺牲现在，是一种错觉"⑤。

伯林对不同的一元论思想的分析批评的同时也是作为他自己对人、道德

---

① 以赛亚·伯林.扭曲的人性之材[M].岳秀坤，译.南京：译林出版社，2009：19.
② 以赛亚·伯林.扭曲的人性之材[M].岳秀坤，译.南京：译林出版社，2009：19.
③ 以赛亚·伯林.俄国思想家[M].彭淮栋，译.南京：译林出版社，2001：91.
④ 以赛亚·伯林.扭曲的人性之材[M].岳秀坤，译.南京：译林出版社，2009：19.
⑤ 以赛亚·伯林.俄国思想家[M].彭淮栋，译.南京：译林出版社，2001：198.

和社会存在的观点重心的而存在的。他认同历史主义者所主张的文明社会的理念是随着时间的更迭而发生改变的。他追寻文化批评者的踪迹,例如赫尔德,赞颂在人们的文化生活中多元化的重要性。作为一些保留,他接受了浪漫主义对道德的批评,并寻求一种个体是创造性的、表达性的并因此理应有自由发展空间的观点。总而言之,这些观点导致伯林认为我们所生活的世界中存在着许多相异的善,并且善与善之间也是相互冲突的,它们之中有一些是不相兼容的;最后,人们的自由和理想的多元排除了文化目标达到一种最终的综合。关于人的所有的这些发现,真实地支撑着一种关于多元主义的自由主义,宽容性,多元化以及私人生活空间,简而言之,支持个体自由和少数人的自由的观点。

第三节 逻辑指向:道德价值的差异性和多元性

作为伯林道德哲学的核心,价值多元主义思想对西方智识的影响巨大,这一点我们可以从学院藩篱内外大量具有影响力的学者对伯林多元主义思想的诠释窥见一斑。如果要在伯林的著作中设定一些核心理念的话,那么多元主义毫无疑问地会跻身于这些核心理念之中。同"爱奥尼亚谬误"大体相同,伯林对多元主义理念的研究是伴随着其对观念史研究中对诸如像马基雅维利、维柯和赫尔德的诠释而进行的。他单独地为这种新的理念——道德或价值多元主义做了详细的阐释。而且,对于价值多元主义,伯林的描述数不胜数,通过其散论在文章和讲话稿中的阐述,我们可以轻而易举地理解伯林所推崇的多元论理念。

一、乌托邦"完美社会"理念的幻灭

面对着我们所存身的这个有差异性的世界,伯林认为假设存在一种和谐、完美的世界的观点是不合理的。这种假设所带来的唯一的后果就是在这种不完美甚至具有悲剧性的道德世界中塑造一个完美的社会。但是,对伯林而言,对这样完美社会的追寻——不论是在世俗的世界还是在宗教的世界——不仅是徒劳的,而且也是导致人类邪恶行为的源头所在。在西方思想中,一种完美的社会理念对伯林来说只是一个古老的梦想而已。伯林把这种追寻一个完美

世界的乌托邦梦想描述为:"一个处于纯粹和谐的社会,那里所有的成员都和平相处,彼此互爱,免于皮肉之苦,远离任何欲望,也不用担惊受怕,没有低贱的劳作,没有妒忌和失落,不会受到不公正的或者暴力的对待,生活永恒不变,阳光普照,气候温和,人们生活在无限丰饶的大自然之中。"①《乌托邦观念在西方的衰落》中分析了乌托邦的幻想的深刻根源,伯林认为对世人进入天堂的允诺的结果通常是通向地狱。

伯林意识到,最早的乌托邦的形式出现在荷马和伯林图的著作以及圣经中,其后产生于古希腊的乌托邦主义则在城邦之后显示出衰落的迹象;这种乌托邦的观念在罗马帝国时代表现为(由斯多葛学派提出)一种无政府的社会,所有的理性的生物均生活在完全的和平、平等与幸福之中,且不需仰仗制度之赐。这些形式的乌托邦主义的黄金时代不是在遥远的过去被发现,就是在将来,在希伯来先知以赛亚告知我们的语言中:"到世界末日,人们将会化剑为犁,民族之间不再刀剑相向,他们将不知道战争为何物……狼和骆驼共处,豹和山羊同卧……沙漠将焕发生机,繁花似锦……忧伤与哀痛都将无影无踪。"②这些乌托邦的最典型的特征是一种不完整的统一和它的恢复的概念:"无论是基督徒的,还是普通人的,都贯穿了一个恒定的主题:过去曾经有过一个完美的状态,后来发生了某种巨大的灾难。"③伯林在这方面给出了希腊神话中的普罗米修斯和圣经中的偷吃禁果的例子。这也导致了"此后的人类历史就持续不断地尝试结束这种分裂状态,恢复平静"。④

乌托邦主义的一个显著的衰落发生在受基督教信仰影响的世纪:"……或许是根据基督教的信仰,人是无法依靠自身独立的奋斗而达到圆满的,只有神的恩宠才能拯救人;而且当他还在人间,是生来就有原罪的创造物时,救赎就不会降临。没有人能在烦恼的人世间建立一个永恒的居留地,因为我们都是人间的过客,都要争取进入尘世之外的天国。"⑤作为一个平凡的犹太教徒,伯林意识到对基督教教义的解释并非他的特长。但他充分地考虑到了奥古斯丁

---

① 以塞亚·伯林.扭曲的人性之材[M].岳秀坤,译.南京:译林出版社,2005:24.
② 以塞亚·伯林.扭曲的人性之材[M].岳秀坤,译.南京:译林出版社,2005:25.
③ 以塞亚·伯林.扭曲的人性之材[M].岳秀坤,译.南京:译林出版社,2005:27.
④ 以塞亚·伯林.扭曲的人性之材[M].岳秀坤,译.南京:译林出版社,2005:27.
⑤ 以塞亚·伯林.扭曲的人性之材[M].岳秀坤,译.南京:译林出版社,2005:27.

的影响。奥古斯丁认为由于人们所遵循的道德原则和人性的堕落,天国断然不会降临在尘世之上。奥古斯丁的观点相应地浇熄了乌托邦的狂热,且被其之后提倡革新的神学家路德和加尔文所采用。但是,在欧洲文艺复兴期间乌托邦主义又死灰复燃了。因为在十六世纪和十七世纪,革新的原罪的教条成为人文主义者所信仰的乐观的人类能力和人类的尊严的一种明显的障碍。这些人文主义者(通常都是基督徒)希望提升他们的尘世生活的质量,其中的一个途径就是通过乌托邦的著作体现出来,例如培根的新大西岛、康帕内拉的太阳城以及其他"许多种十七世纪的基督教乌托邦"①。

追寻"完美社会"的乌托邦理念亦出现在启蒙运动如火如荼发展的期间。对启蒙主义者而言,亦仅有科学知识才能把人们从"被迫面对的可叹的生活处境"中解放出来。伽利略和牛顿以及其他天才的数学家、物理学家和生物学家发现科学方法也可以适用于"人类事务、道德、社会和社会组织"②。对于启蒙思想家的论证步骤,伯林做出了总结:"首先是用科学的方法去找出人是由什么东西构成的,他的成长需要什么东西,什么东西可以让他感到满足。发现人是什么以及人需要什么之后,接下来就该问,在哪里能够找到这些东西;然后,运用一些适当的发明和发现,以满足人们的需要,借此就可以获得(假如不算十分完美的话),至少是获得比目前所取得的更加幸福和更加理性的状态。"③如果法国人的理性和法国人的生活方式可以在世界任何地方贯彻实行的话,这世界将变得和谐。

在十九世纪初期产生于启蒙运动的这种乌托邦理念在德国引起了一种不可避免的反弹。德国人感到他们特殊的生活方式被法国启蒙运动的普世论所碾压,但赫尔德宣称并不存在普世性价值,而且每一个人"都有自己的生活、思想和行动的独特理念"④。赫尔德对西方世界核心的假定——一切真正的价值都是不可改变、超越时间、普遍适用的价值——做出了较大的修正。对于乌托邦理念所寻求的"完美社会"的幻灭,赫尔德提供了一种意义更为深远的解释:我们的生活中存在着道德多样性和文化多样性,甚至完美的社会亦是由各

---

① 以塞亚·伯林.扭曲的人性之材[M].岳秀坤,译.南京:译林出版社,2005:33.
② 以塞亚·伯林.扭曲的人性之材[M].岳秀坤,译.南京:译林出版社,2005.37
③ 以塞亚·伯林.扭曲的人性之材[M].岳秀坤,译.南京:译林出版社,2005:37.
④ 以塞亚·伯林.扭曲的人性之材[M].岳秀坤,译.南京:译林出版社,2005:40.

种不同的理念所构成。"全体人类共有一个唯一的、完美的社会,这一观念本身必然是自相矛盾的,因为德国人的瓦哈拉显然不同于法国人理想的未来生活,因为穆斯林的天国跟犹太人或基督徒的天堂也不一样,因为法国人在那里将会获得和谐圆满的一个社会,却可能让德国人感到窒息。但是,假如我们承认就像有多种文化类型一样,完美社会的类型也是多样的,每一种都有其理想的美德灵光,那么,所谓唯一的完美社会的可能性,就成了一个逻辑上不圆满的概念。"① 由此可知,伯林认为这种完美社会的理念内在是自相矛盾的逻辑上是不相圆融的,对他而言,共同善②是对全人类都有效的,而这种完美社会的价值理念则是建立在"一种致命的错误之上",因为不同的价值和道德是不可兼容并且彼此冲突的:"……所有的价值、所有正确的答案都是彼此协调的这一概念都必定是错的,因为我的价值观不可避免地会跟你的价值观相冲突,而我的价值的价值观也不同于你的阶级。古罗马人的价值观跟现代意大利人大不一样,因而,中世纪基督徒的道德世界也不同于自由民主制的道德,而且,最重要的是,劳动者的世界也不同于雇主们的世界。对所有人普遍有效的一种公共的美德这一概念从根本上就错了。"③ 不幸的是,这些结论并没受到世人的重视,因而导致其在二十世纪造成了很大的灾难。

因此,在十九世纪中纵然出现了类似于赫尔德的"洞察力",但新的乌托邦思想还是如雨后春笋一样冒了出来。其后的黑格尔和马克思都并没有放弃对人类问题的和谐解决的可能性。试图回到"理性的历史计划之上",并且认为历史的发展是一种进步的过程,是人类从野蛮到理性组织的单向的上升过程。黑格尔和马克思并没有忽略历史进程中的斗争和冲突,但是他们相信这些问题最终会得到解决。"解决的方法就是世界精神(或导致劳动分工和阶级斗争的技术进步)之自我发展的独特的辩证法;不过,这些'矛盾'因素本身也是前进运动不可或缺的,这一进程最终将是一个和谐的整体,是一切差别融为一体的最后解决,或者如黑格尔所构想的,是朝向超验目标的无限进步,又

---

① 以塞亚·伯林.扭曲的人性之材[M].岳秀坤,译.南京:译林出版社,2005:43.
② 这里需要注意的是,伯林所使用的术语"共同善的概念"通常是指每个人都应该追求的具体的个人生活或社会的理想相联结的,例如平等或神权社会或更好的一个来世等。严格来说,伯林自己也持有一种共同善的概念,这就是致力于自由等价值的多样性,允许公民和群体尽最大可能地去追寻自己的目标。
③ 以塞亚·伯林.扭曲的人性之材[M].岳秀坤,译.南京:译林出版社,2005:46.

或者如马克思所说,是一个我们可以实现的理性社会。"①黑格尔的道德世界观中允许劳动分工和阶级斗争,并把其作为通向人类全体自我实现的一个短暂阶段。在这一传统中的乌托邦思想家看来,幸福的结局是永恒的平静,是国家衰亡之后一切制度权威都告终结的那么一个静止的、免于冲突的社会散发出的光辉,那是一种"和平的无政府状态,生活于其中的人们是理性的、相互合作的、品德高尚、快乐而又自由的。"②特别是在二十世纪,这些乌托邦所追寻的"完美社会"的梦想导致了巨大的灾难。一个没有阶级的社会福利国家证明那些阻碍完美社会实现的公民和持不同政见者被关押起来并执行死刑是正当的。在他生命的最后伯林见证了伊朗的革命并以极大的热情关注"穆拉政府(Mullahcracy)"③。他担心在伊斯兰教法(Shari'a)——再次试图证明对自由的严格限制和牺牲无辜的人的一种乌托邦梦想——的严格指导下所构建的一种和谐的伊斯兰世界共同体。伯林认为,并非所有的宗教都会狂热地为一元论真理辩护,并希求在尘世中建立一个乌托邦式的完美社会。伯林意识到,对宗教狂热信仰者而言,如果信仰并不虔诚的话将会不可能完全感知上帝的意志。因此,与一元论的目的论观点相联系的暴行可能会在宗教中发现——在这种宗教中,领袖宣称他们能正确地领会神的旨意并准备在世界上建立一个完美社会。在对乌托邦理念进行分析的时候,伯林认识到这种思想之后隐藏着一种基本假设:人类有一种共同追求的目标——通向人类的完善之路。这种假定是与古典哲学(柏拉图)的教义"德行就是知识"④紧密联系的;"假如你知道了什么对人来说是美好的,你如果还是一个理性的生命的话,你就不会放弃它,而去选择其他的生活方式;通过它,一切的向往、心愿、祈愿和渴望都将圆满实现——这也就是我们称之为'希望'的东西的含义所在。分辨实在与表象,区分何者将使得一个人真正获得圆满,而何者仅仅是表面上如此承

---

① 以塞亚·伯林.扭曲的人性之材[M].岳秀坤,译.南京:译林出版社,2005:47.
② 以塞亚·伯林.扭曲的人性之材[M].岳秀坤,译.南京:译林出版社,2005.47
③ 拉明·贾汉贝格鲁.伯林谈话录[M].杨祯钦,译.南京:译林出版社,2002:23.批评者有时会使用"穆拉政府"(Mullahcracy)一词来形容监督委员会和伊斯兰共和体系,"穆拉"是所有伊斯兰学者的称谓,在后缀加上"政府"用以指称其政府。
④ 柏拉图的学说"美德即知识"假设当人们犯下罪行的时候他们是错误的:他们没有认识到什么对他们而言是有益的。"假如他们真正认识到使他们受益的是什么,就不会做这些破坏性的事情了——这些行为最终将会伤害行动者本身。"

诺,这就是知识,而且唯有它才能拯救人。"①这里所涉及的知识的完整意义并不意味着对宇宙中有些什么的描述,而且亦作为其中的一部分或者局部内容的、并与之不可分离的对于价值的认识;换句话说,就是怎样去生活,应该做什么,哪一种生活形式是最好的、价值最大的,以及理由何在。②"只有一个人了解了他的真正愿望之后,他作为人的本性才得以充分的实现。"③但是,对伯林而言,人类并没有一个真正的共同的目标。这不仅是因为在世界上人们关于该如何生活的看法有着太多的差异性,而且在于自身也存在不同的差异性,这就导致了人们在不同的价值之间做出选择的困境。对于伯林而言,人类的完美的生活形式是不可能实现的。然而,在人类的思想中,我们人类共有一个目标的这个思想是一直持续存在的。

二、道德的多样性和冲突性

伯林的道德多元主义对我们的伦理生活而言意味着四种事情:第一,良好的生活目的和值得赞美的生活方式是多种多样的;第二,这些良好的生活目的和值得赞美的生活方式之间可能是相互冲突的;第三,这些冲突导致一些目标和生活方式之间是不相兼容的,或者是它们在兼容的过程中必然造成不可复归的损失;第四,可能并不存在一种可以通过理性或信仰发现的完备性的道德善。这也意味着追寻价值统一性的"爱奥尼亚谬误"的观点应用在道德生活中也是失败的。第一点是毫无疑问的,众所周知,正义同怜悯是有所区别的,爱情不同于友谊,中道不同于禁欲主义,荣誉不同于平等,自由不同于平等,信仰不同于启蒙,等等。此外,我们也可以得知一个士兵的生活是同哲学家的生活不同的,修道士的生活也异于政治家的生活,或者农夫的生活也是与学者的生活有差别的。每一种生活方式都有其自身特有的美德和理想。然而,良好的生活目标和值得赞美的生活方式之间却是相互冲突的:在经济政策中自由和平等是相互冲突的,银行家的自由就意味着农民的贫困,对被告的怜悯也意味着对正义的遗弃,艺术家为艺术献身的同时也忽略了他对自己的家庭应该

---

① 以塞亚·伯林.扭曲的人性之材[M].岳秀坤,译.南京:译林出版社,2005:32.
② 以塞亚·伯林.扭曲的人性之材[M].岳秀坤,译.南京:译林出版社,2005:32.
③ 以塞亚·伯林.扭曲的人性之材[M].岳秀坤,译.南京:译林出版社,2005:31.

承担的责任①,高更和福楼拜艺术上的成功是以牺牲家庭为代价的②。因此,赞同一种道德生活方式意味着对其他的生活方式的限制或压制。而且,如果我们达到了我们的目标,也通常是一种运气而已。没有一个艺术家可以确定他们在追寻艺术的道路上会达到成功和辉煌。因为在这些条件下,我们并不能站在一种不偏不倚的立场上去计算出通向成功的最好的和最正确的道路。不相兼容和冲突,选择和运气都限制了抽象的道德理论的可适用性。

事实上,悲剧性的冲突通常会在我们所要承担的义务之间发生碰撞的时候产生。安提戈涅在她对兄弟的义务和城邦的义务之间进退两难。忠诚可以促使一个人做出悲剧性的抉择。一个相关的事例就是英勇地反抗侵略的战士必须在他对国家的义务和对家庭的义务之间做出选择。如果他选择了前者,他的行为可能会导致侵略者对他家庭的疯狂的报复,从而给他的家庭带来毁灭性的后果;如果他为了承担他对家庭的义务而放弃了战斗,那么他所要失去的将会是整个国家的自由。就像斯图亚特·汉普希尔所指出的那样,这种情况并不仅仅是一种特殊生活之内的义务之间的冲突,它是"并不能结合在一起的两种不同的生活方式"之间的冲突。当然,任何对美德的生成和使用的过程都是必须慎重区别的。这些美德可能是相似的,但是它们可能由于自身的缘故,在不同的境况下并不具有同一性。例如忠诚是任何人生活中的一个组成部分,但是忠诚于自身的家庭和忠诚于祖国是明显不同的。一个孝顺的儿子并不必然被要求具有爱国心,也不需要暴力和欺诈。不同的是,英勇地抵抗侵略者的战士的生活就必须具有这些特征。③

在不同的生活方式之间做出的任何选择都会造成不可避免的损失。作为一个英勇的抵抗侵略者的战士,可能不得不杀人,所以一个人不可能既是一个和平主义者,又是一个英勇地抵抗侵略者的战士。没有什么戏剧性的例子也被引证出来。想要成为一个政治家就必然需要有令人钦佩的行为和能力。一个人并不能公开地和完全地回应所有对他的质询。如果财政大臣公开地回应对近期汇率是否可能变动的质询,那么他的行为就是不恰当的。④ 简而言之,

---

① 以塞亚·伯林.扭曲的人性之材[M].岳秀坤,译.南京:译林出版社,2005:16.
② Stuart Hampshire. Moral and Conflict[M]. Oxford: Blackwell,1983:38-39.
③ Stuart Hampshire. Moral and Conflict[M]. Oxford: Blackwell,1983:33.
④ Stuart Hampshire. Moral and Conflict[M]. Oxford: Blackwell,1983:159.

培养或看重一种美德必然会造成对其他的美德的压制和牺牲。同样的选择也体现在文化上。一种基督教的文化并不能轻易地支撑公民美德。一种涉及人们洁净灵魂的事情是与公民激情完全不一致的。按照伯林的观点,这大部分源于马基雅维利教授给我们的:一个人不能同时既寻求拯救又热爱自己的祖国,他必须选择一种属于自身的生活方式,而在做出选择的同时也否定了其他的可能的生活方式。与马基雅维利不同,伯林认为任何一种生活都有其值得珍惜的是非曲直。就像马基雅维利曾经指出的:基督教的整体不可能走向辉煌,因为它不能完全地排除那些古罗马作家所赞美的公民美德。

这种宣称文化和生活方式是多元化的,并且这些文化和生活方式之间能相互兼容的观点成为许多反启蒙思想的核心,特别是在赫尔德的思想中。对赫尔德而言,每个民族都有其独特的"民族向心力"。像维柯一样,赫尔德揭示了不同文化之间的差异性。他不仅认为我们只能按照我们自己的方式去诠释文化,而且文化因其差异性也具有独特的价值。这种文化所具有的独特性使一种客观的文化道德观念的等级序列显得毫无意义。

多元主义的一个明显的特性就是不可通约性。如果善是多样性的、冲突的,如果生活的方式或文化的碰撞和一种道德判断不可避免地会造成不可归性的损失的话,那么套用伯纳德·威廉姆斯的话讲,"不存在共通的货币"去计算收益和损失了。斯图亚特·汉普希尔把这称为"非购物式原则"。当我们处理我们整个的生活方式的时候,我们并不能像装卸货物一样随意处理和部署我们的特性。道德生活并不像在超级市场中购物。以钱包的大小和时间的多少来确定选择的范围是毫无意义的。一组意向、一组进程、整个生活方式,都是被排除在外的。对一种令人敬佩的生活方式的培养是同遥远的那些相比之下并不怎么高贵的生活方式密切相关的。① 威廉姆斯和汉普希尔得出的结论是,道德生活中的不可通约性的经验限制在两种现代主要的道德理论——功利主义和康德哲学——所适用的许多不平常的方面,甚至也包括了晚近的罗尔斯的正义理论。② 然而,传统的伦理学也遭受了决定性的打击。③ 伯林认为多元主义导致了"不仅相信不同的文化之间的价值的多样性,而且也

---

① Stuart Hampshire. Moral and Conflict[M]. Oxford: Blackwell,1983:146.
② Stuart Hampshire. Moral and Conflict[M]. Oxford: Blackwell,1983:143.
③ Stuart Hampshire. Moral and Conflict[M]. Oxford: Blackwell,1983:150.

相信这些价值之间的不可通约性,此外,在互不两立的理念之间也同样有效,连同暗示的革命的必然结果都显示出一种完美的人,完美的社会理念是内在不连贯的和无意义的"①。对伯林而言,善与善之间、文化与文化之间的这种不可通约性的存在使意识到存在一种完美的、无所不包的美德体系成为泡影。乌托邦主义并没有错,因为存在的境况永远也不允许它出现。伯林认为错误在于那些根深蒂固的观念,它使我们得知如果善是多元化的,并且不能在结合之后避免不可复归的损失的话,那么一个完美的国家在原则上是不存在的。我们不可能达到并不是我们最大的财富的乌托邦。乌托邦所勾勒的那种所有价值都能和谐共处的蓝图在原则上都是荒谬的。②

三、道德价值的客观性和相对性

伯林在对多元道德样态的探究中,一直与之相伴随的就是道德相对主义。然而伯林坚持他的多元主义并不意味着是一种道德相对主义。对伯林而言,我们对文化的研究可以让我们更好地区别"我们的价值是我们的,他们的价值是他们的"。虽然如此,"我们仍然有批评那些异于我们的文化所尊崇的价值的自由",如果我们愿意的话甚至可以去"谴责他们的价值"。③ 但是如果我们的"价值"是由我们的独特的文化所决定的,那么我们评判其他文化和价值以及以往生活方式的基础是什么? 此外,如果我们只是囿于我们自身的"价值",那么如何才能去理解其他的异于我们文化和价值的行为、习惯和更多的风俗传统? 为了解决这个问题,伯林引用了维柯的"想象的洞察力"的概念,通过这种想象的洞察力,维柯认为我们可以理解另一种文化或者社会价值、理念和生活方式。此外,伯林也认为我们理解其他文化的可能性在于我们人类所存在的一种统一性。如果我们的性情的习惯中并没有表现出这种相似性,那么我们并不能"进入"(维柯称之为 entrare)和领会另外的生活方式和文化。因为我们可以理解过去的和异于我们的文化和价值,所以人们之间必然存在一些共通之处。④ 因此,伯林对他的好朋友阿纳尔多·莫米利亚诺的批评是

---

① 以塞亚·伯林.扭曲的人性之材[M].岳秀坤,译.南京:译林出版社,2005:47.
② 以塞亚·伯林.扭曲的人性之材[M].岳秀坤,译.南京:译林出版社,2005:13-15.
③ 以塞亚·伯林.扭曲的人性之材[M].岳秀坤,译.南京:译林出版社,2005:14.
④ 以塞亚·伯林.自由论[M].胡传胜,译.南京:译林出版社,2003:44.

错误的,维柯和赫尔德并不是相对主义者,这是因为:"某一种文化之内的人,利用想象的洞察力,也可以理解另一种文化或者社会的价值、理念和生活形式。他们或许会觉得这些价值不可接受,但是如果他们充分地敞开自己的心灵,就有可能认识到,对方也是一个不折不扣的人,可以与之交流,只是此时,对方生活在一套完全不同的价值观念之下;不管怎么说,这些不同的价值观念,他们也可以视之为'价值'和生活目的,而实现了这种价值和目的,人类也就完满了。'我喜欢咖啡,而你喜欢香槟,没什么可说的',这就是相对主义。"不幸的是,这并不足以扭转对相对主义的质疑。这种辩护只是意味着文化是可以理解的。文明社会并不仅仅是封闭在自己密不透风的"没有窗子的盒子"里面。习俗和习惯是多种多样的,但并非多到超出我们认知的范围。但是在这里伯林混淆了一些观点。他混淆了认识论的相对主义和道德相对主义,并且主张如果前者不正确的话,那么一定是后者正确。① 但是这种道德相对主义的主张是明显同认识论的相对主义有所不同的,即便它可能会把认识论层面的相对主义观点包含在内。

文化相对主义断言我们不能评判外在的、异于我们自身的或过去的价值,原因就是这些价值是不同于我们的价值的。可理解性有可能是一种因素。一个人仍然可以理解一种古代的行为——奴隶制度,并且依然坚持我们不能把我们对这种制度的判断传递到过去。抑或,如果我们这样做的话,就意味着我们把我们的观点强加到这些逝去的时代和对我们而言是异域文化的国家之上。让我们看下另外的一个事例:我们以我们自身的文化为背景去评价女性割礼(一种宗教仪式)的行为。这种宗教仪式是一种完整生活方式的组成部分,事实上它是一种至关重要的开始仪式,因此我们并不能简单地以我们的价值观念去批评这种行为的不人道性。一个正直的判断者将不会采取这种方式轻易地否定异域文化价值的合理性。自以为是意味着自欺欺人,并且也体现出一种不能容忍特殊的、异于我们的文化的存在的态度。在道德理论中一个普遍的观点就是相对主义是无条理的、相对紊乱的。这是因为禁令既不能判断又不能干涉或改变唤起情欲的行为预示着一种非相对性的道德标准。相对主义者渴求宽容,但类似于这样的标准因其自身的基础却得不到承认。与此

---

① 以塞亚·伯林.扭曲的人性之材[M].岳秀坤,译.南京:译林出版社,2005:89-92.

相同的任何禁令都可以被相对主义者所做出；按照他自己的理论他无法做出这样的断言，因此他在持有并行使它们的时候是不一致和自我矛盾的。①

在这种情况下，伯林似乎已经接受了这样的批评，同时他也认同存在着"普遍的和基本的"人类价值，但是他并不确定它们是什么。② 他相信人类道德问题的可延展性是有限的。多元主义也有其有限性。众所周知，人们之间存在着许多相类似的需要和特性；他们都需要食物和保护他们自身安全的场所、自由、正义、一定程度上的归属感及使用像善和邪恶、公平和不公平、受益或者受伤害等类似的概念做出道德判断。称人类为人就是把我们能够识别出的那些价值赋予给他们，使他们成为能够做出道德判断的人。但是这种个体所做出的道德判断是否能够超越自身所处的境况，换言之，是否在阐明的背景之外依然具有有效性，也即道德判断原则上是否可以超越既定文化的边界？在某种意义上，伯林认为我们对过去行为所做出的判定必须预设可能存在着跨文化的和超越历史的道德判断。原因在于，如果我们是作为道德的存在，那么我们必然可以相互理解彼此的判断，而且我们都可以做出道德上的判断。但是如何确定我们的道德判断的有效性？伯林对此的回应指出，我们必须运用所有我们所知道的关涉人和文化的知识，随之我们也必定把道德标准应用到人性实践中去。先把文化多元主义放在一边，伯林坚信"关于对与错、善与恶的区分，在漫长的时间历程中，不同社会的人们早已有过大量的广泛的共识"③。因此，"我们必然不能改变价值之间的这种不可兼容性……"我们知道正义的基本原则是不允许对奴隶进行严刑拷打或大屠杀的，即便在过去的文化中这种行为可能是符合规则的要求的，我们依然会认为这些行为是错误的。在此种意义上，我们对何为一种正义、好的和文明的社会依然会持有怀疑的态度。伯林认为我们必须在假定这些道德判断都是真实的状况下使用它们。但是在做出道德判断时，如何确证这种主张对个人和社会而言是有益的呢？此外，当善与善之间、道德判读之间不可避免地发生冲突的时候我们应当如何做出选择？对此伯林回应道：在冲突的价值之间应该保持一种不稳定的平衡状

---

① Bernard Williams. Morality: An Introduction to Ethics[M]. Cambridge, 1972: 34-39.
② 以赛亚·伯林. 自由论[M]. 胡传胜, 译. 南京: 译林出版社, 2003: 43-44.
③ 以赛亚·伯林. 扭曲的人性之材[M]. 岳秀坤, 译. 南京: 译林出版社, 2005: 22.

态。① 在《理想的追求》中伯林指出:"在这么多的可能性之间,我们该如何取舍? 我们为了什么去牺牲,牺牲什么,又该牺牲多少呢? 我认为,明确的答案是找不到的。不过,冲突即便不能避免,却有可能缓和。各种意见可以平衡、折中;在具体情况下,并不是每一种意见都是同等的力量,这些讲自由,那些谈平等;有的持尖锐的道德谴责,有的说要理解某种具体的人类处境;有的要完全发挥法律的威力,有的主张保留赦免权;然而,让饥者有食、寒者有衣、病者得治、无家可归者有避难的居所,这些事情虽然不是最终的、绝对的,但是应该优先考虑。"②这就需要适度、谨慎的判断和实践智慧。伯林认为这些技能可以确保"道德上可以接受的行为"和一种体面的和公平的生活。③ 这就是伯林的道德生活的理想。它假定善与善之间的冲突并因此寻求一种综合的兴趣和善的目标。

伯林对一元论的批评仅仅是直接对准一些道德理论的。他所反对的是"那种认为在一个理性的世界中各种价值必定是和谐的传统信仰,无论是作为表象背后的本质,或者是作为依据理性和信仰的理想的先决条件……"④。这种乌托邦理念的特性与追寻价值统一性的"爱奥尼亚谬误"相同。"一个处于纯粹和谐的社会,那里所有的成员都和平相处,彼此互爱,免于皮肉之苦,远离任何欲望,也不用担惊受怕,没有低贱的劳作,没有妒忌和失落,不会受到不公正的或者暴力的对待,生活永恒不变,阳光普照,气候温和,人们生活在无限丰饶的大自然之中。"⑤在道德生活的现象背后必然存在一种完美的价值序列。但是如果善与善之间冲突的话,必然会导向值得赞美的生活方式的多元性,结果就不可能存在包含任何特殊的值得赞美的生活方式的完美价值序列。同伯林有所联系的其他的理论家也认为乌托邦思想是贯穿于整个西方伦理学传统之中的,从柏拉图和亚里士多德到黑格尔和马克思,从康德到罗尔斯。这种伦理传统把善与善之间的冲突视为一种反常,作为一种缺陷,只有通过严格的思维和一定的运气才能完全的克服这种缺陷。⑥ 历史主义者和多元主义者,例

---

① Isaiah Berlin. Concepts and Categories[M]. New Jersey:Princeton University Press,1999:81-102.
② 以塞亚·伯林. 扭曲的人性之材[M]. 岳秀坤,译. 南京:译林出版社,2005:21.
③ 以塞亚·伯林. 扭曲的人性之材[M]. 岳秀坤,译. 南京:译林出版社,2005:21.
④ 以塞亚·伯林. 自由论[M]. 胡传胜,译. 南京:译林出版社,2003:22.
⑤ 以塞亚·伯林. 扭曲的人性之材[M]. 岳秀坤,译. 南京:译林出版社,2005:24.
⑥ Stuart Hampshire. Moral and Conflict[M]. Oxford:Blackwell,1983:1-3.

如维柯和赫尔德,对这一传统已经做出了严重的抨击。这种反启蒙主义运动是反对理性主义者的,但其内容却并不尽然是反理性的。通过这种认知,一方面并没有理性的道德理论可以提供一种关涉特殊文化的正确的价值序列;另一方面,人们仍然合理地认为存在着基本的美德和具有优越性的政治秩序。

伯林的立场是非常合理的。他诉诸适度的和审慎的观点,这种观点认为最好的政治秩序是一种可以容纳美德,或者容纳大量的具有自己独特价值的文化体系。我们可以把我们的道德判断建基于这种基础之上。对于特殊的价值和特殊的行为,我们可以秉持一种道德看法。因为古希腊城邦对待妇女和奴隶的不公平性,我们可以做出古希腊城邦是不公正的判断。我们可以判断女性割礼是违反正义的基本原则的,因为这种行为侵犯了人身的安全。同样,亦可以得知,不论是在这种文化之内或之外,这种女性割礼对女性身体造成的伤害是远远超过其在维护部落团结中所发挥的功能的。把这种无意义的行为习惯从文化中排除出去并不会对文化造成损失。这些道德理念之间的平衡的本质体现在:否认道德理论依照一种单一的标准在善和生活方式之间寻求价值序列。因此功利主义思想是贫乏的,因为它并不能处理道德生活的复杂性。① 此外,按照一种单一的标准,例如科学的启蒙主义,这种道德理念对它的理解使其同文化之间的价值序列不相符。此外,必须理解和进入任何需要我们做出判断的文化之中,进入他们的目标和生活方式之中。然而,类似于这样的一种理论仍然接受我们的道德理想,以及一般意义上对我们而言好的事物。道德争论通常包括这样的关于人和社会的理性类型。这种类型通常也蕴含着等差序列、优先性和完美生活的概念。② 伯林认为这样的理论至多能作为一种蓝图,而不能成为最好伦理生活的全貌。斯图亚特·汉普希尔也支持这种观点。他认为道德语言和自然语言一样,我们可以学习它们的文法和语法,但是一种道德的通用语或一种亘古不变的语言只能出现在虚构之中。道德、习俗和公共制度像成语和方言一样。道德生活由差异性和多样性所构成,正如我们对所有的语言的应用一样。若使这些差异性抽象化将会导致道德生活陈腐和毫无生气。当然我们可能提及相容的和基本的美德,例如正义、勇

---

① Isaiah Berlin. Concepts and Categories[M]. New Jersey:Princeton University Press ,1999:81.
② Isaiah Berlin. Reply to Robert Kocis[J]. Political Studies,1983,31:390-391.

气、友谊、节制和敏锐的智力。但是这些美德的等级序列在不同的社会中是有所差别的。他们采取的形式是特殊的历史发展的文化。出现在古代的理论中的谬误，即使在亚里士多德的理论中，也是确定一种特定的生活方式，在这种生活方式中可以实现人类最终的和最好的美德。在传统理论中的具有统治地位的谬误就是相信并寻求一种亘古不变的道德语言，一种道德通用语言。①

此外，在基本的美德的清单之上我们可能有权利添加另外的美德，因此我们可以在古代基本理论的基础上把仁慈和宽恕添加进基本美德的清单中。这种类型假定我们具有关于道德生活的知识，并且我们可以累积类似的知识，并最终发现新的美德，把旧的美德按等级序列排列，甚至会消除一些经过深思熟虑之后比不上之前它们所体现的价值意图和行为。事实上，这种道德的进步通常会导致文化之间的冲突和融合，因此一方面说美德特殊的形式是同历史和特殊的文化有所关联的，另一方面我们既不能讨论这些差异性，也不能判断超越时间和空间的不同的行为。这种主张认为完美的文化不存在或按照抽象理论文化是不可通约的，这并不意味着我们不能判断一个文化特性是值得赞扬的还是需要谴责的。就像汉普希尔所指出的："非购物性原则在应用上是……一个程度问题。"②如果我们既不能判断我们的行为是同其他的生活方式相反的，又不能改变它们，那么道德生活将会变得毫无意义。因此同意伯林所否认的"各种价值必然在一个理性的世界中和谐地共存"是一回事，而断言这就意味着所有的道德判断都具有不可认知性或者是相对主义的则是另外一回事。

对人而言什么是好的？对他而言什么是最好的？何种政体最能体现他的基本利益？无论道德和文化多元主义的主题如何，所有的问题都可以付诸表决。我们可以断言道德多元主义依然坚持不论历史和文化的差别，在人们之间存在着"一种最小的共同道德基础"。③ 这样做并不是矛盾的。换言之，对人而言好的理念和理想生活的概念在历史主义对伦理理论的批判中幸免于难。此外，多元主义把我们所做的道德判断视为正当的。因为善与善之间、文化与文化之间不可避免会产生冲突，所以我们必须在特殊的善和值得赞美的

---

① Stuart Hampshire. Moral and Conflict[M]. Oxford：Blackwell，1983：36-43.
② Stuart Hampshire. Moral and Conflict[M]. Oxford：Blackwel，1983：149.
③ Stuart Hampshire. Moral and Conflict[M]. Oxford：Blackwell，1983：37-42.

生活方式之间做出评价和选择。事实上,多元主义也强调我们对自由的需求,因为多元主义和自由都是组成我们道德生活的不可或缺的部分。

第四节　伯林自由主义伦理思想的基石:价值多元主义

多元样态的道德的存在可以归因于伯林所着重的价值多元主义,这种价值多元主义贯穿于他的自由主义伦理思想中。伯林的道德哲学、政治哲学、历史观、人性论等思想中也随处都可发现价值多元主义的端倪。众所周知,伯林作为价值多元主义者,他的这种多元论思想对同时代的道德哲学和政治哲学造成了很大的冲击,同时许多同时代的思想家也依此对这种思想做出了不同程度的更改。在第二节的阐述中我们可以得知,在我们所生活的道德世界中价值和目标是有着巨大的差异性的,并且这些价值和目标之间不可避免地会产生冲突。我们各自在生活中所追求的宝贵的和终极的价值和目标,在特定的道德体系中并不能经常和谐一致。即便我们中间的一些人按照充足的理性去行动和思考,并且制定了最好的目标,但不幸的是,对于这些好的价值和目标之中何者具有优先权的问题仍然是争论不休的。对伯林而言,我们所生活的道德世界非但不是和谐的,而且在一定程度上充满了悲剧性。

一、价值多元主义的根源

多元主义是一个有着悠久历史的概念,其源头可以追溯至古希腊哲学家对本体究竟是"一"还是"多"的论争。这种理念真正地作为一种哲学概念则出现在德国哲学家沃夫(Christian Wolf)的论述中,他首次明确使用 Pluralismus 描述与"自我中心论"有所差异的"本体多元论"。沃夫以莱布尼茨式单子论的论述作为构成世界实体的基础,而这个观点也奠定了多元主义在哲学领域里的一些基本主张,例如,一个社会或价值体系由许多彼此互不相同、相互独立的因素或价值所构成,这些构成因素和价值都由其自身的合法性和确定性,并非由比其更高级的原则衍生出来,任何一种事物或价值都不可能蕴含与之不同的事物或价值,同样,也没有任何一种事物或价值可以支配、控制一切异于其自身的事物或价值。及至康德,多元主义的词义发生了一些转变。这种转变的源头在于康德对那种认为世界的运行都是以自我为中心的自我中心主义的拒斥。对康德而言,不论在逻辑判断、审美还是在道德思考上,我们都应该把自身视为世界公民的一员,这样我们就必然要考虑他人的立场和看法。康德的这种不将自己的判断视为最终标准、承认尚需要外在的真理判断且尊重相异意见的多元论,可说已略具二十世纪多元论的精神。除此之外,康德还把多元主义的概念应用于哲学之外的领域,因此这个概念也逐渐地延伸至大部分的学术领域,尤其是政治哲学和道德哲学。

多元主义在伯林的思想中被他赋予了一种新的性质与意义。对他而言,多元论是一种思考方式、一种考察问题的角度,同时亦是一种解释的框架。伯林反对一元论那种相信人类基本、重大问题一定可以找到一个明确一致的答案以及一个普遍客观的真理的信仰。他认为这些问题是找不到一个普遍一致的答案的,而找不到的原因不在于人类能力上的限制,而是在于这些问题在本质上就不可能获得一个明确一致的答案。历史上对此类问题的答案永远不会一致,永远只能处于争论之中,伯林的解释是因为这些答案都并非对于世界本质的认知,而仅仅是答案的提供者们个人的价值或好恶的表达方式。伯林的多元论提供了一个新的视角并提醒我们:在人类基本问题上,看法的争议与答案的莫衷一是并不是一种暂时的状态,而是人类的存在状态。但我们不禁要问:身为人类,我们是否便无法避免要处于这样的状态呢?这个问题同时也是伯林希望大众去重视的。他认为倘使人类无法认清这一点,那么以往在人类历史上出现的如二十世纪初年那样的惨剧势必将一再重演,而伯林所能提出的唯一的脱困之道,便是勇敢地去面对上述那种人类存在的状态,他相信这将会比漠视它来得明智点。解决存于不同的个人与个人之间的差异,这便是伯林多元主义的主旨所在。

在某种意义上,伯林视马基雅维利为反对一元论的先驱。与其说马基雅维利的思想是一种不道德的政治哲学,不如说他的某些观点是对价值一元论的质疑和挑战,从而暗示了那些"令人不安的多元事实",这也是伯林所指出的马基雅维利的作品在过去的四百年间总是让人们(特别是基督徒与自由主义者)的良心感到不安的原因。① 在《马基雅维利的原创性》中,伯林指出马基雅维利是一位关心人类终极目的的政治家,而并非那种只着重手段的重要性

---

① 以赛亚·伯林.反潮流[M].冯克利,译.南京:译林出版社,2002:31.

却把道德拒斥门外的思想家。马基雅维利指出基督教的伦理学把个人抽象化,使之成为一个普遍的基督上帝的信徒。一个人总是属于某个具体的社群,他的价值和生活目的等同于成为这个社群的成员,譬如,一个人只有接受古希腊某个城邦国家的价值和目标,他才能作为城邦的一员。人生的最终目的绝对不能同自己的社群相分离。在为一个强大的、团结而成功的社群服务时,个人才能度过一个有道德的、有效的和完整的人生。因为世界上各社群在过去、现在和将来所追求的最高价值互不相容,也就是,世界上不存在普遍的和永恒的最高价值,所以,脱离了某个具体社群的个人是不存在的。对伯林而言,与其说马基雅维利排斥道德、蔑视道德,不如说他提倡一种与当时或之后占据西方主流文化的道德截然不同的道德,也是有别于基督教道德的异教徒的道德。有别于基督教所着重的谦逊、逆来顺受、脱离尘世、向往来世拯救的美德,异教徒的美德在于"勇气、活力、百折不挠、公共成就、秩序、纪律、幸福、力量、正义,以及保证这些品质实现的正当要求、知识及权力等的维护。"①异教徒的价值和基督教的价值相互排斥,世界上永远不会存在一种全面的不偏不倚的标准,根据这种标准,人们可对不同的价值体系作出舍弃的选择。在人类的历史上,人们经常面对各种价值的冲突,所以,价值的选择对于人类而言是一种无法逃避的内在需要。

同样,对伯林而言,维柯所宣扬的不同文化之间以及不同美德之间的差异性对他的多元主义思想也影响甚深。例如,荷马时代的希腊人是与那不勒斯的希腊人截然不同的。同时,他极其关注人类文化的继起性。对维柯而言,每一个社会对于实在,对于它处身的世界,对于它自身以及它和自身过去的关系,对于自然,对于它为之奋斗的东西,都有一套自己的看法。这些文化的价值体系之间是互不相同的。每一个连续的社会整体,彼此的看法互不相同;各自有其自身的专长、价值以及创造的模式,彼此不可比较——每一个都应该用它自己的术语来理解,是理解,而不一定是批判。② 在对维柯思想的总结中,伯林指出:"传统的和近代的一元实在论把人变成了抽象的,没有生命的幽灵,维柯把人还原成活生生的、有血有肉的具体人。在应付各类自然环境和社会

---

① 以赛亚·伯林. 反潮流[M]. 冯克利,译. 南京:译林出版社,2002:55.
② 以塞亚·伯林. 扭曲的人性之材[M]. 岳秀坤,译. 南京:译林出版社,2005:12.

条件的挑战中，人是一个富有想象力的能动创造者，人有目的地缔造了各种文化，每个人都是某个民族文化的成员，不属于任何文化的人是不存在的。虽然这些文化是不可度量的，但是属于不同文化的人还是可以相互理解的。"①

对伯林而言，真正为每个文明设定其自身的世界观和思考、感觉模式的思想家是赫尔德。赫尔德认为文明仅仅按照他们自己的价值体系去理解和判断："……因为这些文明都有自己的世界观和方式去思考和感受并行事，依照他们自己的文明去创造他们自己的共同的思想，他们只能按照他们自己的价值的尺度，他们自己的行为所遵守的秩序而不是其他的文化，也不是依照一些普遍的、非个人的、武断的尺度去理解和判断，例如当他们如此无知地、盲目地给予不论是过去还是现在的个体、文化或时代批评或赞扬的时候，法国哲学家看起来似乎认为所有的事情都在他们的掌控之下，设立一些普遍的模式并且把拒绝接受这些模式的人作为野蛮人、不道德的人甚至是荒谬的人。"②作为"启蒙的批评者"，赫尔德狂热地抗击他所处的时代按照法国启蒙价值观评价其他的下等和野蛮的社会价值观的趋向。对于赫尔德来说，没有什么优等种族，没有哪一个特定的阶层和文化、民族具有优越性："没有不可改变、普遍永恒的规则和判断标准，可以适用于不同的文化或民族，而且可以用某一套单一的好坏等级来打分。"③赫尔德指出"每一个民族都有它自己的传统、自己的个性、自己的面貌。每一个民族都有它自己的道德引力的中心"④"没有什么比试图用一种统一的标准去同化不同文化更致命了"。⑤ 无论是维柯还是赫尔德或其同时代的追随者，都充分地意识到了价值多元主义的重要性。他们仍然保持了一种对文化做出全盘把握的观点，而且他们也意识到不同文化之间的价值冲突。同样，伯林也意识到同一个文化中各种价值之间和不同价值体系之间，以及个体之间甚至个体自身所追求的价值和目标之间的不可兼容性。

伯林的价值多元主义的发展并没有完全借鉴其他思想家的思路，而是其自身思想的蔓延。随后他也认识到弗里德里希·尼采对价值之间的冲突性的

---

① 朱新民.西方后现代哲学:西方民主理论批判[M].上海:上海人民出版社,2007:271.
② Isaiah Berlin. Three Critics of the Enlightenment[M]. London:Pimlico, 2000:15.
③ 以塞亚·伯林.扭曲的人性之材[M].岳秀坤,译.南京:译林出版社,2005:40.
④ Isaiah Berlin. Three Critics of the Enlightenment[M]. London:Pimlico, 2000:211.
⑤ Isaiah Berlin. Three Critics of the Enlightenment[M]. London:Pimlico, 2000:211.

描述，但是对尼采这一思想的认识并没有导向伯林的价值多元化思想的形成，究其原因就在于尼采把权力意志作为其思想的核心，但伯林却否认这一权力意志的作用。对尼采而言，权力意志不仅是生活的基本动力，而且他也不断地希望其变得更为强大并寻求更多力量的补充。当这种权力意志遇到阻力的时候所表现出来的形式是最为激烈的。对尼采而言，生活就是由各种不同的对立的因素相互斗争组成的，其中的一个权力意志是与其他的因素相互抗争的。价值对尼采来说就是将产生强势的和弱势的权力意志。其中，弱势的权力意志将会蜕变成尼采称为的"奴隶的道德"，这种道德观包括乐于助人、谦虚、同情和邻里友爱。这种弱势的道德观必定会被强势的道德观所征服。这种强势的道德观接受现实生活中的痛苦，认为并不需要一个真正永恒的世界可以让人们逃避并接受一种可能毁灭自己的可能性方式。因此，在这些价值的冲突中，必须优先考虑超人的价值。对尼采而言，在冲突的价值之间，有一些优先考虑的事项。以尼采对价值之间冲突性的理解，伯林对不可通约性和价值多元主义的理解并不具有真实性。

二、价值多元主义的基本要素

价值多元主义是一个伯林并不在通常意义上称谓的术语，他仅简单地称之为"多元主义"。这个术语被伯林之后的追随者所使用和发展。在《两种自由概念》中，伯林表明了自身的哲学立场："因为我相信，如果我们所追求的目标是多种多样的，并且在原则上这些目标是不能相互兼容的，那么它们之间的冲突的可能性或引起悲剧的可能性是不能在人类的生活中完整地消除的，不论是个人意义上或集体的意义上。"①伯林所谓的"人们的目标是多种多样的"是指一种对个人生活或社会生活的价值和目标的多样性的承认。这种对不同个人或社会生活的价值和目标的多样性的承认使伯林意识到：人们在其各自的生活中不可避免地会遭遇不同价值之间的冲突，这种价值之间的冲突不仅存在于不同的文化和社会体系之间，而且也会出现在同种文化以及社会体系中——在与其自身不同的亚文化群之内，或者甚至存在于个体在生活中所扮演的不同的角色中。"一个社会或者文化的价值观是同其他的社会或文化的

---

① 以赛亚·伯林.自由论[M].胡传胜，译.南京：译林出版社，2003：214.

价值观相冲突的,并且有时这种冲突还会在同一社会的内部发生,甚至在单一个体的道德经验中也有此种冲突发生;甚至在原则上,这种冲突也不能常常完整地得到解决。"①伯林经常引用的一个价值冲突的例子就是正义和仁慈之间的冲突:"……一个正义的完美世界——谁能否认它是人类价值中高贵的一种呢?——是不能同完整的仁慈相互兼容的。对于这一点并不需要我过多地解释;不论是法律上所造成的损失或人们的宽容,但是这两种价值是不能同时实现的。"②另外的一个例子就是自由和平等之间的冲突:"许多世纪以来,自由和平等都是人们追求的基本目标之一。不过,豺狼的完全的自由就意味着羔羊的死亡,强势的、多才多艺的那些人的完全自由,对那些弱者和天赋较弱的人的正当存在的权利来说,也是无法达到和谐的。"③

不同价值之间冲突(进退两难的局面)的显要特征是价值的不可通约性和不可相容性,这种不可通约性将会导致一种悲剧性的两难选择——在这种选择中牺牲不可避免地会出现,而不可相容性则意味着在我们的生活中并非所有的价值都可以同时相互兼容。比如一个人不能同时采取两种不同的生活方式,一天之中仅仅有二十四小时,一个人只能存在于一个时空之中,由于大部分人、政体、制度的能力以及解决问题的方法是有限的,导致人们并不能生活在一种完美的世界之中,在这种世界中人们的所有欲望都能被满足。对于人道的自由主义者而言,存在着人类经验的不足和解决问题的方法的有限性,而这种不足和有限性正是导致价值之间冲突的根源。对伯林而言,如果我们有足够的能力在相互冲突的善或恶之间选择那种对我们而言是最好的生活方式,那么价值的不可相容性并不总是导致我们遭遇进退两难的道德困境。例如,一个学生在经过几个小时的学习之后希望同他的朋友玩耍放松一下,但是因为接下来几天他必须参加考试,所以他决定抵制住这种诱惑。因此,只有当冲突的价值都是同等终极的时候,价值之间的冲突才会真正地陷入进退两难的境地:"客观目的、终极价值都有很多,其中一些和别的不相容,不同时代的不同社会,或者同一社会的不同群体,整个阶级、教会或种族,或者其中的个体,各自都有可能发现自己面对的是互不相容的、彼此冲突的主张,然而,这些

---

① Isaiah Berlin. Concepts and Categories[M]. New Jersey:Princeton University Press,1999:96.
② 以赛亚·伯林.扭曲的人性之材[M].岳秀坤,译.南京:译林出版社,2005:22.
③ 以赛亚·伯林.扭曲的人性之材[M].岳秀坤,译.南京:译林出版社,2005:12.

主张又都是同样终极、同样客观的目标。"①针对价值之间的"不可通约性",伯林以及之后追随于他的那些价值多元主义者把这种价值多元主义理论应用到对一种境况的解释之上:在特定的文化或者价值体系中(个体的或共同体的),各种价值都是同等重要的,在面对如何解决这些价值冲突的局面时,没有任何先验性的以及更高的价值谱系和普遍的标准来指导人们如何解决这些冲突。我们不可能像一元论者那样建立一种超越时间并且永恒不变的(例如先验的理性或神圣的启示)价值体系,并以此解决所有的价值冲突。

但是这种"不可通约性"的特性可能会导向两种普遍的误解。第一种误解与它自身所应用的范围有关。"不可通约性"可以广泛地在概念层面上使用吗?或者是否可以在相互竞争的传统中的有限的标准和价值中证明人们的选择?最初的"严格"的"不可通约性"的论断经常是与托马斯·库恩的极端的范式转换相联系的。它假定非常全面地认为传统是封闭的和完全排外的,因为它们不能共享一种观点,它们之间也不能相互理解。然而,伯林却认为传统之间是重叠共享一定的价值和观点的,这是一种"温和"的"不可通约性"的立场,认为"不同文化之间在不同的时间和空间是可以相互理解的"②。这意味着对伯林来说没有"一种不可复归的跨越谈话和叙述的不可通约性"。③ 因此伯林的"温和"的"不可通约性"论断是限于正常的标准之内的,这就意味着对伯林来说理解其他异于自身的文化或价值体系是可能的。

第二种对"不可通约性"这个术语的误解是伯林仅仅在严格的意义上使用它,他特别强调价值不能按照普遍有效的标准去衡量。拉丁语"量度"可能导致认为伯林所应用的可通约性和不可通约性沦为衡量价值的单位(例如金融价值)。但是在更广泛意义上伯林所提到的价值是不能相互衡量的,并且不能在一个层面上进行级差划分。④

不可兼容和不可通约的诸价值之间的冲突不可避免的结果是,我们必然要做出一种不可复归性的选择——无论选择什么都会造成价值的不可复归性的损失。现在我所牺牲的价值,与此相对与我所选择的价值一样对我来说都

---

① 以赛亚·伯林.扭曲的人性之材[M].岳秀坤,译.南京:译林出版社,2005:79-80.
② 以赛亚·伯林.扭曲的人性之材[M].岳秀坤,译.南京:译林出版社,2005:18.
③ 以赛亚·伯林.扭曲的人性之材[M].岳秀坤,译.南京:译林出版社,2005:18.
④ 以赛亚·伯林.自由论[M].胡传胜,译.南京:译林出版社,2003:245.

具有平等的终极的价值。"终极"的价值意味着这种价值是我认为对我来说是目的,并且不是意味着其他的目的——功利主义对密尔或知识对柏拉图来说意味着什么。尽管我可能会牺牲这一给定的价值,但我可以很清楚地理解如果我牺牲了相反的价值会怎么样。在寻求一种妥协的同时牺牲是不可避免的,这也证明了当价值之间的冲突不能被完全理解时所做出的选择应付的代价。前面伯林所列举的正义和仁慈直接相互冲突的事例中,他认为这种价值之间的冲突是可以得到妥协的价值冲突。另外一些价值的冲突可能只能通过过于死板的选择,并且通常是悲剧性的选择来解决。在这种境况下"公平交易"的妥协起不到任何作用。有鉴于此,伯林列举了萨特所提出的一个著名的事例:假设一个人处于被纳粹统治下的法国,他的选择是要么加入抵抗纳粹的组织,要么如果被纳粹发现后有很高的可能性不能见到他的被纳粹折磨的妻子、孩子和父母。这里不存在"公平交易"的问题:你不可能在可能所受的折磨和抵御邪恶政权的义务之间建立微妙的平衡。"[1]为了解决价值冲突,伯林显示了一种对妥协和公平交易的可能的明显偏爱。在这种妥协中,至少有部分冲突的价值和痛苦是可以得到缓解的。

价值多元主义的一个令人不安的后果是对一种完美世界的拒斥,在这种完美的世界中所有的价值都是和谐共存的,人们所有的欲望都可以被满足。伯林认为这种"人类所有的愿望都可以满足的想法是一种矛盾,一种形而上学的狂想。"[2]对于受宗教和意识形态所影响的体制而言,它们都希望在地球上建立一个完美的社会,在这个完美的社会中所有的善和目标都可以和谐相处。针对这种受宗教和意识形态影响的体制,伯林认为这种把一元论的理念作为一种终极解决方案或这些体制所设置的一套单一和谐的解决方案是内在不一致的和冲突的。"这些价值的冲突,正是他们是谁、我们又是谁的本质的差别。如果有人告诉我们,这些矛盾将会在某个完美社会中得到解决,在那里,所有美好的东西都在根本上和谐一致,那么,我们应该这样回答他们:他们所谓的那些美好的东西,与我们的价值有冲突,他们所赋予其中的意义,并不属于我们……完美的世界,最后的解决,一切美好事物和谐共存,这样的一些概念,对

---

[1] Steven Lukes. Isaiah Berlin in Conversation with Steven Lukes. In: Samagundi. 1998:106.
[2] 以塞亚·伯林. 自由论[M]. 胡传胜,译. 南京:译林出版社,2003:213.

我来说,并不仅仅是无法实现的——这是不言自明的道理——而且它在概念上也不够圆融;我不能够理解,这种和谐究竟意味着什么。有些至善(Great Goods)是不能够一起共存的。这是概念上的事实。"①因此,这种希望有一天社会中或共同体中所有的价值都和谐共存的设想对伯林而言是不可能的,而且也正如前所述,也是一种非常危险的乌托邦式的梦想。伯林也一再地提醒我们,那种假定我们的世界中所有美好的事物、所有的善都相互和谐地存在的做法是错误的,这并非老调重弹,即在一个不完美的世界中所有的价值和善并不都是相容的。这些善或者价值在本质上是相互冲突的,并不存在能使其和谐共存的解决方法。

伯林指出,不仅不同的价值体系和文化之间是不相兼容和不可通约的,而且在同一个价值体系和文化中不同的群体之间也是不能兼容和不可通约的:"有一点是清楚的,就是不同的价值可能会有冲突——这就是为什么不同的文化会有抵触。不同的文化之间,同一文化的不同群体之间,甚至在你我之间,都有可能是相互抵触的。比如,你永远都认为应该实话实说,无论什么情况;而我不这么想,因为我相信讲实话有时候会太让人痛苦,伤害太大。我们可以交流彼此的看法,我可以努力达成共识,但最后仍会发现,你所追求的东西和我献身的目标之间,还是不可调和的。就个人而言,他自身也会有价值的冲突。"②从这个引用中我们可以看出,价值多元主义贯穿于整个人类生活之中,即便个体自身才能体验到价值冲突,不但善和不善之间存在着冲突,而且善之间也存在着冲突。每一种文化都有其自身的标准。文化、亚文化和个体都有他们自身所优先选择的不可兼容的价值和目标的标准。在一个多元主义者和不同文化间的境遇中,这意味着不仅是对何种价值和目标具有优先权的辩论,而且是对何种标准(具有合理性和正当性?)应该适用的辩论。

除了伯林,一个重要的思想家阿拉斯戴尔·麦金太尔也注意到了这种社会中存在的普遍的分歧。在《美德之后》中这位思想家阐释了正义概念之间的不可通约性:"我们有太多具有差异性和相互竞争的道德观念,在这种情况下相互竞争的和差异性的有关正义的概念,以及文化的道德资源使我们找不

---

① 以赛亚·伯林.扭曲的人性之材[M].岳秀坤,译.南京:译林出版社,2005:17.
② 以赛亚·伯林.扭曲的人性之材[M].岳秀坤,译.南京:译林出版社,2005:14.

到解决这些问题的合理方法。"①对麦金太尔来说,这种分歧是缺乏一种以理性的方式协调解决的美好生活的背景概念,其原因在于麦金太尔认为个人主义和现代性计划未能提供一种独立的道德正当性的方法。对于伯林来说,分歧的原因在于我们所生活的道德世界是不和谐,甚至是冲突的。即使我们能达成对美好生活的共同看法,我们仍然会面对这些善与善之间的冲突,因此这些相互冲突的诸价值被赋予了不同的意义和重要性。

伯林引用"扭曲的木材"的隐喻去刻画我们所生活的甚至善与善之间都充斥着不和谐的道德世界。伯林的这种表达起源于康德,康德使用这个隐喻原本是指人类罪恶的一面,虽然伯林也使用这个"扭曲木材"的隐喻去描述人性的黑暗方面,但他最喜欢的还是使用这个隐喻去刻画围绕着人类的道德世界的各种价值之间的内在张力。例如,伯林使用这个隐喻表明完美的解决方案是不可能的:"或许我们所能做的最佳选择是,努力在不同的人类群体的不同渴望之间寻找某种平衡(显然是一种不稳定的平衡)——至少要阻止他们排除对方的冲动,而且要尽可能地去阻止他们相互伤害——在最大程度上促进他们相互的同情和理解,尽管这是永远不可能彻底实现的事情。"②解决价值冲突的方案并不总是逻辑上严谨的:"因此,步出困境之路存在于某种逻辑上混乱的、可变的甚至是含糊的妥协。每一种特殊的情形都需要它自己特殊的对策,因为'从扭曲的人性之材中',就像康德曾经说过的,'造不出直的东西'。"③在另一个例子中,伯林使用了"扭曲之材"的概念去批评持有理想生活趋向的人们,诸如艺术家为了追求艺术而极端地选择放弃家庭生活。④ 伯林所拒斥的过于死板的或极端的决定并不总是在价值冲突中体现:"目前世界上有太多的个体在不同的价值之间不选择以极端选择的方式去生活。伟大的哲学家说过,'从扭曲的人性之材中,造不出任何直的东西'。"⑤人类应该给自身机会,以在生活中扮演不同的角色(作为一个艺术家,一个丈夫,一个父亲),即便这意味着每个扮演的角色都不是太成功。如果非要引入第三个例子,伯

---

① MacIntyre Alasdair. After Virtue[M]. London:Duckworth,1981:235.
② 以赛亚·伯林.扭曲的人性之材[M].岳秀坤,译.南京:译林出版社,2005:50.
③ 以赛亚·伯林.自由论[M].胡传胜,译.南京:译林出版社,2003:102.
④ 以赛亚·伯林.扭曲的人性之材[M].岳秀坤,译.南京:译林出版社,2005:181.
⑤ Isaiah Berlin. The Power of Ideas[M]. Chatto:Chatto & Windus,2000:81.

林用这种隐喻指出人们不能挤入"早已准备好的模式"①中或者"教条化地信奉某些方案,强迫人们穿上统一的制服"②。

三、解决价值冲突的能力

在不可避免的价值冲突面前,人类希冀找寻到解决问题冲突的方法,但伯林认为并不存在一种可以衡量所有价值的共同标准和尺度。伯林指出:"机械的或演绎的方式并不能达成正确的政策:不存在指导我们的固定不变的规则;条件常常不明确,原则无法被完全分析或表达。我们试图对不可调节的东西进行调节,我们尽力而为。"③尽管并不存在一种普遍有效的方法去衡量不同的选择,但伯林对人类解决价值冲突的能力却秉持乐观态度。他认为,特别是在具体的情况下,哪种价值具有优先权或如何才能达至妥协的平衡状态是非常明晰的。"在具体的情况下,并不是每一种意见都有同等的力量"④。值得我们注意的是,伯林认为这些优先考虑的权利却不是最终的、绝对的。他强调以自愿妥协为先决条件,解决价值冲突的不同的方案共同之处在于——都必然把他人的利益考虑在内。

伯林倾向于上述非此即彼的以及妥协的主张。在特殊的情况下做出非此即彼的决定是不可避免的,但是不再处于这种情况下时候应寻求妥协以减轻痛苦。对伯林而言,不论是在个人生活还是在社会生活中,减少可避免的痛苦是最重要的。至于在个人生活中发生的价值冲突,在不同的行为之间伯林更倾向于一种极端的选择:"要告诉一个艺术家必须做出选择——强迫他接受一种非此即彼无理由的、仅仅是因为我们喜欢的极端的解决方案——是社会中一个不能接受的欺凌方式,其中认识到人的权利有一种特定的灵活性,同时也意识到他们自身都希望把一种最小范畴的公正、自由和幸福的相互兼容性限制在一个更大的范围内。"⑤伯林注意到人类的特定的"灵活性"可以使他们认识到目标的多样性。例如,一个人可以把他的生活和职业结合起来而不用

---

① 以塞亚·伯林.自由论[M].胡传胜,译.南京:译林出版社,2003:270.
② 以塞亚·伯林.扭曲的人性之材[M].岳秀坤,译.南京:译林出版社,2005:18,19.
③ 以塞亚·伯林.自由论[M].胡传胜,译.南京:译林出版社,2003:52-53.
④ 以塞亚·伯林.扭曲的人性之材[M].岳秀坤,译.南京:译林出版社,2005:20.
⑤ Isaiah Berlin. Personal Impressions[M]. London:Pimlico,1980:180-181.

采取非此即彼的决定,即便这意味着成功的可能性不大。

关于如何面对社会和政治领域中的价值冲突,伯林赞成一种妥协或者暂时妥协的方案,而不是仅仅承认存在着冲突着的价值。他既不想要放任自由主义,也不想要一种保守主义的官僚作风。解决价值冲突以及发现价值之间的妥协和平衡的一个首要条件在于:接受价值之间(或价值体系)的不可通约性。伯林希望我们抵制一元论,例如,所有的道德问题都应该有一个正确的答案并且这些答案都是源自一种一致的道德价值体系。① 对伯林而言,一元论是西方自柏拉图以降,有着悠久历史的但必须得加以拒斥的思想。一元论是筑基于三条未加质疑的教条之上的:(1)一切真正的问题都有一个而且只有一个正确的答案,其他答案都背离了真理,因而是错误的;这一点适用于行为和情感问题,亦即实践的问题,也同样适用于理论或观察的问题;跟适用于事实问题一样,也适用于价值问题。(2)对这个问题来说,正确的答案在原则上是可知的。(3)那些正确的答案彼此不会冲突,因为一个真命题是不可能跟另一个真命题相矛盾的;总体而言,这些答案联合在一起,必定是一个和谐的整体:有人认为,它们形成了一个逻辑的系统,其中每一个构成因素都是跟其他所有因素相互关联的;还有人认为,其中的关系是部分之于总体的关系,或者说,至少,每一个因素都跟其他因素是完全兼容的。② 一元论者并不必定地否认某些价值之间的不可兼容性,但是他们拒绝价值之间的不可通约性及其背后的多元主义,并且相信所有的价值冲突最终必然有一个正确的解决方案。作为一个观念史家,伯林在他的著作中把这种观点称为爱奥尼亚谬误。一旦人们认识到这一点,伯林相信他们就有能力抵制这种一元论的倾向;一旦人们接受了多元主义思想,他们也会表现出更多的妥协的意愿。

为了解决价值冲突,我们可能需求助于古典道德理论,也即功利主义和康德主义哲学。伯林没有诉诸功利主义,也拒绝了道义论,因为在伯林看来,这两种道德理论都是建基于一元论的假设之上的,都是一种源自单一原则的强制性的行为的思想。功利主义者认为:在功利主义的原则内,最大多数人的最大幸福原则应该具有优先权。然而,最大化幸福的规则可能同个人的利益

---

① 以赛亚·伯林.扭曲的人性之材[M].岳秀坤,译.南京:译林出版社,2005:9.
② 以赛亚·伯林.扭曲的人性之材[M].岳秀坤,译.南京:译林出版社,2005:211.

和价值相互冲突,这些个体利益和价值并不能因为最大多数人的最大化幸福而牺牲。在同麦基的访谈中伯林列举了下面的例子:许多人都深受肾病的困扰,但是却仅仅只有一个肾源可以使用,我们该怎么办?"如果我们用这种问题来问我们自己:'这些人之中哪些人对社会造福最大?'这种问题中要做的选择是令人苦恼的。道德哲学家不能这样给出答案:'拯救伟大的哲学家'或'拯救孩子'。作为人类中的一分子他可以这么做,但是如果他是一个好的道德哲学家的话,他将能够给你解释这样做需要考虑的事项。他认为:'你的目标是什么?你想寻求什么?你完全关注人类的幸福吗?那是你唯一考虑的事情吗?如果是这样的话,那么我猜想去救科学家是正确的,因为科学家可能比孩子更能给社会带来最大的价值,然而孩子确实是无辜的。或者你也相信所有的人类都有着同样基本的权利,那么每个人都有同样的权利被拯救,并且你甚至没有办法问两个人之中哪个更重要,这就是你的想法吗?'他可能会继续下去,'这里存在着价值之间的冲突。一方面必须增加人类的幸福,而另一方面你也相信把一些权利分等级是错误的——或其他的权利——因此应该建立一种平等的权利等级制。你不能同时两者兼得。这些目标都是冲突的'。"①对于如何解决价值冲突,伯林并没有给出明确的答案。他只是表明功利主义一元论假设的给予最大多数人的幸福以优先权是与个体所拥有的基本的权利相互冲突的,个体的价值不能够为了大众的幸福而牺牲。康德伦理学的一元论特征(义务论)比较难以证明,因为康德最高道德律有一种正当性的特质。"行为所遵照的法则必须能同时成为普遍法则。"②康德的这个道德至高律可以适用于不同文化状况之中。然而,对伯林而言,康德的伦理学忽略了存在着许多价值,这些被忽略的价值有不止一种可以成为具有普遍性的价值,因此也就忽略了这些价值之间可能发生的冲突。此外,伯林也并不相信康德所提出的先验存在的理性。③

值得注意的是,当伯林在二十世纪五六十年代介绍了他的价值多元思想

---

① Bryan Magee. Men of Ideas: Some Creators of Contemporary Philosophy[M]. London: British Broadcasting Corporation:31.

② Immanuel Kant. Foundations of the Metaphysics of Morals[M]. Prussian Academy of Sciences edition:421.

③ 拉明·贾汉贝格鲁.伯林谈话录[M].杨祯钦,译.南京:译林出版社,2002:38.

之后,他的读者甚至道德哲学家都没有意识到功利主义和道义论所造成的负面后果。查尔斯·泰勒把这种情形描述为"在学院里埋了一颗炸弹但不知何故却未能爆炸"。泰勒这样描述的原因在于"仅仅因为以赛亚言辞含糊地让大家从哲学中'移居'出来,以至于他的同事们感觉到他们自己的体系并非是伯林评论的目标"①。在伯林的著作中有一种解决价值冲突的"元原则"。伯林倾向于"无论何种选择都不能妨碍大多数人最终目标的实现"②。这种"元原则"可以被理解成一种"消极"的功利原则,因为这种消极的功利原则的目的是尽可能地避免痛苦和不幸。然而,对伯林自身而言,挫折的产生并不必然是否认最大化幸福原则引起的,除此之外,否认基本权利也可以导致这种挫折的出现,权利的实现通常并不会促进幸福的最大化。与这种观点相反,伯林仍然是使用十九世纪对"功利"这个术语的理解。功利也可以在更广泛的意义上被定义,这其中包括各种各样对挫折的克服的优先性,也包括人权和宗教上的优先权。

关于对价值冲突的问题的解决方法,伯林也阐释了美德伦理学的吸引力。例如,关于他在文章中有所涉及的政治家,温斯顿·丘吉尔、罗斯福,伯林介绍了在派遣数以万计的士兵在诺曼底登陆解放欧洲的时候,这些政治家都面临着令人烦恼的道德上两难的境地。对伯林而言,一个好的政治家应该有一定的智慧去处理价值冲突:"什么是所谓的政治家的智慧、政治手段,与其说是知识不如说是理解力——对某些相关事实有着某种理解,使具备这种理解的人能够判断什么东西才是彼此适合的:在具体情况下能做什么不能做什么,哪种情况下采取什么手段才可行、它会起多大作用,并不需要他们有能力解释是怎么知道这些的,甚至都不必解释他们知道什么。"③单纯的事实的知识是不够的。技能,例如观察的能力、时间感、灵敏感的需要和人类的能力都是必需的。伯林把这些能力称为实践智慧,或实践理性。他也认为一个好的政治家(而且是一个历史学家或人类学家)应该有一种现实感。④"现实感"是伯林1996年所出版的一卷文集的名称和主题。伯林在他的文章《政治判断力》(1957)中

---

① 马克·里拉.以赛亚·伯林的遗产[M].刘擎,殷莹,译.北京:新星出版社,2006:117.
② Steven Lukes. Isaiah Berlin in Conversation with Steven Lukes. In:Samagundi. 1998:109.
③ 以赛亚·伯林.反潮流[M].冯克利,译.南京:译林出版社,2002:38-39.
④ 以赛亚·伯林.反潮流[M].冯克利,译.南京:译林出版社,2002:58.

描述了一个英明的政治家应具备认识论的素质:"我们所说的才干首先需要一种整合大量混淆在一起的、不断变化的、多姿多彩的、转瞬即逝的、始终互有重合的信息的能力,它们数量太大、变化太快、相互混合得太厉害,所以不可能像对付大量蝴蝶那样一只只去捉住、用钉子固定然后加上标签。在这个意义上,整合就是将信息资料(通过科学知识,同样也通过直观感知)视为某种统一模式中的基本要素,彼此牵连,各有含义;将它们视为过去未来各种可能性的征象;就是实用地看待它们——按照你或别人如何能够处理、将怎么处理这些信息资料,反过来它们又如何能够影响、将怎么来影响你或别人来看待它们。在这个意义上,把握一种情况就需要用眼去看,获得一种和相关信息直接的、几乎是感官的接触,而不只是认识它们的总体特征、对它们进行逻辑推演、作分析、得结论、构建有关它们的理论等等。"①政治家们应该有给不同价值级差排序的能力,并在相互冲突的价值之间寻求一种妥协,依此确保其他的价值。

　　伯林求助于实践智慧是不足为奇的。近来道德理论中普遍出现了美德伦理学的复苏。意识到道德的多样性和文化上的多样性以及相对主义都给古典道德理论带来了不少压力。由于缺乏固定的理论和原则,更要强调的是选择行为时候的同一性,包括他或她的德行和技巧。② 在伯林的思想中,我们可以明晰地看出:"在具体的价值冲突的境况下通常是可能找出何种价值具有合适的优先性。"③然而这却不能证明伯林是一个完全的亚里士多德式的范例。这样的例子亦可以在伯林在牛津的同事,同时也是一个多元主义者的汉普希尔的《道德和冲突》中发现。汉普希尔写道,亚里士多德也意识到优先权的问题是非常难以解决的(例如公共生活的纯粹思想的主张和实践智慧的冲突)。但是他也意识到,不同的最终道德要求之间的一种协调的方案是可以达至的,因此一种和谐的和完善的道德生活也是可以实现的。④ 作为价值多元主义者的汉普希尔指出,在相互竞争的道德要求和道德利益之间并不能保证一定能达至和谐。我们共享一种共同的人性,但是"无特质的人"通常会被文化所覆盖,从而导致不同的完整的理想。对汉普希尔而言,"在相互冲突的道德要求

---

① 以赛亚·伯林.反潮流[M].冯克利,译.南京:译林出版社,2002:55.
② 以赛亚·伯林.反潮流[M].冯克利,译.南京:译林出版社,2002:53.
③ 以塞亚·伯林.扭曲的人性之材[M].岳秀坤,译.南京:译林出版社,2005:20-21.
④ Stuart Hampshire. Morality and Conflict[M]. Oxford:Blackwell,1983:140.

和道德利益中如何保证可以达至一种和谐呢？这种和谐必须以共同的人性为基础，但是如果这种共同的人性经常会被一些特殊的道德要求所凌越，或者这种和谐并非是建基于普遍人性之上，那么，'无特质的人'是否可以为不同的文化或人所认知？"①。由此我们可以得知，伯林的美德伦理学并不是严格意义上亚里士多德式的。

值得我们注意的是，伯林反对那种认为价值的冲突可以通过道德行为解决的观点。这就是受我们不和谐的道德世界和文化影响，以及导致道德冲突的道德差异性存在的悲剧性本质。即便人们接受了适当的美德教育，并且由此改变了自身的自私性，甚至也认识到他们自己的利益是隶属于公共善的，但价值冲突仍旧会存在。在伯林的全部著述中我们可以得知，美德在解决价值冲突的问题上并没有发挥太大的作用，更遑论提供一种最终解决方案了。从多元主义者的立场出发，另一个潜在的问题凸显出来：明慧的人是否就必然与德行的特征相符合？虽然美德伦理的主要目的在于行为选择的同一性，但最终它也筑基于适合一种标准或准则的某种特殊的善的观点之上，并因此决定哪种美德对目标有所贡献并达至何种程度。否则，我们如何判断一个人是否聪慧、有实践经验或换句话说是否有德行呢？

如果古典道德理论已经不太适合，那么道德哲学家的任务应该是什么？对伯林而言，这并不是告诉他或她的生活该如何过。伯林意识到许多人都希望从道德哲学家这里找寻如何过好的生活的答案；对伯林而言，道德哲学家的任务就是应该澄清这里面的利害关系："道德哲学家的任务，仅在于帮助人们面对问题，面对可供选择的行动范围，向他们解释有哪些选择以及做出某种选择的原因。他应当努力阐明所涉及的各种因素；揭示全部的可能性及其含义；不是孤立地，而是统观全局地甚至从整个生活形态的角度描绘各种可能性的性质。此外，他还应该说明一扇门的开启为什么会导致另一扇门的开启或关闭的原因。换句话说，他必须展现某些价值之间，经常是无共同尺度的价值之间不可避免的矛盾和冲突。或许，用稍微不同的方式来说，他应该不是从数量的角度，而是从并不和谐的绝对原则或绝对价值的角度，阐明某一行动，以至某一生活方式的得与失。当一个道德哲学家按照这一方式把一种行动方针放

---

① Stuart Hampshire. Morality and Conflict[M]. Oxford: Blackwell,1983:142.

在它的道德范围内加以考察之后，亦即在道德总构图中查明了这项行动的方位、依据这项行动可能产生的后果和影响，把这项行动的性质、动机和目标同它所属的价值系统挂上钩；并根据自己所拥有的知识、理解力、逻辑技能和道德智慧提出了反对或支持这一行动的理由，或正反双方的理由之后，他就完成了他作为意味哲学顾问的使命。道德哲学家的任务不是说教，不是鼓吹，不是褒贬，而是启发。他的助益仅在于此，剩下的事情只能由有关的个人或团体，根据自己的信仰和目标(现实生活中这些东西远远不够)去做出自己的决定。哲学家只能倾其所能，阐明得失，不过仅此一点，也是极多、极多的了。"① 由此可知，道德哲学家的任务就是阐明这些问题并帮助人们使其做出自己的判断。

在缺乏共同标准的情况下，价值冲突可能只能用非理性的方法去解决。② 我们可以明确地通过我们对一些价值的承诺证明我们选择的正当性，但是最终我们对这些价值的级差排列是专断的。伯林在对永久地消除价值之间的冲突方面是持悲观态度的，但是他对人类在解决进退两难的价值难题上的能力则是非常乐观的。原则上，人类不仅可以超越他们自身的一元论倾向，而且也能超脱于他们自己的利益，这其中也包括了从其他人的角度考虑的立场。从新马克思主义的角度而言，伯林对人们做出妥协的能力的信心，以及考虑到他人的利益并以一种体面的方式解决价值冲突的判断可能有点天真。当然，我们思考中经常出现的物质利益，对新马克思主义者在讨论冲突的时候所做出的适当的决策而言是很重要的。他们坚持认为明确的程序和道德话语都能减少强权政治的危险(例如，哈贝马斯的交往理论)。然而，自认为是一个观念史家而不是政治理论家的伯林在其著作中却并没有给其读者留下仅仅需要实践智慧就可以解决价值冲突的印象。因为伯林作为一个价值多元主义者，他认为道德冲突并非首先是由利己主义或各种善之间缺乏良好的沟通所引起的，而是由善的价值之间的不可兼容性和解决这些冲突的标准的不可通约性所导致的。因此，对伯林而言，道德冲突之间的本质问题不是沟通问题，而是规范性问题。这就使得伯林对于人类有能力解决价值冲突这一信念的正当性

---

① Bryan Magee. Men of Ideas: Some Creators of Contemporary Philosophy. London: British Broadcasting Corporation:36-37.

② Bryan Magee. Men of Ideas: Some Creators of Contemporary Philosophy. London: British Broadcasting Corporation:43.

成为值得商榷的问题。伯林的这种包含善与善之间冲突的不和谐道德世界的理念是可以与一种对人类能力的更为消极的观点相互结合的,例如人类作为一种不道德的动物,始终是把自身的物质利益放在首位的。伯林并没有对人性的邪恶熟视无睹,他意识到对狼的自由的保证就是羊的末日。虽然如此,但伯林依然对人类解决价值冲突的能力持肯定态度,这种对人类解决冲突能力的乐观性是伯林所为之辩护的自由、民主和开放的社会的最为重要的先决条件。如果世界真的是由不能在个人利益之间做出妥协的纯粹利己主义者组成,那么严格意义上为了阻止一切战争的独裁主义将会被证明为正当的。

本章小结

伯林所生活的时代恰值当代西方思想大规模地对自由主义展开批判和反思。由于对现存的自由民主社会的不满,批评者把其弊端归于那种信奉消极自由的、权利观念占据主要地位的、个人自主本位的自由主义。社群主义者指责自由主义者为了个体权利而牺牲社会稳定和个体的美德,忽视公共规划与目标,使个体成为一些孤单与自利的"原子"。针对这种境况,强调个体权利和个体自由的伯林的自由主义思想所直面的问题体现在:在我们所生活的这个充满歧义和纷争的世界中,我们应当如何对待生活方式和道德价值的多样性?在这种现实境况中,伯林独辟蹊径,在价值多元主义的基础上对自由进行了重构,并以多元主义为基础维护侧重个体权利的消极自由。对伯林而言,人们生活中的价值冲突是无处不在的,这就是人类生存的状况。我们的道德世界并不是和谐的,各种善之间的冲突是不可避免的。由于受到时间、空间和手段的限制,诸价值(或价值体系)并不能总是和谐地体现在一个社会体系内或一个人身上,这就导致了价值之间的相互冲突。从马基雅维利、维柯和赫尔德的作品中,伯林认识到价值之间(或价值体系)不但是不可兼容的,而且也是不可通约的,并不存在一种可以解决这些价值之间冲突的放之四海而皆准的标准。

价值之间的冲突对伯林而言是人类苦难的重要根源。由于资源的缺乏,人类生存的有限性和评价标准的多样性(在道德、美学和认识论意义上)都是真实存在的。然而,对价值多元主义的确切认知可以解决大部分的价值之间的冲突。这些冲突对伯林而言是否是唯一的导致道德邪恶的原因，或者还有其他的根源？伯林的不和谐的道德世界的后果是在人类之内有着多种样态的、不可解决的内在张力。这导致他把人性定义为"扭曲之材"。事实上，这些存在于人性中的内在张力是悲剧性的。它们通常是无意识的，但却往往导致我们无可避免地面对各种不同的冲突。针对这种诸多不可通约且相互冲突的价值存在的境况，人们也有意识地寻求许多能减少冲突所导致的悲剧性的后果的方法。如果人们能意识到善与善之间可能不相兼容，甚至是相互冲突的话，那么仇恨、怨恨和妖魔化的负面情绪有可能会减少，同时亦可能会缓冲价值之间冲突所带来的痛苦。此外，人们可以用一种妥协的方式尝试解决我们生活中不可避免要面对的价值之间的冲突。对于人们解决这些价值之间的冲突的能力伯林持一种乐观的态度。在原则上，人类是能够宽容和妥协的。然而在过去人们盲目地信仰一元论导致了大量的灾难，特别是在二十世纪这个价值多元主义被否认的时期，导致了许多不必要的苦难。古典的道德理论，例如功利主义和道义论，对伯林而言都是建立在一元论基础之上的，因此在解决价值之间的冲突中很少能够用到。此外，并不存在固定的解决这种冲突的方法和程序。实践智慧和现实感帮助人类寻求妥协的方式和做出非此即彼的悲剧性的选择。因此，在我们所存身的不可通约的甚至相互冲突的多元的道德世界中，伯林认为我们不得不参与一种公平交易的原则：种种规则、价值和原则，彼此之间都不得不做出各种程度的相互让步，在冲突的价值、原则和规则之间保持一种不稳定的平衡，以此来防止陷入绝境，或者做出褊狭的选择——这是对一个文明社会的基本要求。

第二章
伯林筑基于多元主义之上的自由主义思想

　　伯特兰·罗素曾经说过,哲学家最深刻的信念很少包括在他们正式的论点当中;基本信念,对生活的全面见解,就像必须被捍卫的大本营。哲学家通过反驳一些对于他们学说的现实的或可能的反对意见来扩展他们的理智力量,而且虽然他们所找到的理由、他们所使用的逻辑可能是复杂的、精致的与强有力的,但它们仅是防御性的武器,而内在城堡本身,亦即为之而战的生活观,一般说来,反而是相对简单与粗糙的。罗素的这种观点亦可以适用于伯林。他的思想和信仰所捍卫的内在城堡既是简单的又是朴素的。他秉持一种清晰和一致的生活观,这种与古典自由主义同源的生活观明显的是源自他著名的文章《两种自由概念》。伯林把人视为一种自由和富有表现力的创造物,他的自由主义思想的主旨就是如何在现代文明社会捍卫个体自由。伯林所捍卫的这种个体自由可以称为基本的自由或基本的人类权利。当伯林的批评者探寻伯林自由的境况或者理性自主性时,他们的探索就遮蔽了一些至关重要的因素。

　　伯林在创作这篇文章时,他所担心的是在自由问题方面寻求妥协可能会导致对个体自由的压制,或者把自由视为达成其他善或价值的工具。伯林主要的对手是社群主义者和共和主义者,他们把自由看作达到其他善——例如自由或普遍的正义的手段。在这篇文章中伯林对消极自由论述的篇幅是积极自由的三倍之多。换言之,这篇文章被认为是脱离于盗用自由的名义和自由的反对者的意图之外的、捍卫公民自由的大本营。

第一节　西方自由概念的思想史回溯

"自由"是西方政治哲学和道德哲学中最为核心的概念之一，它即是"自由主义""个人主义"理论构建的基石，也是"社群主义""国家主义"意图实现的目标。然而，从希腊化时代伊壁鸠鲁所理解的"自由是原子偏离的偶然状态"到当今罗尔斯论证的社会正义原则应优先考虑"平等的自由"，对于"自由是什么"的问题，各式各样的思想流派一直争论不休。1958 年以赛亚·伯林在《自由的两种概念》中提出了"两种自由概念"，对"消极自由概念"和"积极自由概念"进行了区分。这一论断更是激起了学者们对"自由是什么""有多少种自由""不同的流派间的争论是对不同自由概念的争论还是同一自由概念下不同观点间的分歧"等问题的热烈讨论。

伯林所处的时代是自由主义饱受左右两翼夹击、境况困窘的时代。作为一种在西方智识史上显赫的思想体系而言，自由主义在二十世纪遭遇到前所未有的挑战，霍布豪斯就曾以一种哀婉的笔触描写自由主义在迈入二十世纪时所遇到的困境："十九世纪可被称为自由主义时代，但是到了这个世纪的末叶，这项伟大的运动却大大地衰弱了。无论在国内还是国外，那些代表自由主义思想的人都遭到了毁灭性的失败。但是在许多种值得忧虑的事由中，还是最不重要的一种。如果自由主义者确是失败了，自由主人的命运似乎更惨。它正在对自己失去信心。它的使命似乎已经完成"[①]。

面对自由主义的凋零与自由世界的崩塌，二十世纪四十年代中期出现了一群以复兴古典自由主义为目标的学者与思想家们，而伯林正是这项运动的中流砥柱。继哈耶克的《通往奴役之路》和波普的《开放社会及其敌人》《历史定论主义的贫困》之后，伯林发表了与上述名著相互呼应的文章——《二十世纪的政治理念》，并且在整个五十年代发表了一系列捍卫自由主义的文章与演讲。伯林等人的大声疾呼，终于使自由主义思想得以在一直由马克思主义学说主导的知识界中尚存一息，并继而使自由主义蓬勃发展，终于在七十年代开花结果，重现活力。因此对西方智识史中发生的古典自由主义复兴运动的性

[①] L. T. Hobhouse. Liberalism[M]. New York: Oxford University Press, 1964:110.

质和时代问题的追溯或有益于对伯林自由主义思想的探讨,并与其有着莫大关联。

一、尊崇消极自由的古典自由主义

自由主义若以国家权力与个人间的关系来做说明的话,大致可以区分为两种传统和主张。其一是由洛克所奠定的古典自由主义传统,这一传统下的自由主义带有极浓厚的个人主义色彩,强调保护伯林所定义的消极自由;其二则是十九世纪后期发展出来的修正式自由主义,这种自由主义传统受黑格尔哲学启迪,格林是其著名的代表。这种自由主义传统主张扩大政府的活动和干涉范围,至于古典自由主义者所强调的消极自由则被他们嗤之以鼻,与之相反,他们所倡导的自由观念正是伯林所谓的积极自由。

古典自由主义的理想虽起于十七世纪,但其思想可溯源至古典时期的希腊,如经历伯罗奔尼撒战争那一时代的希腊人便已是如此。从伯里克里斯的"葬礼演说"里,我们可以找到自由主义的平等原则与个人主义原则:解决私人争执的时候,每个人在法律上都是平等的;让一个人负担公职优先于他人的时候,所考虑的不是某一个特殊阶级的成员,而是他们有的真正才能……正因为我们的政治生活是自由而公开的,我们彼此间的日常生活也是这样的。当我们隔壁邻人为所欲为的时候,我们不至于因此而生气;我们也不会因此给他以难看的脸色,尽管这种脸色对他没有实际的损害。在我们私人生活中,我们是自由和宽恕的;但是在公共事务中,我们遵守法律。

及至罗马法、基督教以及十七世纪的个人主义者,践履着古典自由主义的要点。然则自由主义作为一种政治潮流和智识传统,仍是由洛克所奠定下来的。正如葛雷所言:"在洛克的《政府论》下篇中,自由派观点的核心因素才首次定型成为一种融贯的智识传统,体现在一场强大的(纵使常常是分裂的、冲突的)政治运动中的传统。"[1]因此,自由主义开始作为一种智识传统和政治潮流是与洛克的思想密不可分的。当时,英国正在开展的自由主义全力反对君主专制,主张法治下的议会制政府,强调结社自由与私有财产的重要性。洛克尝试将当时的英国政治经验融入市民社会的理论当中,强调法律之前人人平

---

[1] John Gray. Liberalism[M]. Minneapolis: University of Minnesota Press, 1986:11.

等；人们且不受共同目的之束缚，但须尊重他人的权利。在政府权力与个体自由的关系上，洛克鲜明的个人主义色彩为古典自由主义立下了典范。对洛克而言，个体权利（及自由）是优于国家权威的。与霍布斯相似，洛克亦设定了与市民社会相区分的"自然状态"。然而，不同于霍布斯将自然状态描绘成一幅人与人间争战不歇的修罗地狱图，洛克所谓的自然状态是自由、平等且大致彼此相安的："为了正确地了解政治权利，并追溯它的起源，我们必须考究人类原来自然地处在什么状态。那是一种完备无缺的自然状态，他们在自然法的范围内，按照他们认为合适的办法，决定他们的行为与处理他们的财产和人身，而无须得到任何人的许可或听命于任何人的意志。"①同时，洛克亦对这种自然状态加以强调："这也是一种平等的状态，在这种状态中，一切权力和管辖权都是相互的，极为明显地，没有一个人享有多于别人的权力，同种或同等的人们毫无差别地生来就享有自然的一切同样的有利条件，能够运用相同的身心能力，就应该人人平等，不存在从属或受制关系。"②从洛克对人类在自然状态中的描述可以得知洛克以基督教一神论的脉络为出发点，提出了以自然法为依据的天赋人权观点。对洛克而言，正是处身于上帝所赋予的自然法统治之下，人类才享有他人或社会所不得侵犯或干涉的自由权利与获得财产的权利。换言之，人之所以为人，之所以成为上帝所眷顾的创造物，在于其自然并天生地拥有在自然法则规范内的行动、思想上之权利与自由。葛雷在分析这种以洛克为代表的自然权利说时亦表示：依照这种理论（自然权利说），人类在相互之间，或针对社会和国家，可以既正当又强烈地要求维护正义，正是一种根本性的道德真理。人类所拥有这种要求正义的道德权利，不是由于他们是任何特殊道德共同体的成员，或任何积极法律秩序下的国民，而仅仅是因为他们作为人类的这种本性使然。依照洛克的理论，个人在进入文明社会之前便先天地具有自然权利，进入文明社会之后，这种自然权利更应该受到保护。他在《政府论》里说道："虽然人们在参加社会时，放弃他们在自然状态中所享有的自由、平等和执行权，并将之托付社会，且由立法机关按社会利益所要求的程度加以处理，但是这只是出于各人要更好地保护自己及其自由和财产的

---

① John Locke. Two Treaties of Government[M]. New York：The New American Library, 1960：309.
② John Locke. Two Treaties of Government[M]. New York：The New American Library, 1960：309.

动机;社会或由他们组成的立法机关之权力,绝不容许扩张到超出公众福利的需要之外,而是必须保障每一个人的财产。"①

依据洛克的设想,人类在自然状态中是和平相安的,因为人们具有良好的愿望,并且总是能够依循着自然法的指导,来要求自我的行动。之后人们创造赋予了主权者的权威,并不是因为没有这种权威人们便会陷入混乱,终至彼此相残;而是因为在自然状态下,人人皆为自己的法官,于是便不存在普遍公正的裁判,这将会对人们的生活造成很大不便。国家和政府,在洛克看来显然是为了补救在自然状态下所遭际的不便,同时也是为了解决因为人类无法做到真正的不偏不倚所可能引发的争端,而被创建设立的。人们自愿放弃自行惩罚破坏自然权利者的自由,通过契约的缔结,形成社会、组织政府,与建立国家。很明显地,"国家"在洛克眼里不过是一种手段,公民以及个体权利的保障才是目的。个人与国家相比,个人才该是被放在第一位、被优先考虑的。"在这种理论中,人类所赋有的自然权利先于因袭成规就已存在,在道德上也先于任何社会制度或契约性的安排。"②而这也是为什么洛克会主张一旦主政者或立法者违背自然权利,超越宪法所赋予的权力界限而侵犯到人民的自由或财产时,人民有解散政府、重立新的立法机关的自由。③ 洛克为自由主义所奠定的这种个人主义式的基调,不仅延续到密尔的时代,影响范围更延伸及整个西方世界。例如法国的孟德斯鸠、贡斯当与托克维尔皆提倡洛克式的消极自由主张,美国宪法更是一部不折不扣充分体现洛克派思想的宣言书。苏格兰的启蒙运动者亦秉此观点,确立了种种自由派原则,并将之建立在关于人类社会发展的全面阐述以及社会经济结构理论的基础之上。亚当·斯密便在其《国富论》一书中,以一种方法论上的个人主义,将个人处于每项社会解释的终点之方法,揭示自由主义的原则体系。

二、认肯积极自由的修正自由主义

十九世纪,我们无可否认,那是由古典自由主义信条所支配的一个世纪,在英国更是如此。从泰勒在书里对第一次世界大战前一百年间的英国人生活

---

① John Locke. Two Treaties of Government[M]. New York: The New American Library, 1960:398.
② John Gray. Liberalism[M]. Minneapolis: University of Minnesota Press, 1986:45-46.
③ John Locke. Two Treaties of Government[M]. New York: The New American Library, 1960:455-459.

鲜活生动的描述，我们可以看到洛克所主张的古典自由主义是如何被体现在每一个英国人的生活与思想之中的：直到1914年8月为止，一个理智健全、守法的英国人可以安度其一生，除了看到邮递员和警察，他根本难得注意到国家的存在。他可以在他所喜欢的地方，如他所愿意的那样生活。他没有官方编号，也没有身份证，他可以没有护照，甚至无须任何官方批准就到国外旅行，或永久地离开他的国家。他可以不受限制或限额的规定，而换取他国货币。他可以像在国内购物一样，在世界上任何国家选购货物。就此而言，一个外国人可以无须批准，也不必通知警方，而在英国安度年华。① 除了在生活上彻底被体现，自由主义在政治上的表现亦获得空前胜利。国家的角色虽未到"守夜人"的地步，国家活动却也被限制在最低限度之内。

尽管如此，时至十九世纪末，自由主义在理论上大大修正了前述那种以避免国家干预为核心的自由放任学说。自洛克以降的自由主义，其最初对抗的目标主要是一直以来存在于欧洲的那种封建的国家结构与社会关系。经过自由主义运动百年来的奋斗，到了十九世纪，至少在英国，以往那种封建的国家结构与社会关系已走向没落。不仅国家对于人民的干预或压迫行动已有相当程度的抑制，政府更是日趋民主而不如以往那般令人生畏。但另一方面，随着工业发展而来的工厂制度、企业组织、都市化生活等，却使人们感受到政府以外的新势力似乎更严重地威胁着人们的自由权利。

受到这种历史发展的影响，自由主义亦开始修正以往的自由放任学说，而接受了国家、政府是可以透过合法的途径平衡社会之不公，而给予被剥削者较大的帮助；只要在民主法治的大前提下，自由主义是可以，也愿意政府提供更多的选择与机会，使国家与政府能够满足社会之需求。在此风潮下，十九世纪末出现一批自由主义学者，开始从内部对自由主义的理论进行修正，一般被称为修正式自由主义。修正式自由主义的代表人物包括格林、布莱德雷、鲍桑奎以及霍布豪斯等人。格林在牛津大学发表的《政治义务的原则》中极力鼓吹清除公民道德自由发展的障碍，国家应该进行干涉的学说，开启了自由主义发展史上的新转折。格林一派的修正式自由主义是从黑格尔为代表的德国唯心论与古希腊城邦哲学中汲取灵感，为一主张国家干预的自由哲学。格林认为

---

① A. J. P. Taylor. English History 1914-1945[M]. Oxford: Oxford University Press, 1965:1.

古典自由主义对"自由"的看法错误,他自问何谓自由并重新诠释。格林表示我们不能仅仅把自由等同于没有约束,狼的绝对自由往往是羊群的末日,所以我们不能够在牺牲他人的前提下享受自由——"除去束缚并不是对真正自由的贡献"。① 就某种意义而言,没有人比原始人更加随心所欲了,然则在格林的定义下,原始人的自由并非真正自由,因为这种自由是虚弱的;就算不是他人的奴隶,也是自己欲望的奴隶,是大自然的奴隶。

格林推崇一种有效的自由,那是一种将自由作为能力之实现的观点。这同时包含了两种层次的性质:(1)自由是积极的,是一种要做某事的自由,而不是一种出于给某人做某事的自由;(2)自由的目标应该是明确的,是一种去做某种值得去做的事,亦即只追求由善良意志向自身提出之种种目标的自由。从这种积极的自我实现的自由观出发,格林进而为加强政府活动和政府权威进行辩护,他接受了黑格尔自由乃是在国家中实现自我的观点。作为普遍意志化身的国家主权者,其所要做的便是拆除、扫荡一切阻碍公民自我实现的障碍物,例如贫困和愚昧。

修正式自由主义在提倡国家干涉时尚须解决一个问题,亦即国家干涉的合理性来源。在古典自由主义的自然法则论下,个人的权利最初乃是独立于国家之外,个人先于政治有机体,因此,政治有机体不能摧毁或压制它的创造者——个人。换言之,国家非但不能压制个人的权利,而且只能对个体权利加以承认。如此一来,当国家采取主动的作为如限制工时,事实上是违反了个体自由,也违反了天赋人权。为了支持这种国家干涉的自由主义哲学,格林提出了新的主张,即权利并非是先于社会的存在,相反,权利乃是出于社会所生。在此,格林等于挑战了天赋人权的自然法则说,认为"天赋人权的观念在对抗国家专制时,代表着自治精神的要求,有其不可毁灭的基础。但是,暗示存在自然权利阶段的这种'权利先于国家存在'的幼稚想法是错误的"。相对于古典自由主义者以个人为出发点,改以一种个人必须在其中找到他被指定职责范围的中心社会制度为出发点,强调唯有社会生命才能使个人具有价值和意义,因为唯有社会生命能够给予个人充分发展道德的力量。而个人的权利(亦即个人的充分道德发展)因而成为社会充分道德发展所必要的一切条件。

---

① A. J. P. Taylor. English History 1914-1945[M]. Oxford: Oxford University Press, 1965:1.

在格林等修正式自由主义者的努力之下，个体权利不再如洛克所言是先于国家的，个体自由与国家的关系亦不再是如古典自由主义者所设想的此消彼长的局面，同时也不再是国家主动一些，个体自由的范围便削弱一些的必然状况。自由主义自此展现新的面貌，正如霍布豪斯所总结的："自由学说中没有任何东西会阻碍普遍意志（即国家），在其真正有效的领域内活动，一个关于普遍意志的目的与方法的公正概念中，没有任何东西会妨碍自由来履行其价值所在的社会功能和个人功能。自由与强迫具有相辅相成的功能，而自主的国家既是自主的个人产物，也是自主的个人的条件。"[1]修正式自由主义的得势，不免使自由主义偏离了个体自由主义的一端，而不断朝集体主义那端加码，终与方兴未艾的社会主义渐趋于一致的立场。随后发生的两次世界大战，更是将世界各国的国家干预控制范围变得更加强大，对个体自由的限制也就日益增多。泰勒描述这种状况时说道：所有这一切（英国人民的自由）都被本次世界大战的影响所改变了。人民大众第一次成了活跃的公民。来自上方的命令塑造了他们的生活；他们被要求为国家服务，而不是一味地为他们自己的事务奔波……国家确立了对公民的牢固控制，虽然和平时期它又松弛了，但是这种控制却再也没有废除过，而且又被第二次世界大战所强化了。英国人民的历史与他们国家的历史第一次融合成了一体。[2] 世界的自由秩序似乎正在瓦解，在旧帝国的崩溃过程中，民族主义运动扮演了一个重要角色，但蓬勃发展的民族主义却又绝少包含有自由主义的精神在其中；在俄国与德国，极权主义取得统治地位，扼杀了文明世界大部分地方的自由；至于英国则由于战时计划的成功，使得舆论领袖们确信相同的技术可以应用于平时，凯恩斯主义亦因之盛极一时。[3] 就此观之，古典自由主义的理想早已显得残破不堪，曾有的昌盛与主导地位在时代巨流里顿成强弩之末，只静待第二次世界大战予其致命的最后一击。

伯林与哈耶克、波普等人所面对的就是这样一种凝重的时代氛围。就自由主义内部来说，古典自由主义者此时似乎被与保守主义者划上等号，而修正式自由主义者则仍徘徊于资本主义秩序和新式社会主义理想之间。而极权主

---

[1] L. T. Hobhouse. Liberalism[M]. New York: Oxford University Press, 1964:81.
[2] A. J. P. Taylor. English History 1914-1945[M]. Oxford: Oxford University Press, 1965:2.
[3] John Gray. Liberalism[M]. Minneapolis: University of Minnesota Press, 1986:39.

义之火则在斯大林执政下的苏联,继德国纳粹主义再熊熊燃起。然而也正是在这样内外夹攻的情况下,自由主义的复兴才露出了一线曙光。如伯林等忠于古典自由主义的思想家们,有志一同地将自由主义内部的转向趋势结合起来,并对极权主义展开猛烈批评。他们声称:国家干预的主张以及福利国家的社会主义,实际上是与极权主义走在同一条道路上的。西方各国若继续支持修正式自由主义所提倡的积极自由与国家干涉政策,有朝一日必定步上极权主义之路。他们同时也倡言,西方文明若要有一个可以容忍的未来,就必须重新拾回曾被舍弃否定的古典自由主义理想,建立一个法治下的有限政府才是上策。

三、功利主义内部的修正和积极自由的合法化

随后兴起的启蒙主义运动对西方智识传统产生了巨大的影响,也导致了启蒙自由主义传统逐渐与强调个体权利的古典自由主义相背离,产生了一些新的转向。这些转向通过吸纳积极自由的因素,导致限制权力的自由主义转变为与民主政体相结合的自由主义。积极自由因素的影响也彰显在对国家干预思想的肯定与支持之上。

首要的一种转向就体现在功利主义的自由主义之上,它是以强调个体权利的自由主义为基础的。功利主义的自由主义的显要特征体现在效果主义(consequentialism)、功利原则和最大化原则之上。效果原则认为判断行为道德性的标准是效果而不是动机,这种效果并非抽象的效果,而是具体的。这样,行为的正确性和正当性都需要从这种行为所造成的效果来证明;功利原则是功利主义原则的核心。边沁以快乐作为定义功利的标准,即强调感官的快乐。"功利的原则是这样的原则,它对任何行为的认可或非难均根据该行为倾向于提升或降低行为所涉及者的幸福。"[1]对边沁而言,快乐具有同等的价值,并且没有高下之分。也正是这种以快乐定义功利的方式使边沁长久以来一直被人们所诟病;最大化原则基本内涵是追求功利的最大化,其最初的表述是边沁关于集体行为原则的观点。对边沁而言,衡量集体行为是否正当的基本原则应该是"该行为所涉及的最大多数人的最大幸福"。最大幸福的计算方式

---

[1] 胡传胜.自由的幻像:伯林思想研究[M].南京:南京大学出版社,2001:126.

是在行为所产生的幸福总量中减去行为所产生的痛苦总量,而最大幸福的实现则依赖于普遍规律基础上的共同行动。

但是边沁创立的功利原则的不完善性使其从一开始就成为许多道德哲学家批评的对象。自康德以降的德国哲学家们无不以一种在道德上居高临下的态度嘲讽边沁的粗俗与缺乏良知。就连受英国古典经济学影响的马克思,也曾对边沁做出这样的评价,边沁把"现代的市侩,特别是英国的市侩说成标准的人,凡是对这种标准人和他的世界有用的东西,本身就是有用的"①。这种批评一直延续到今天。当代哲学家诺齐克也不无苛刻地指出,如果说快乐是衡量善的标准的话,那么,吸毒也可以带来快乐,难道说吸毒是一种道德的生活方式吗?

作为边沁的精神传人,密尔在坚持功利主义基本立场的同时,对边沁的传统功利主义理论进行了重大的调整,使之逐渐摆脱了早期形态中的粗糙、简单等缺陷而日益成熟。然而,调整的目的不仅仅是捍卫边沁的立场,更重要的是解决边沁理论中已经意识到但实际上并未解决的问题:协调个人与社会的矛盾的方法。密尔对功利主义伦理学的修正,实际是在寻找一个能够解决两者之间的矛盾。他的这一努力同样体现在其自由理论中,在坚持个体自由主义立场的同时,密尔也一直希望能够在个体自由和社会干预之间划分一条明确的界限,以实现两者的平衡。密尔在 R. W. 利文斯通所称的"伟大的小书"《论自由》中,却最清楚地阐明了这些原则——公民自由或社会自由,也就是社会所能合法施用于个人的权力的性质和限度②——并因此奠定现代自由主义的基础。然而,人们往往是抛开密尔及其著作的语境以及那一时代的政治语言和政治成见来阅读这本著作的。密尔在《论自由》中为"一条极其简单的原则"③做了辩护,这条原则就是,对他人自由唯一正当的干涉是为了防止对他人的伤害。将注意力集中于密尔的这种辩护导致人们相对忽略了这条原则本身所要服务于之的那个"单一原理",即"品格的多种多样性对人与社会的重要性,赋予人性完全的自由以便使它向各种不同的方向发展对人与社会所具

---

① 中共中央马克思恩格斯列宁斯大林著作编译局. 马恩全集,第二十三卷(《资本论》)[M]. 北京:人民出版社,1997:69.
② 约翰·密尔. 论自由[M]. 程崇华,译,北京:商务印书馆,1959:4.
③ 约翰·密尔. 论自由[M]. 程崇华,译,北京:商务印书馆,1959:8.

有的重要性"。① 密尔在《论自由》中将人类的行为分为两个领域,一个是不被国家和社会限制的个人领域,另一个则是被限制的国家和社会的领域。他在这篇文章中开宗明义地指出:"全书要义可以概括为两条基本原则:第一,个人的行为只要不涉及他人的利益,个人就有完全的行动自由,不必向社会负责;他人对于这个人的行为不得干涉,至多可以进行忠告、规劝或避而不理。第二,只有当个人的行为危害到他人利益时,个人才应当接受社会的或法律的惩罚。社会只有在这个时候,才对个人的行为有裁决权,也才能对个人施加强制力量。"②密尔明确地阐明了在不伤害到他人或社会的利益的基础上,有一种自由的领域是不能被压缩的。对于康德所示的"从扭曲的人性之材中,造不出任何直的东西",密尔深信不疑;他认为"多数人的暴政"会导致社会的僵化和退步,他痛恨多数人群起攻击少数的受害者,希望保护异议者和异端;密尔同托克维尔一样,对保持多样性、为变化留出空间、抵制社会的压迫和危害,表现出强烈的关切。对于多样性和个体性本身这种压倒一切的要求,可以从许多方面表现出来。密尔认为:"让人类按照他们认为好的方式生活,比强迫他们按照别人认为好的生活,对人类更有益。"这是与通过公共权威为存在基础的"多数人的暴政"相互对立的。社会威权习惯于把那个时代的"被认可的标准"强加于人,"是社会假借行政处罚以外的办法来把它自己的观念和行事当作行为准则来强加于所见不同的人,以束缚任何与它的方式不相协调的个性的发展。甚至,假如可能的话,阻止这种个性的形成,从而迫使一切人物都按照它自己的模型来剪裁他们自己的这种趋势"③。而"个性"这种东西更是被密尔视为"人类福祉的因素之一"。所谓个性自由,就是人有自由依照其意见行动,也就是说将其意见在生活中付诸实践,只要风险和危难是仅在他们自己身上,就不应遭到同仁无论物质的还是道德的阻碍。言论与思想自由因有助于保障人类获得并保持真理从而提高人类智力水平,而有利于人类的发展,密尔相信,个性自由也具有同样的功效。像言论自由一样,行动自由不是无限的,对行动自由的唯一限制是不使自己成为他人的妨碍。密尔注重的"个性的发展"与伯林所提出的控制、驾驭,持积极自由的人对生活持进攻性的、进取性

---

① 约翰·密尔.约翰·密尔自传[M].吴良健,吴衡康,译.北京:商务印刷馆,1987:103.
② 约翰·密尔.约翰·密尔自传[M].吴良健,吴衡康,译.北京:商务印刷馆,1987:4.
③ 约翰·密尔.约翰·密尔自传[M].吴良健,吴衡康,译.北京:商务印刷馆,1987:5.

的、干涉性的态度相契合。这种态度是起源于人的自主性的要求,源于人不受环境的引诱,过理性的、自主的生活的要求。

此外,功利主义所强调的"最大多数人的最大幸福"原则似乎强调的是多数人的利益,而不是自私自利的个人利益。但是,边沁认为"社会是虚构的团体,由被认作其成员的个人所组成,社会利益就是组成社会之所有单个成员的利益之和"①。"不了解个人利益是什么而奢谈社会利益是无益的",所以边沁认为社会利益就是每一个个体的利益的总和。每一个人在追求他自己的最大利益,最终也就达到了社会总体的最大利益。因而,真正应该重视的唯一利益是个人的利益。对个人利益的保障意味着必须尊重这种社会利益,国家权威就成为合理的手段。因此在功利主义的自由主义中,国家权威以一种积极的态势介入其中,可以对侵犯他人权益的个体自由进行合理的干涉。同时,个人与社会控制之间相互制约,保持最低限度的自由,即消极自由,抑制日益膨胀的社会权威对个人基本发展权利的束缚或侵犯。在启蒙思想的影响下,功利主义一方面推崇普遍性,这最终会使功利主义陷入两难的困境。

四、康德超乎自然因果律的个体自由

启蒙思想对自由主义的影响也使其转向理性自主的自由主义传统,这种自由主义传统是一种理性主义的形而上学学说和伦理学学说,从时间上来看比侧重个体权利和自由的古典自由主义更早出现。而这一转向始源于卢梭和康德。在论及理性自主的自由主义的时候,卢梭与自由主义之间的关系是一个无法回避的问题,因为他的理性自由思想的出发点和归宿都指向自由。卢梭酷爱自由,认为"人生而自由,但却无往而不在枷锁之中"②。此外,卢梭的政治理论旨在"探讨在社会秩序之中,从人类的实际情况与法律的可能情况着眼,能不能有某种合法的而又确切的政权规则,即可以保障自由又切实可行的政权规则"③。自由对卢梭而言就是理性自由,正如他在《社会契约论》中主张的:"自由意味着一个人一旦达到有理智的年龄,可以自行判断维护自己生存

---

① 周辅成.西方伦理学名著选辑(下)[M].北京:商务印刷馆,1987:221.
② 卢梭.社会契约论[M].何兆武,译.北京:商务印刷馆,1980:8.
③ 卢梭.社会契约论[M].何兆武,译.北京:商务印刷馆,1980:7.

的适当方法时,他就从这时成为自己的主人。"①卢梭的理性自主的自由直面霍布斯和洛克一直回避的问题:国家如何获得合法的行为能力?对霍布斯和洛克而言,自由就是不受国家权威的控制,因此,人们要么选择自由,要么选择被统治。虽然霍布斯也推崇自由,但是出自和平和安全的需要,人们应该遗弃部分自由而过一种有威权的社会生活。卢梭则否认自由和被统治之间存在内在的矛盾,对于霍布斯和洛克而言是"恶"的政治生活,卢梭通过引入一种"公意"的理论,赋予符合公共意志的国家行为以合法权利,同时也主张人们只有在政治和社会生活中才能达至一种完美的自由生活。对卢梭而言,人可以同时是自由的又是被统治的,这就需要我们诉诸"公意":"我们每个人都以其自身及其全部的力量置于公意的指导之下,并且我们在共同体中接纳每一个成员作为全体之不可分割的一部分。"②

如果说卢梭是这种理性自我导向的自由学说的代表人物,那么康德则真正将自由纳入了理性的框架之内。康德的自由理论是对古希腊至近代自由思想的修正和发展,他的理性、主体性概念源自柏拉图—斯宾诺莎的传统。对康德而言,自由的概念是一种纯粹理性的概念,是根植于人的理性之中的。康德认为自由是"没有人能强制我按照他的方式而可以幸福,而是每一个人都可以按照自己所认为的美好的途径去追求自己的幸福,只要他不伤害别人也根据可能的普遍法则而能与每个人的自由相共处的那种追逐类似目的的自由"③。由此可知,作为一个理性的存在者,人们有权利去过其自身认为合适的生活,而不是按照别人对幸福的理解去选择自己的生活。在《什么是启蒙》中康德认为人应该拥有理性,有独立自主的能力,以及可以依赖自身的判读去追寻符合自身意志的目标。人们如果欲求自由的权利,那么他必然要唤醒自身的理性力量。这种人自身运用理性的自由是康德最为看重的自由权利,他认为这种自由是个体自由的基础。而启蒙运动最大的作用就是唤醒了人身上的理性能力。对他而言,人与自然界其他事物的最大区别在于:人可以依据自己的意志自由选择。因此,家长式的专制主义,至少是政治意义上的家长式专制主义,成为康德强烈憎恶的东西。因为当一切权利都可以以国家利益的名义而

---

① 卢梭.社会契约论[M].何兆武,译.北京:商务印刷馆,1980:9.
② 卢梭.社会契约论[M].何兆武,译.北京:商务印刷馆,1980:23-24.
③ 康德.论通常的说法[C]//郑宝华.康德文集.北京:改革出版社,1997:290.

被撤销时,国家就可以抹煞任何个人的自由。在家长式的政府下,人们并不享有持久的、得到宪法保障的权利和自由。这种思想与密尔在《论自由》中的表述如出一辙。

康德在阐述个体自由的同时并没有忽视自由的社会条件,他提出了一种"爱国的自由"。在公民社会中,自由的人们拥有某些共同的利益。这种共同利益并非来源于家长式专制主义的过分关切,而是产生于他们作为同一国家中的公民这种情况。因为他们具有共同的文化基础,所以自由就不仅仅是一种抽象的概念,而是与民族联系在一起的民族的遗产。因此,只有处身于一个自由的民族中,个体才能够拥有自由;同样,如果他想要保留自由的权利,他就必须对其所归属的的民族尊重和忠诚。所以康德的自由概念即意味着个人可以自由地选择己身的生活方式和生活目的,同时也指出人的自由选择必然要与整个社会目标相互协调。虽然康德意识到公民与国家之间存在着情感上的联系,但是他反对过分强调个人利益与国家利益的统一性。因为在通过国家不可抗拒的权力保证个人不受障碍地追寻自身的利益的立场上,国家成为个体尊重和忠诚的对象;同时,个人却并非把自身的个性和自主的权利移交给国家。国家虽然能代表人的共同生活的一面,但其本身却并非个人存在的目的,自由的人必须自己决定他的目的。因此,在理性主体与国家的关系上,作为理性存在的人的意志是具有普遍约束力的法律的渊源,而理性的最高法则有两条:第一条是人永远要被当作目的而不是作为手段来对待;第二条是无论什么时候行动,都必须遵循理性存在物在同等条件下都认可的规则来行动。康德用理性自主重构权利论自由学说时,对权利的保障成了合理性的诉求,理性的自律则意味着自由的人与人们自身订立的契约,而不是类似于霍布斯、洛克式的市场中的权利者的讨价还价。

从卢梭到康德,这些推崇理性自主的自由主义者都认为自由从通过对世界的必然性的理解之中获得。而出于对自然、社会制度和人们行动的理性法则的认知,我们可以用新的方法取代它们。对这些推崇理性自主的思想家而言,一个理性规则可以解决所有问题的公正的社会秩序或体系是可以建立的。因此,卢梭和康德的理论虽然差异较大,但共同之处在于都对服从理性和自由持肯定态度。这种共同的假定在于:不论我们那可怜的、无知的、充满欲望与激情的"经验自我"如何反对,我们每个人"真正"本性中的理性目标,都必定互相吻合，或必须使之互相吻合。自由并不是去做不理性、愚蠢、错误之事的自由。强迫我们的"经验自我"去合乎正确的模式，并非暴政，而是解放。因此，伯林认为如果理性俱如理性主义者而言的无所不能，那么上述关于社会自由的推论就顺理成章了。同时，依据集体理性去行动，其本质亦如按照我自身的理性去行动，两者完美地合二为一了。这亦是自由主义者所曾经推论的建立在理性形而上学基础之上的一个结果。

第二节　伯林的两种自由概念

伯林在当代自由主义观念史中的地位是与他对自由概念的重新阐释和界定密切相关的。他的《两种自由概念》被视为二十世纪自由主义思想家对自由问题所作的最权威的注释，是当代自由主义的宣言书。在伯林之前，自由主义的发展递嬗如同哈耶克所言：自格林以后的自由主义者所走的道路，与英国社会主义者所走的是同一条路，因此西方智识传统于十九世纪中期之后便已告别了自由的传统。究其根源，伯林认为在于那些受唯心主义影响的自由主义者，是他们将积极自由的概念推向自由主义的核心位置所致。

因此，伯林在自由主义观念史上最重要的贡献就体现在：他在反对理性一元论的同时把自由建基于价值多元主义之上，他的修正的自由概念也成为其价值多元主义的组成部分。同时，个体的选择权利成为伯林的自由主义思想中核心理念，因为这意味着个体可以在面对多重样态的价值和选项时独立地做出判断和选择。伯林在面对道德价值和文化的境况中，在把"自由"作为价值选择的保障的同时，也使其成为个体做出其他价值选择的基础。因此伯林把自由两分为消极自由和积极自由，并以三倍于积极自由的篇幅来彰显消极自由的重要性，其目的是使人们警醒：一旦跨越公私领域之间的区隔，便可能引致极权主义的积极自由。这样，伯林通过对积极自由的削弱，重新扭转了格林之后以积极自由概念为核心的现代自由主义转向，在其之后，消极自由就成为当代自由主义的象征。

一、消极自由的伦理内涵与特征

作为人类文明的终极价值的自由自诞生以来就一直占据着人们探究的视

野,是人们持续探索的基本主题。虽然在不同的场合中伯林一直声称自由本身就是一种非常模糊的概念,其在观念史上的定义不下两百种,"同幸福与善、自然与实在一样,自由是一个意义漏洞百出以至于没有任何解释能够站得住脚的词"①,但在构建自己思想的过程中,伯林通过对以往自由主义思想的分析与批判,以多元论为基础对自由概念进行了修正。这种对自由概念的修正或结构被称为"关于自由学说的学说,或者是反驳自由学说的学说"②。对于自由概念的误用和混淆,伯林比其他人体会得更深刻:我承认我深受极权主义国家肆无忌惮地误用自由这个词的影响。极权主义国家声称它们才有真正的自由,这简直是对自由的无情讽刺。为了避免因自由被误用而造成的巨大灾难,伯林在阐述他的自由思想时把精力侧重于两种在历史上极具影响力的自由概念——消极自由和积极自由。

在正式讨论伯林对自由理念的修正以及他对自由的两种区分时,我们所不能忽略的是贡斯当阐述自由主义理念的经典之作《古代人的自由与现代人的自由之比较》。伯林在其文章中不止一次地提起他关于消极自由和积极自由的区分是对贡斯当自由理念的直接继承,因此分析和回溯贡斯当对古代自由和现代自由的区分是探寻伯林区分自由概念的关键所在。

身为大革命时代的自由主义政治家,贡斯当对于自由的观点,主要是基于法国大革命与卢梭人民主权学说的反思。他认为十九世纪的法国人的自由概念是借用于古代人的自由概念,亦即一种公民资格,参与公共事务辩论和决策的权利,同时,古代人在追求参与社会决策的过程中丢弃了个人的自由和权利。因为在古代人的生活中并不存在一种明确界限的私人领域,亦不存在任何个体权利,所以在某种程度上可以认为古代人是没有个体自由的概念的。随着国家规模的扩大,人们对政治分享的重要性大大降低,而社会分工的细分导致人们在满足社会需求的职业分工中并没有太多的闲暇去没完没了地参与政治事务;最关键的是,我们现代所生活的时代是一个商业的时代,一个充斥着算计和追逐财富的时代,古代人所奉为圭臬的英雄主义已经退隐,人们越来越注重个人生活的领域,强调在个人领域中个体权利的神圣不可侵犯性。因

---

① 以赛亚·伯林.自由论[M].胡传胜,译.南京:译林出版社,2003:189.
② 胡传胜.自由的幻像:伯林思想研究[M].南京:南京大学出版社,2001:83.

此，贡斯当认为现代人的自由是与古代人的自由截然不同的，现代人的自由所侧重的是对和平的享受和个体的独立。对他们而言，"自由是只受法律制约，而不因某个人或若干个人的专断意志受到某种方式的逮捕、拘禁、处死或虐待的权利，它是每个人表达意见、选择并从事某一职业、支配甚至滥用财产的权利，是不必经过许可、不必说明动机或事由而迁徙的权利。它是每个人与其他个人结社的权利，结社的目的或许是讨论他们的利益，或许是信奉他们以及结社者偏爱的宗教，甚至或许仅仅是以一种最适合他们本性或幻想的方式消磨几天或几小时。最后，它是每个人通过选举全部或部分官员，或通过当权者或多或少不得不留意的代议制、申诉、要求等方式，对政府的行政施加某些影响的权利"①。因此与古代人的自由相比，现代人的这种自由在积极自由的意义上体现为个人独立和自主，并且拥有着社会必须尊重的权利。贡斯当在向我们展示古代人的自由和现代人的自由的利弊的目的是企图给我们传递某种意图：首先，法国革命中人们所追求的乃是与现代人自由格格不入的古代人的自由；其次，以国家、政治为本位，忽视或凌驾个体自由的古代人的自由极易导致专制极权或暴民政治，法国大革命后期的发展便是活生生的例子。由此贡斯当强调唯有重视个人的自由、以个人为本位的现代人的自由，才能带来真正的自由民主社会。但是另外值得我们关注的是贡斯当对这两种自由之间关系的探讨，他并没有简单地把这两种自由放在对立面，而是在分析其利弊的基础上试图将其结合。贡斯当指出："古代自由的危险在于，由于人们仅仅考虑维护他们在社会权力中的份额，他们可能会轻视个体权利与享受的价值。现代自由的危险在于，由于我们沉湎于享受个人的独立以及追求各自的利益，我们可能过分容易地放弃政治权力的权利"②。这两种自由之间的区别也是社会和个人、私人空间和公共空间、个人主义和集体主义之间的区别。对贡斯当而言，对这两种自由的比较以及进行价值上的分析和评判并非意味着将要放弃两种自由中的任何一种，而是"我们必须学会将两种自由结合在一起"。只有这样我们才能真正地确保个人的权利，使个体自由获得一个稳健的保障。伯

---

① 贡斯当.古代人的自由与现代人的自由——贡斯当政治论文选[M].阎克文,刘满贵,译.北京：商务印书馆,1999：26.
② 贡斯当.古代人的自由与现代人的自由——贡斯当政治论文选[M].阎克文,刘满贵,译.北京：商务印书馆,1999：45.

林充分地吸收了贡斯当对古代人的自由和现代人的自由的比较和分析,并赞同贡斯当对个体自由的维护以及对个体权利的尊重的观点,并以此为基础对自由做出了淋漓尽致的阐释,即在对消极自由和积极自由两分的基础上提出了人道的、以个人为本位的自由主义哲学。

尽管贡斯当被后世誉为"当时欧洲大陆最著名的自由主义政治家",史家在描写法国大革命后的历史时也都不忘提起这位著名的自由派领袖,但必须补充的是,在第二次世界大战前,贡斯当在西方思想界并不受到重视,很少有人将之视为有卓越贡献的思想家。直到第二次世界大战后,贡斯当的地位才产生极大的变化。贡斯当对于个体自由与代议制的坚持,及其批评卢梭的人民主权学说将导致专制集权的批评等,获得了以伯林为主的当代自由主义者的共鸣。因此自二十世纪五十年代起,几乎所有论及自由主义发展的书籍,都会提到贡斯当对于自由理念的贡献。贡斯当的《古代人的自由与现代人的自由之比较》对伯林关于两种自由概念相冲突的观点有所启发,伯林更在一九五八年将贡斯当的两种自由类型重新定义,转化古代人与现代人自由的对比为积极自由与消极自由,并以此为起点,"对自由的观念作了示范性的阐释",因此《自由的两种概念》成为二十世纪新的"自由主义宣言"。

消极自由对伯林而言与贡斯当所强调的现代人的自由大致相同,其意指自霍布斯、洛克以降英美自由主义思想家所强调的那种不受外在压制或干涉的自由,亦即"我们一般说,就没有人或人的群体干涉我的活动而言,我是自由的。在这个意义上,政治自由简单地说,就是一个人能够不被别人阻碍地行动的领域。如果别人阻止我做我本来能够做的事,那么我就是不自由的;如果我的不被干涉地行动的领域被别人挤压至某种最小的程度,我便可以说是被强制的,或者说,是处于奴役状态的"①。而这种不受干涉的范畴越大,我们享有的自由就越多。消极自由对伯林而言就是对下面这个问题的回答:"主体(一个人或人的群体)被允许或必须被允许不受干涉地做他有能力做的事,成为他愿意成为的人的那个领域是什么?"②这种不受干涉的领域的存在意味着对个体自由侵犯的阙如,在这种领域内,主体可以在行为的方式和目的上有选

---

① 以赛亚·伯林.自由论[M].胡传胜,译.南京:译林出版社,2003:189.
② 以赛亚·伯林.自由论[M].胡传胜,译.南京:译林出版社,2003:189.

择的权利。因此,消极自由这种伯林所谓的免于……的自由意味着"一个人能够不被别人阻碍地行动的领域"①。伯林指出:"但是不管以什么样的原则来划定不受干预的领地,无论它是自然法、自然权利或功利原则,还是绝对命令的要求、社会契约之规定或人们借以澄清和卫护他们的信念的任何其他概念,自由的意义就是免于……的自由,就是在变动不居但永远清晰可辨的那个疆界内不受干涉。"②这种不受干涉的领域越宽广,人们享有的自由就越多。这种消极自由具有以下几个特征:首先,自由是具有内在价值的,以己身为目的,而非作为实现其他价值的手段而存在;其次,这种自由的核心是个体权利和个人的自由;最后,自由并非人类所追寻的唯一的终极价值,而是众多美好价值中的一种。

消极自由有如下一些特征:(1)自由具有内在的价值,而不是实现某种其他价值的手段;(2)这种自由是一个近代的概念,它关注的核心是个人权利、个人的活动空间,而不是集体的权利;(3)这种自由仅仅和政府控制的范围相关,而与政府权力的渊源乃至政府的形式无关;(4)自由是人类追求的众多美好的价值之一,但并不是唯一的价值。自由是个人幸福的必要条件,但并不是充足条件。享有自由的人也许一贫如洗,也许对政治事务毫无发言权,但这并不否定他享有自由这一事实。

消极自由的伦理内涵意味着个人有权利运用属己的自由意志行动,其他人不得干涉由此发出的任意价值追求行动(free from),消极自由强调个人要按照自己的自由意志行动,他不必总是践行共同体所提倡的价值追求,而应该有进行价值选择的余地和可能,因为如果人不能具有从多元价值中做出抉择的能力,那么他就不是一个真正具备自律性的个体,也就不再具备真正的自主性。这是对个人自决能力的无视,是将其视为在因果力量决定下根本无法左右自己生活的可怜虫。③ 个人必须尊重公共的社会规则,否则他的个人生活得以存续的根本就无法得到保障,所以伯林承认人们必须有属于共同体的价值追求,承认共同体秩序对个人存在的重要意义,因为只有在共同体内部,才

---

① 以赛亚·伯林.自由论[M].胡传胜,译.南京:译林出版社,2003:189.
② 以赛亚·伯林.自由论[M].胡传胜,译.南京:译林出版社,2003:195.
③ 以赛亚·伯林.自由论[M].胡传胜,译.南京:译林出版社,2003:206.

有所谓的人与人之间的秩序,它是保障个人实践消极自由的条件。① 何况消极自由所要保障的伦理规范是私域内的多元价值选择权,在它所承诺保护的东西中,很多只是短暂的、从长远来看可能没什么伟大意义的东西。但这却并不能反证积极自由所要确立的一元价值追求的合理性——人所面对的实然价值世界是多元的,而保证个人可以在多元价值中间的选择权乃是更为合理的伦理准则。

二、积极自由的伦理意蕴及其失落

与消极自由"免于……的自由"不同,积极自由意味着控制的在场,是指"谁来决定一个行为者做这件事而不是那件事的问题",也即"做……的自由"(freedom to),它所面对的问题是:"什么东西或什么人,是决定某人做这个、成为这样,而不是做那个、成为那样的那种控制或干涉的根源?"② 即某一主体(一个人或一个群体)能够有权利去做他意欲的事情,或成为他想成为的角色。伯林的积极自由概念在很大程度上是针对极权主义自由理论而发的。积极自由包括三个方面的内涵:第一,自由不仅仅是缺乏外在干涉的状态,而同时意味着以某种方式行为的权力或能力;第二,自由是一种理性的自主(rational self-direction),在这种状态下,一个人的生活由某种理性的欲望所主导,而不是由非理性的欲望所左右;第三,自由还意味着集体自决,在这种状态下,每个人都通过民主参与的方式在控制自己的社会环境中扮演一定角色。

在《两种自由概念》一文中,伯林对这种自由作了极为精彩的描述:"'自由'这个词的积极含义源于个体成为他自己的主人的愿望。我希望我的生活与决定取决于我自己,而不是取决于随便哪种外在的强制力。我希望成为我自己的而不是他人的意志活动的工具。我希望成为一个主体,而不是一个客体;希望被理性、有意识的目的推动,而不是被外在的、影响我的原因推动,我希望是个人物,而不希望什么也不是;希望是一个行动者,也就是说是决定的而不是被决定的,是自我导向的,而不是如一个事物、一个动物、一个无力起到人的作用的奴隶那样只受外在自然或他人的作用,也就是说,我是能够领会我

---

① 以赛亚·伯林.自由论[M].胡传胜,译.南京:译林出版社,2003:238.
② 以赛亚·伯林.自由论[M].胡传胜,译.南京:译林出版社,2003:189.

自己的目标与策略且能够实现它们的人。当我说我是理性的,而且正是我的理性使我作为人类的一员与自然的其他部分相区别时,我所表达的至少部分就是上述意思。此外,我希望意识到自己是一个有思想、有意志、主动的存在,是对自己的选择负有责任并能够依据我自己的观念与意图对这些选择做出解释的。只要我相信这是真实的,我就感到我是自由的;如果我意识到这并不是真实的,我就是受奴役的。"①由此可知,积极自由强调个人自己做自己的主人,而不是着眼于别人或外力是否设置障碍。积极自由的主旨是"自主",即一个人是操作自己行为及意志的源泉,他的行为及意志是发自于自己,而不是受他人及外力所影响或操作,他能够做到自我引导及自我主宰,而非他人引导或他人主宰。因此,"自我引导及自我主宰,做自己的主人是积极自由的最根本的意义"②。这也是积极自由所侧重的理性自主与消极自由所侧重的不受外在干涉的自由背道而驰的关键所在。

  伯林之所以以三倍于消极自由的篇幅来描述积极自由,其中的目的之一就是因为积极自由所强调的理性自主的能力使人也成为"两分体":其中一个是"低级的"自我,其显著特征是极易受到非理性的欲望和冲动的影响乃至于控制;另外一个则是"高级的"自我,这种高级的自我的特征体现为其自身的理性和自律性,它与受非理性的欲望和冲动所控制的"低级的"本性形成了鲜明的对比。但伯林所担忧的是这种"高级的"自我极易被理解为"某种比个人更为深广的东西,即个体仅是其中一个因素或方面的社会'整体',例如部落、种族、阶级、教会、国家乃至由生者、死者及未出生者组成的大社会。这些实体被视为个体的真正自我,并有可能以更高目标的名义对个人实施强制,即将它的意志和选择强加在个体身上,力图使他们变得更加'自由'。"③这种对人处于两分的立场以冠冕堂皇的理由为借口对人的实际欲求进行压制,从而合理地剥夺和践踏个体的自我选择能力。对伯林而言,以理性的名义对个体欲求的漠视和压制就使得"为一些人对另一些人的强制——这种强制以为他们带来'更高'层次的自由为名义——作辩护",④其所造成的后果就是以"真实

---

① 以赛亚・伯林.自由论[M].胡传胜,译.南京:译林出版社,2003.
② 石元康.当代西方自由主义理论[M].上海:三联书店,2000:12
③ 以赛亚・伯林.自由论[M].胡传胜,译.南京:译林出版社,2003:201.
④ 以赛亚・伯林.自由论[M].胡传胜,译.南京:译林出版社,2003:201.

的"自我迫使个体放弃自身在多元价值和文化之间进行选择的权利。

强调自主的积极自由,总是期许我是我自己的主人,我不是任何人的奴隶,但是事实上一个人却很难完全做自己的主人。他的行为即便是不受外在强制力量的压制,也会受到其他种种传统、习俗以及自身激情的不由自主的牵制。因此,理性自主的概念往往是与真实的、理想的、自主的自我和较低层次的本性、受制于非理性的冲动、不受控制的欲望和激情的自我之区分相关。信奉积极自由的人指出,如果想成为自己的主人,所面对的首要问题就是如何"使自己脱离恐惧、爱情或欲望的顺从,亦即将自己从不能控制的某种专制里解放出来"①。因此我们获得自由的唯一方法就是诉诸理性,唯有如此才能摆脱诸如欲望或激情的干扰而不受制于那个"低级的自我"。针对这种认为自由即理性的自我导向的人们,伯林认为他们必然会考虑把这种自由不仅运用于人们的内在生活之中,而且也运用于他与他的社会中的其他成员的关系之上。一旦把这种自由实践于社会或人际关系之中,便会导致积极自由成为专制和极权的借口和武器。而所有信奉自由即理性的自我导向的人们都必然会追问:"理性的生活,不仅是个人的,而且也是社会的,是否可能;如果可能,这种生活如何能达到。我希望根据我的理性意志的命令生活,但是其他人肯定也是如此。我如何避免与他们的意志发生冲撞?"对于这个问题的回答,崇尚积极自由的人们指出:理性如果对一般个体适用的话,那么没有理由不适用于由个体所组成的社会。因此,一个理性社会必然是"一个由所有具有理性的人都自由地接受的法则所支配的社会"。通过在这种理性的社会中构建起一种公正的秩序——这种秩序能够给予所有理性的存在者都有资格享受的自由,那么所有的问题都可以得到解决。价值之间的冲突将不复存在,而所有的问题都能有正确的答案。这种积极自由主义者的臆想并不被伯林所认同,他认为事物之间这种和谐的状态只能被想象为堕落前的人类伊甸园。

对伯林而言,那些试图寻求涵括一切、支配一切的理性法则的自由主义者们所得到的结果总是把自由混同于国家意志、集体意志、某种规律等含糊的实体之中。伯林认为这种观点恰恰为极权主义和专制制度提供了合理化借口和武器,因为要使生活对于理性者是可以容忍的,就需要对非理性者进行强制。

---

① 以赛亚·伯林.自由论[M].胡传胜,译.南京:译林出版社,2003:208.

如果非理性者无法理解其作为理性存在者的利益,那么奉行理性的人们就有权力强迫你变得理性。正如不能期望孩子理解他们为什么一定要被强迫送到学校,无知者也不知道他们为什么要服从那些不久将会使他们变得理性的法律。那么自认为以理性行事的统治者也会以同样的方法去教育、强制无知大众,更甚的是他们并不认为自己是在强迫对方,而仅仅是表面上强迫而已,因为他们相信倘使那些无知大众明白自己真正追求的是什么、真正符合他们利益的又是什么,那么那些无知大众会感谢这样的强迫——强制他们依理性的自我行动,换言之便是强迫他们自由。这种理性的自我导向极易遭受扭曲,为极权主义者提供合理化的解释和借口。这种积极自由所禀赋的"理性解放"理性,正是世界上各种极权主义的来源之一。伯林对积极自由的高度戒备,本质上乃是源于他对二十世纪极权主义的深恶痛绝,这也是《两种自由概念》之所以会被称为"自由主义宣言书"的真实原因。

三、两种自由之间的权衡与调适

伯林对西方传统自由理念抽丝剥茧的分析并不仅仅体现在人类心理和文化积淀的层面,更重要的是在价值多元主义的基础上对自由概念的修正和重构。在对自由的概念做出区分时,伯林在不同文章中的叙述都显示他青睐于消极自由。但与那些批评者所做的结论不符的是,伯林在赋予消极自由以重要性的同时并没有否认积极自由。正如伯林赞同贡斯当所谓的"不应该人为地将这两种自由设定为相互对立,恰恰相反,一个良好的现代社会也必定是两种自由的合理结合"的观点一样,伯林认为我们应该把"消极自由"与"积极自由"结合在一起,对自由的维护不仅仅要靠"消极自由",也要依赖"积极自由";不仅要在个体权利和社会权威之间划定一条边界,也要积极参与政治,实现社会的民主体制。然而,虽然这两种自由观念都是我们人类追求的终极目的,但是如果不对其实践的领域做出限制,那么这两种概念都毫无疑问地会导致对其的滥用,从而在实践上走向其各自的对立面。"两个自由概念在政治和道德上都曾被歪曲到各自的对立面。"[①]观念的力量是可怕的,对消极自由和积极自由的滥用所导致的暴虐性的后果已经彰显在形式各异的放任主义和威

---

① 拉明·贾汉贝格鲁.伯林谈话录[M].杨祯钦,译.南京:译林出版社,2002:38.

权主义之中了。

消极自由的滥用可能会导致放任主义的后果,这种无政府主义的泛滥恰恰又危害了消极自由本身。为了享有更多的自由,每个人都欲求不受外力干涉或强制的范畴越大越好。"在这种意义上,自由就意味着不受别人的干涉。不受干涉的领域越大,我的自由也就越广。"①当这种领域大到超越了一定的边界之后就变成了自由放任,这样就会导致我们欲求的方面——自由消失殆尽。此外,消极自由另外的一个滥用是将欲望内化。当爱比克泰德认为他作为一个奴隶可能比国王还要自由些,这种自由就同我们日常所谓的自由大相径庭。假如一个信奉消极自由观的人发现自己的欲望经常不能得到满足,而人生处处都是挫折与损失,面临这么多的无法克服的外在障碍,个人只能通过消灭自己的欲望的办法来追求自己的自由。我不追求我自己得不到的东西,就算自己面临被监禁、处死的威胁,但我的精神领域是任何外在的专制和压迫所不能干涉的,一个不畏惧死亡的人享有最大程度的自由。通过这种将欲望内化的方式,自由的任何障碍都会消解。但事实上,这种通过使初始的欲望丧失的办法来增进我的自由并不会增加我的自由,只会使我们彻底丧失自由。

对于伯林而言,这两种自由概念都很容易堕落为它们的反面,都有可能被滥用,但是积极自由更容易被滥用并导致对威权的推崇。伯林在与他的传记作者拉明·贾汉贝格鲁的谈话中指出:"哪一种自由的概念被曲解都会导致不良的后果,其中一种曲解我觉得后果更为严重,也就是说,积极自由被歪曲比消极自由被歪曲的危害更为恶劣。虽然我不否认消极自由被曲解成一种放任主义也会导致可怕的不公正和痛苦。"②相对于积极自由的滥用,伯林认为消极自由的滥用并不会像积极的自由那样产生灾难性的后果。"不管出于什么理由或原因,'消极自由'(被理解为对'我被统治到何种程度?'这个问题的回答),不管它的失控形式的后果多么具有破坏性,历史地看,从未受到其理论家扭曲,而相比之下,与它对应的'积极'自由,却经常远离其原意,变成晦暗的形而上学或社会性的邪恶之物;虽然积极自由可能会走向其反面,并会丧失与其清白起源的关联,但消极自由不管怎么说却更常见地保持原样。"③通过对

---

① 以赛亚·伯林.自由论[M].胡传胜,译.南京:译林出版社,2003:191.
② 拉明·贾汉贝格鲁.伯林谈话录[M].杨祯钦,译.南京:译林出版社,2002:135.
③ 以赛亚·伯林.自由论[M].胡传胜,译.南京:译林出版社,2003:45.

积极自由理论传统以及概念自身的剖析,伯林得出积极自由自身具有反自由倾向的结论。强调自我实现、自主性,以及做自己的主人而非受他人主宰的这些争取自由的行为却阴差阳错地成了导致自由价值失落和导向专制的源头。由积极自由的本质所决定的追求自由的美好愿望,往往会导致专制的结果。从积极自由导致自由的失落并走向专制可以概括如下:第一,积极自由从自我强制延续至社会强制;第二,通过欲望的内化走向强制;第三,通过理性的一律走向强制;第四,从合理的自律走向合理的压制。①

对伯林而言,积极自由从自我的强制发展为社会的强制意味着从理性的暴虐到自居的暴虐,积极自由的观念是一步一步背离自由精神、走向自制的。在个人层面,这种理性的暴虐表征为自我或者人格的分裂,也即真实的、理性的自我战胜感性的、经验的自我,从而导向个人对自身的强制。"积极的自由观念,认为自由即自主,实际暗示了自我分裂交战的意思,在历史上、学理上以及在实践上,已经轻易地促成了人格的一分为二;其一是先验的、支配的控制者,另一则是需要加以纪律约束的一堆经验界的欲望和激情,具有广泛的影响力的,就是这一历史事实。"②如果我们的行动源于被支配的这种自我的话,那么我们所生活的世界就是虚幻的,随之而来的是我们都受欲望和激情支配。只有当"真实自我"控制"经验自我",我们才能真正成为自身的主宰。同样,在社会层面,会产生一种自居式的专制,也即把真实的自我放大为国家或共同体或某种价值体系,以这种放大的个人意志来扼杀个体自由。伯林认为积极自由的危险在于那些理性的、人类的目标或使命的代表以人们的真实自我的名义压制、折磨他们,强迫他们自由。因此,积极自由通过"真实的""高级的自我"统驭"经验的""低级的自我",达到对自我强制的目的,同时,又把这种真实的自我外化为国家、阶级达到社会对个人的强制。通过这种逻辑走向,积极自由堕落为干涉和强制的自由。

积极自由走向强制的另一种方式是把欲望内化,"这也是传统的禁欲主义者与寂灭论者、斯多葛派和佛教圣人、许多宗教或非宗教人士的自我解放之法"。这些人通过扼杀自己的自然情感,"做一个战略性的退却,即退却到我

---

① 胡传胜.自由的幻像:伯林思想研究[M].南京:南京大学出版社,2001:91.
② 以赛亚·伯林.自由论[M].胡传胜,译.南京:译林出版社,2003:194.

的内在城堡——我的理性、我的灵魂、我的不朽的自我之中,不管外部自然的盲目力量,还是人类的恶意,都无法靠近"①。这种把欲望内化的形式对伯林而言"最终会导致人类逐步丧失其天赋的、活生生的活动;换句话说,最完美的自由人就是那些死人,因为那时没有了欲望,也就没有了障碍"②。伯林认为斯多葛意义上的自由必须与自由的日常用意相互区别,否则就会陷入理论上的混乱,同时也会导致关于自由名号的压迫的产生。对伯林而言,这种退居内心城堡的禁欲主义式的积极自由并不会直接导向威权主义或专制主义,但它的危险之处在于可能成为专权者麻痹人民的手段,或者成为人民为自身屈从暴政所做的心理自我调适。虽然伯林意识到了这种自由观的弊端,但同时也认为这种自由观有时候是"正直、平静与精神力量的源泉"③。

当理性自主的自由、理性自我导向的自由蜕变成强制的自由时伯林指出:"我能不能依照我的理性意志,即我的真正自我所要求的方式去生活,然而,别人也希望我如此。我要如何才不致与他们的意志发生冲突?依照理性所界定的我的权利与别人的权利之间的界线何在?因为,假如我是有理性的话,我就不能否认,基于同样的理由,对我来说是合适的事情,对其他和我一样具有理性的人一样是合适的。一个理性的或自由的社会,必然是一个由所有有理性的人都自由地接受的法则所支配的社会;也就是说,当一个理性的人被问及,作为一个理性的人他应该做些什么的时候,他自己就会制定一些法则,而这个社会,也就受这一类法则支配。"④通过对理性自主的自由的认知,伯林揭示出这种建基于理性主义的基本假设之上的自由观的真面目:"首先,所有的人都有并且只有一个真正的目的,即理性的自我引导;其次,所有理性人的目的必然适合于一个唯一普遍而和谐的模式,对于这个模式,有些人比其他人认识得更加清楚;第三,所有的冲突,以及由此引起的悲剧,都是由于理性和非理性或不充分的理性之间的冲突所造成的。这些非理性或不充分的理性是个体或群体生命中不成熟或未发展的一些因素。这样的冲突原则上是可以避免的,而对于完全理性的人是不可能发生的;最后,当所有的人都被改造成有理性的人

---

① 以赛亚·伯林.自由论[M].胡传胜译.南京:译林出版社,2003:205.
② Isaiah Berlin. The Power of Ideas[M]. Chatto:Chatto & Windus,2000:15.
③ 以赛亚·伯林.自由论[M].胡传胜,译.南京:译林出版社,2003:210.
④ 以赛亚·伯林.自由论[M].胡传胜,译.南京:译林出版社,2003:186.

时他们就会遵从自己本性中的理性法则,而这种法则在所有人那里都是一样的;于是,人们会完全遵守法则,并变得完全自由。"① 这种理性自主的自由认为只有具有理性分析能力的人才能跳脱出自然规律的限制之外,因此能从更本质的意义上去理解和服从它们,这种服从并不是对自由的压制。这种对合理的自由追求蜕变成为合理的强制,"在观念史上,有人强制他人,把他们提升到更高的自由水平,而是用有机体的比喻,来替这种强制辩护,也已经有人指出了这种危险。但是,这一类语言之所以显得有理,是因为我们承认,以某种目标名义,例如正义、大众的健康,来对人们进行强制是可能的,而且有时是有理由的。"② 如果这些人的愚昧无知导致他们并不清楚自己需要什么,或者对自己所要达到的目标并不明确,那么我就可以"为了他们自己,为了他们自己的利益而强制他们"③。这样我就可以宣称我比他们更能明白他们的真正的需求和目标,如果他们和我一样是理性的,并且也和我一样了解他们自身的利益,他们就不会反对我替他们所做的选择了。但我可以利用这一点做更多的要求,"我有可能宣称他们现在实际上追求的正是他们在愚昧的状态下有意识地抵抗的,因为在他们当中存在着一个隐秘的实体,即他们潜在的理性的意志,或他们真实的目的,而这种实体虽然被他们公开的感受、言行所掩盖,却是他们'真实的'自我,是处于时空中可怜的经验自我一无所知或知之甚少的自我;我有可能声称这种内在的精神是唯一值得认真对待的自我"④。我可以忽略他们的真实欲求和实际的目标,用外化的"真实的自我"(国家或共同体)去压制他们自身的选择,目的是使他们的真实的欲求和目标向外化的"真实的自我"(国家或共同体)靠拢。"这样,理性自主的自由、理性自我导向的自由就成了压迫的自由,一些人的自由,另一些的不自由;而施以强制的一方,总是以理性的名义,以被强制者的本质、使命、切身利益或长久利益的名义进行强制。"⑤

在阐述伯林对两种自由概念滥用所造成的严重后果的过程中,他虽然赋

---

① 以赛亚·伯林. 自由论[M]. 胡传胜,译. 南京:译林出版社,2003:205.
② 以赛亚·伯林. 自由论[M]. 胡传胜,译. 南京:译林出版社,2003:183.
③ 以赛亚·伯林. 自由论[M]. 胡传胜,译. 南京:译林出版社,2003:183.
④ 以赛亚·伯林. 自由论[M]. 胡传胜,译. 南京:译林出版社,2003:202.
⑤ 胡传胜. 自由的幻像:伯林思想研究[M]. 南京:南京大学出版社,2001:95.

予消极自由以一定的重要性,但是并不因此就把积极自由排除在他的自由之外。之所以花费三倍于消极自由的篇幅来描述积极自由,是因为积极自由在其实践的过程中所遭受的歪曲更甚于消极自由。他自己也宣称:"积极自由和消极自由都是明确有效的概念,而我觉得历史上虚伪的积极自由所造成的危害比现代虚伪的消极自由所造成的危害更大。"①这意味着伯林并非认为消极自由比积极自由更加文明,从而抹煞积极自由在生活中所发挥的重要作用。因此,如果我们简单认为伯林是赞成消极自由而反对积极自由的话,那么就导致其自由理念的不完整性。事实上,从伯林在其著作中的阐述我们可以明确地得知他并没有完全把积极自由从自由的概念中排除出去,而是试图在消极自由和积极自由之间寻找一种微妙的平衡。有鉴于此,有学者指出:"伯林从来就没有完全赞同一种消极的自由理念,也并未坚持认为消极自由和积极自由之间的区分能够毫无争议地加以套用。"他不但理解两种自由概念直接的冲突和矛盾,更重要的是也意识到两种自由概念直接的密切联系,而并非必须做出或此或彼的选择,因为无论过分地强调哪一种自由都将会导致危险的后果。(这种后果已经在上述两种自由的滥用所造成的危害中彰显出来。)

　　事实上,对伯林而言,消极自由和积极自由是自由的两面,逻辑上是共生的,而非相互独立的。消极自由强调个体自由的不被干涉性,以及个人所处的在不伤害他人情况下自身可以做所欲求的事情的领域的界限;积极自由则追求自主性,强调不受他人的操控。我们可以这样描述它们两者的关系:消极自由以积极自由为手段去争取更大的自由,而积极自由以消极自由为界限免于陷入强制的困境之中。这也可以表述为主体为了成为什么或者做什么(积极自由)而不受干涉和强制的(消极自由)可能性或机会。如果着重于消极自由,那么对个人或共同体而言就会多一些道路的选择或敞开的门;同样,如果着重于积极自由,虽然可供选择的道路或敞开的门会减少,但却会为人们的前进提供更好的路径或保障。但伯林同时也声称:"从历史来看,'消极'与'积极'自由的概念并不总是按照逻辑上可以论证的步骤发展,而是朝着不同的方向发展,直至最后造成相互间的直接冲突。"②这就是后来格雷所谓的"竞争的

---

① 拉明·贾汉贝格鲁.伯林谈话录[M].杨祯钦,译.南京:译林出版社,2002:38.
② 以赛亚·伯林.自由论[M].胡传胜,译.南京:译林出版社,2003:200.

自由主义"。从伯林的思想发展轨迹中,我们可以得知伯林强调价值的多样性的事实使他承认自己并非完全的"捍卫消极自由,排斥积极自由"①,为此,他从不同层面对积极自由的价值加以肯定。伯林认为积极自由所单纯强调的追求个人的自主性并不一定会导向极权主义,因为自我实现和对自主性的寻求同样也是个人幸福的不可或缺的方面。而伯林所不遗余力批评的是那种与一元论和理性自主相契合的积极自由,这种积极自由极易被滥用并导致可怕的后果。因此,伯林认为积极自由的负面性的根源并不在于"积极"或"自主"本身,而是源于对理性自我的神化与扭曲,在于其理性主义的特征。所以,对伯林而言,消极自由和积极自由是真实存在的有尊严的生活不可或缺的组成部分,并不存在所谓的孰优孰劣。但是同时我们也应该注意到,这两种自由概念是对生活目标的两种相异且不相容的观点。它们各自都具有异于对方的内在价值,并不能相互替代,我们在选择消极自由时就会导致对积极自由价值的遗弃或压制,造成价值的不可复归性。伯林所设置的这种两难困境导致我们必须在现实生活中做出某种妥协或者在这两种自由概念之间维持一种动态的平衡。

四、作为终极"善"存在的两种自由

对伯林而言,如果削减消极自由的疆域将会导致人类的倒退——"侵入它们将会导致不人道的后果"②——然而,更确切地说,消极自由并不低于其他的如正义、平等和民主,甚至积极自由等终极价值。这是称谓终极价值的一个部分,如果剥夺了这种终极价值,将会导致灾难。伯林指出:"没有了消极自由,其它价值也都会化为乌有,因为没了去实践这些价值的机会,没有了各种机会,没有这些相互歧异的价值,到头来就没有了生活。"③这就意味着消极自由是隶属于终极价值范畴之内的。然而,伯林对消极自由的辩护无疑给人们这样一种印象,他确实希望赋予其特权。

目前我们的首要问题是确认自由在终极价值中的地位。这里的观点是,搁置前期的自由的内在结构(以及是否消极自由有优先地位),伯林一般把自

---

① 拉明·贾汉贝格鲁.伯林谈话录[M].扬祯钦,译.江苏:译林出版社,2002:37
② 以赛亚·伯林.自由论[M].胡传胜,译.南京:译林出版社,2003:61.
③ 拉明·贾汉贝格鲁.伯林谈话录[M].杨祯钦,译.南京:译林出版社,2002:138.

由看作一种终极价值。第二节中我们已经论述了伯林对自由的区分，特别是消极自由是否应该被赋予优先于积极自由的特权。这也意味着自由是否全部或部分地包含在这些相互冲突的终极价值中，是否与相互冲突的价值绝缘？伯林也不断地引用一些自由与其他基本价值相互冲突的例子，这些基本价值包括正义、平等、仁慈或同情、荣誉、幸福、安全等，这些冲突毫无疑问是在特定的境遇中可以解决的，并且不依照总体规则。① 伯林的观点不但不同意这些相互冲突的价值或理念是完全不相兼容，接受其中的一个价值就必须抹掉其他全部的价值，而且指出这些所有的终极价值并不是同等重要的，一些价值不得不做出让步。伯林所提及的有关这方面的事例我仅仅引用三个被广泛提及的，但却可能关联其他一些贯穿文本的关于自由与其他价值冲突的事例：

"除此之外（消极自由与积极自由的冲突），还有一个更尖锐的问题：满足其他同样终极的价值的要求的至高需要，如公正、幸福、爱、创造新事物、新经验与新观念的能力的实现、真理的寻求。"②

"自由和平等都是人们追求的基本目标之一。不过豺狼的自由就意味着羔羊的死亡，强势的、多才多艺的那些人的完全自由，对那些弱者和天赋较弱的人的正当存在的权利来说，也是无法达到和谐的……平等，也许就意味着要限制那些有统治欲望的人的自由……"③

"一个人或一个民族在多大程度上有如其所愿地选择自己生活的自由，必须与其他多种价值的要求放在一起进行衡量；平等、公正、幸福、安全或公共秩序，也许是其中最明显的例子。"④

事实上，伯林《自由立于希望和恐惧》的重点在于指出自由和知识可能是不可共量、相互冲突的。这种印象产生于所有对自由的运用，特别是在消极意义上——不被干涉的自由，自由的价值同其他价值之间的冲突是重新被现代西方的非自由主义思想家诠释，这些思想家包括哈曼、马克思、德.迈斯特和许多在伯林的论述中不仅赋予自由——特别是消极自由以最终的重要性，而是把这种重要性也给予平等、正义和自我创造等其他的价值。由此可知，自由在

---

① 以塞亚·伯林.扭曲的人性之材[M].岳秀坤，译.南京：译林出版社，2005：12-13.
② 以塞亚·伯林.自由论[M].胡传胜，译.南京：译林出版社，2003：47.
③ 以塞亚·伯林.扭曲的人性之材[M].岳秀坤，译.南京：译林出版社，2005：16.
④ 以塞亚·伯林.自由论[M].胡传胜，译.南京：译林出版社，2003：243.

一般情况下是与其他的终极价值一样的,是可能与其他的价值相互冲突的。从上面的论述中可以得知伯林并没有赋予消极自由以特殊的地位。

为了更完整的把握消极自由在伯林思想体系中的地位,我们必须重新探究他在《自由的两种概念》中对自由的区分。由上一节对消极自由和积极自由的探讨我们可以得知:伯林认为消极自由与某些形式的积极自由相比历来较少遭到误解,尤其是在概念层次,这种历史上的差异性并不影响它们作为人类终极价值的地位。过分地依赖自由的任一概念而贬斥另外一种,将会导致概念及其相应的价值被滥用。对伯林而言,在各种开放的价值之间,应该维持一种动态的平衡。在这种情况下,各种行为、规则、价值和原则,彼此之间都不得不做各种程度的相互让步。这个结论完全符合伯林急于在这篇文章中捍卫的多元主义思想。因此,在对首要问题自由的内在结构的探讨上,特别是伯林是否赋予消极自由以优先权,在我看来,答案是否定的。

消极自由和积极自由这两个概念在前面已经有所提及,但为了问题的需要我们现在再简单地对其进行概括。伯林把自由的两种概念区分为回答两种不同的问题:消极自由回答"我被统治到何种程度?",积极自由则回答"我被谁统治?"[1]消极自由关涉"人们的行为不被他人干涉的范围。"这意味着"在这个范围内,我的行为不会被他人故意干涉。""单纯的就是不受阻碍地做自己愿意做的不管什么事情。"[2]消极自由包括"基本的人类权利(永远是一个消极的概念:一堵抵挡压迫者的高墙),包括自由表达与结社权利在内的基本人权,"[3]和其他的基本自由。这些自由确立了一种个体选择的领域。我们要关注消极自由的两个重要特征:第一,如同格雷所强调的:这种自由包括做好事或坏事,愚蠢和明智,卑鄙和高尚的自由;在这一点上伯林援引边沁的看法"做坏事的自由难道不是自由?如果不是,那它又是什么?"[4]至于边沁所认为的所有的法律都是对消极自由的侵犯的观点,伯林深表赞同。

伯林这种对消极自由的描述导致两种附加的观点:第一个观点声称伯林清楚并坚定地认为消极自由就是在特定的范围内不受阻碍地做自己愿意做的

---

[1] 以塞亚·伯林.自由论[M].胡传胜,译.南京:译林出版社,2003:193-194.
[2] 以塞亚·伯林.自由论[M].胡传胜,译.南京:译林出版社,2003:38.
[3] 以塞亚·伯林.自由论[M].胡传胜,译.南京:译林出版社,2003:56-58.
[4] 以塞亚·伯林.自由论[M].胡传胜,译.南京:译林出版社,2003:219.

事情,并且他一方面希望避免消极自由与其他价值——平等、公正、幸福、知识、爱、创造以及其他一些人们为自己寻求的目的——之间的冲突;另一方面,他把这看作"价值履行的境况",例如获得教育和健康的资源。后者对我们而言是非常宝贵和有价值的,但是对伯林而言,这些价值同消极自由本身不同;第二个观点声称消极自由是多元主义不可或缺的部分。事实上,我们不能通过对法律的废止而达至完全的消极自由。因为对法律的废止将会导致消极自由未受保护和无节制,因此容易成为独裁的牺牲品。这种观点所导致的后果是我们必须选定消极自由的最小范围,并制定法律对其进行保护,但是消极自由理念自身却并没有提供论据证明驱动那些是其所是的因素。在我们的生活中,一个领域内的消极自由可能同其他生活领域内的消极自由相互冲突。这就意味着在这些领域内占据重要地位的消极自由必须诉诸特殊境况——在这种境遇中,其他价值的地位可能会得到削弱或提升。但这并不意味着自由是同其他价值相互联系的,并且它本身内在也是多元的。① 然而,第二种观点体现出伯林事实上在一定程度上确实赋予了消极自由一些特殊的地位。伯林指出存在一个未被明确定义的"消极自由的要求"的领域。这个最小的领域是"人们所必须的,如果缺少……必然会导致不人道的后果"②。但是,伯林同时也宣称:"在论自由的两种概念的文章中,我并没有断言个体自由的疆域(这也适用于群体与联合体的自由),在任何意义上,应该是指自由要么是不可侵犯的,要么在某种绝对的意义上是充足的。"③因此,对伯林而言,存在着消极自由的最小限度的领域,侵犯这种领域将会导致不人道的后果;但是这个领域并非完全神圣不可侵犯的。很明显,这一点使我们必须思考伯林之前所寻求的个体自由和消极自由的不可侵犯的最小领域是源自对多元主义的不安全感。就目前而言,我们有足够的论据表明,伯林并没有赋予这种最小领域以神圣感或不可侵犯性,即便对这些领域的侵犯会导致可怕的不人道的后果。

最后需要说明的一点是伯林在这里使用"权利"这个术语的方式。由于消极自由的最小领域并不明晰,所以尚不清楚在何种程度上言论和结社的"权利"(伯林一贯归之于消极自由的范畴)涵括于消极自由的最小领域内。在某

---

① 约翰·格雷.伯林[M].马俊峰,杨彩霞,路日丽,译.北京:昆仑出版社,1999:26-29.
② 以塞亚·伯林.自由论[M].胡传胜,译.南京:译林出版社,2003:52.
③ 以塞亚·伯林.自由论[M].胡传胜,译.南京:译林出版社,2003:52.

种程度上,这无疑取决于实际情况。即便假定言论和结社的"权利"全都隶属于消极自由,这些"权利"亦不具有不可侵犯的神圣性;同样,通过其他相互冲突的"权利"来对其进行束缚也不具有合理性。正像伯林在其他文章中所声称的,他不但在这种特殊的意义上使用"权利"的概念,而且更表示是脱离于他所定义的最终价值之外的。

同消极自由相反,积极自由源于"个体成为自己的主人的愿望"。"我希望我的生活与决定取决于我自己,而不是取决于随便哪种外在的强制力。"我可能会允许别人为我设置规则,但是问题是这些安排在多大程度上反映或依赖我自己的意愿。积极自由的本质在于认识我自己所选择的生活方式,我所生活的社会环境和我的地位、权利、义务和政治观点,以及谁制定的规则,这些规则是否在某种程度上反映了我的意愿。这是积极自由的基础,例如,在民主或自治意义上对自由的需求。在《自由的两种概念》中伯林追溯了消极自由和积极自由发展的历史。他认为这两种自由"是两个在逻辑上相距并不太远的概念,只是同一个事物的消极与积极两个方面而已":"他们是无法彻底分开的。我希望自己做决定,而不想被别人指引;我的言行有着不可替代的价值,这源自一个事实:它是我的,而不是别人强加于我的。"[1]伯林指出,积极自由的概念是比消极自由的概念更早出现在之前的概念中的。在其粗略的描述中,这两种概念有着共同的敌人——奴隶制、压制、剥削、缺少选择。本质上,他们分享一种对选择或控制的可能性的需求。似乎这两种自由是结为同盟的,共同为了人类的进步而奋斗:"……那些因为自由本身的缘故而看重自由的人相信自由就是选择而不是被选择,这是人之为人的不可让渡的组成部分;相信这既是在一个人所生活的社会的法律与实践中有自己的声音的那种积极要求的基础,也是被授予一个在其中人是自己主人的领地(可能需要人为划定)的基础,也就是'消极'的领域的基础,在其中,只要他的活动与有组织的社会存在不冲突,就没有义务向任何人报告自己的活动。"[2]在这里伯林指出基本自由至少在一定程度上包含消极自由和积极自由,即便它们之间如何才能达到平衡仍然是不清晰的。在一定程度上,这两种概念潜在上是相互补充

---

[1] 以赛亚·伯林.自由论[M].胡传胜,译.南京:译林出版社,2003:43.
[2] 以赛亚·伯林.自由论[M].胡传胜,译.南京:译林出版社,2003:60.

的,即使它们经常在一些特殊状况中相互敌对。如果不遭受歪曲,它们依然分享相同的思想根源。

伯林认为积极意义上的自由特别容易遭受歪曲,至少在特定的变种中,是同自由的核心理念联系在一起的。然而在伯林早期的评论中,他不仅反对积极自由,而且拒斥同"无情的一元论"相联系的积极自由的变种。值得我们注意的是:这种反对的观点并非指向积极自由本身,亦不包括积极自由的所有观点。对伯林而言,积极自由被看作一种自治的理念。"我希望我的生活与决定取决于我自己,而不是取决于随便哪种外在的强制力。"①然而,自我实现可能会被内在和外在的直觉所阻碍,我可以选择遵循别人所制定的规则,但问题在于这些规则在多大程度上能够依赖或反映我自身的意愿。积极自由的本质是追求自主性的自由。它涉及我所处的社会境况与体制、授权于我以及限制我的规则和制度,和政治体制的问题,它关注的是谁统治我,或者这种统治在何种方式上体现了我的意愿或同一性。这就是积极自由赖以存在的基础,例如,对自由民主意识上的自由和国家自决层面的自由的需求。本质上,这是自由的基本原则或者基本意义上的政治自由:"自由的根本意义是挣脱枷锁、囚禁与他人奴役的自由。其余的意义都是这个意义的扩展或某种隐喻。"②这就是伯林所谓的"通常的、核心的含义——不管是单一的共同特征还是一种'家族相似性'——铭记于心,否则仍然面临着这样一种危险,即把这些含义的这一种或那一种当做是最基本的,而其他含义要么必须被歪曲以与之保持一致……"③伯林的这种描述刻画了政治自由、消极自由和积极自由的共同来源。获得自由是不被监禁或奴役,奴役、监禁和锁链代表着对自由的全面镇压,不论是消极自由还是积极自由。这两种自由所关注的侧重点不同,消极自由渴望寻求一种自制的空间,而积极自由则寻求自我实现和自主性。对于压制自由的境况和威胁,两种自由都以各自的方式给出了回应,并且在如下的境况中消极自由和积极自由达成了一致:人们被任意地逮捕或监禁或奴役、剥夺人们选择的权利,以及禁止表达自由等这些会导致人们退化的问题上。

正如伯林在《自由论》的导言里面所指出的,他不但批判积极自由,而且

---

① 以赛亚·伯林.自由论[M].胡传胜,译.南京:译林出版社,2003:200.
② 以赛亚·伯林.自由论[M].胡传胜,译.南京:译林出版社,2003:54.
③ 以赛亚·伯林.自由论[M].胡传胜,译.南京:译林出版社,2003:311.

批判具有侵略性的一元论:"如果我的文章有什么论战锋芒的话,那就是对诸如此类的形而上学构造物的不信任。"①在《自由的两种概念》中伯林支持这种批评,他指出康德的先验理性主义最终成为极权主义理论的基础。然而,为了能够容许这种歪曲,积极自由理论必须通过一系列步骤和拥有一系列的功能。它必须是一个限定的一元论概念,它必须采用自由的内在障碍和真实自我的隐喻,自身必须被认可,至少要被群体或社会或者人类社会所认可。康德的思想可能体现了所有这些特质。正如伯林所指出的那样,康德思想的转换过程中,存在一种"严重的个人主义"②,同一种根深蒂固的惹人讨厌的家长式作风一样被抑制了;但是康德的思想中仍然存在一种独特的普遍性,宣称无论何时何地,任何理性的人的道德问题都可以被解决。事实上,如果康德的观点可以实施的话,那么就可以适用于所有的理性存在物。后一种特征可能是一种超越个体的存在。然而,最重要的一点在于康德的思想在转变为理性一元论的过程中,对它的批评并不能延伸到积极自由的所有主张,就像伯林在下面的文本中所指出的那样:"首先我将辩解韦斯特先生认为我的任何的积极自由观念都暗示着自身都有具体化的专制。事实上并不是这样。积极自由是一种无可指责的人类价值。"③

事实上,尽管某些特定的积极自由的概念容易被歪曲,并且是与许多标准的理解相悖的(特别是自由的类型),伯林仍在其著作中多处为积极自由辩护,认为它同消极自由一样都是人类的终极价值。这明显是与《自由的两种概念》中所宣称的大量的注解相悖的:"我试图表明的是,正是积极意义的自由观念居于民族或社会自我导向要求的核心,也正是这些要求,激活了我们时代那些最有力量的、道德上正义的公众运动。"④事实上,伯林强调积极自由和消极自由"都有权被归入人类最深刻的利益之中"⑤。此外,伯林在《自由论》的导言中也强调这种观点,为这个主题辩护:"作为对'谁统治我'这个问题的回答,积极自由是一种普遍有效的目标。我不知道我为何被说成是对此表示怀

---

① 以塞亚·伯林.自由论[M].胡传胜,译.南京:译林出版社,2003:34.
② 以塞亚·伯林.自由论[M].胡传胜,译.南京:译林出版社,2003:233.
③ Isaiah Berlin. A Reply to David West[J]. Poltical Studies,1993,41(2):297.
④ 以塞亚·伯林.自由论[M].胡传胜,译.南京:译林出版社,2003:239.
⑤ 以塞亚·伯林.自由论[M].胡传胜,译.南京:译林出版社,2003:237.

疑的，或者，为什么有人认为我怀疑下面这条更进一步的命题：民主的自我管理是人类的一种基本需要，是某种有其自身价值的东西，无论它是否与消极自由的主张或任何其他目标相冲突；它具有内在的价值不仅仅是因为那些偏爱它的人所提出的理由……"①在导言中，伯林再一次回应这个主题："我想再一次对我的批评者说，这里的争论并不是作为绝对价值的消极自由与其他低级价值之间的争论。这是一个更为复杂与痛苦的争论。一种自由可能使另一种自由中止；一种自由有可能阻碍或者无法创造使别的自由或更大范围内的自由或别人的自由成为可能的条件；积极自由和消极自由有可能相互冲撞。"②尽管伯林接受一些对他这种观点的广泛的误解，但他仍然一贯地为这种观点辩护，例如："消极自由是基本的自由；积极自由也是基本的自由。两者都是我们所追求的善的价值。我不反对积极自由……我认为积极自由同消极自由一样都是高贵的和基本的人类价值。"③伯林的著作中充满了对他自己立场的澄清，"谴责我反对积极自由是错误的"，并且"积极自由是一种正当的存在""自治就像公正一样，也是人类的一项基本需要，它自身就是有价值的"。伯林并没有把消极自由凌驾于积极自由之上，而是寻求这两种自由作为对多元主义价值和概念认识的一个方面。

对伯林而言，积极自由的某种形式的一元论在历史上的事例就能证明自身是很容易受到歪曲的，由此就转变为与它自身的基本意义上的根源相冲突。这种学说"成为极权主义得手的武器"④并且凌驾于消极自由之上，经常对人类社会造成灾难。然而，当这种历史的和概念上的分析提供了很好的理由反对特定类型的一元论时，采纳多元主义的观点更有利于使包括消极自由在内的人类终极价值被认可，同时它并不质疑积极自由作为人类终极价值的地位。事实上，伯林在《自由论》中立场鲜明地宣称"如果我的文章被解释为相比于消极自由而言，更贴近积极自由，我不会有太大的异议"⑤。出于同样的原因，伯林认为对消极自由和其变异的形式的批评并不会引起注意。事实上，他强

---

① 以塞亚·伯林.自由论[M].胡传胜，译.南京：译林出版社，2003：47.
② 以塞亚·伯林.自由论[M].胡传胜，译.南京：译林出版社，2003：56.
③ Steven Lukes. Isaiah Berlin in Conversation with Steven Lukes[M]. Samagundi,1998：52-134.
④ 以塞亚·伯林.自由论[M].胡传胜，译.南京：译林出版社，2003：4.
⑤ 以塞亚·伯林.自由论[M].胡传胜，译.南京：译林出版社，2003：33.

调指出成为专制者的有力武器"同样有可能是消极自由学说的命运"①。然而,即便消极自由能逃脱被专制君主利用的命运,但是也不会太彻底,并且还会时不时地在另外的方面为专制者所用。伯林承认自己对消极自由受"关于个体自由在不受羁束的经济个人主义统治下的命运这个主题,今天应该强调"②。他相信在特殊的境况下,消极自由可以与"一些独裁政府,或者一定程度自治的缺乏相互联系"(换言之,它甚至可以同缺乏民主,或缺乏自由的政权相结合)。即使消极自由足够幸运地同一个自由、民主的政权相结合,它仍然会导致"……极端的剥削、残忍和不公平""消极自由的信念,与许多大而持久的社会之恶是相容的,并且在这些恶的产生中起过作用"③。

第三节 筑基于多元主义之上的自由主义:一种重构的尝试

作为一个价值多元主义者,伯林与其他自由主义者的区别体现在他对传统自由主义赖以生存的理性主义这一基础的颠覆,并且力图在价值多元主义的基础之上对自由主义进行重构,认为唯有价值多元论才能一以贯之地保护个体自由这一自由主义的核心理念,使其不受体系建构者的劫掠与侵夺。由上述章节可知,伯林的自由理念的主旨体现在对提倡个体自由和个体权利的消极自由的辩护之上。但同样需要我们关注的是伯林并非毫无理由地拒斥积极自由。对伯林而言,消极自由和积极自由都隶属于人类的终极价值范畴。他也没有把消极自由凌驾于积极自由之上,而是视其为自由的两个不同的面向,亦寻求把这两种自由观念作为对多元主义价值认知的一个方面。而通过对消极自由的辩护,我们可以得知伯林的自由并不会落入"原子论的自我观"的窠臼之中。因为对伯林而言,个体借由法律保障的"消极自由",在价值多元和冲突的现实境况中不可避免所做出的选择并非一种漫无目的的任意选择,而是一种涉及自我认同、攸关生命意义的抉择。为了加深对伯林自由概念的理解,我们将从以下三种面向来解析伯林的自由概念,为其自由多元主义的尝试性重构提供坚实的基础。

---

① 以塞亚·伯林.自由论[M].胡传胜,译.南京:译林出版社,2003:38.
② 以塞亚·伯林.自由论[M].胡传胜,译.南京:译林出版社,2003:37.
③ 以塞亚·伯林.自由论[M].胡传胜,译.南京:译林出版社,2003:37.

一、自由的历史条件:价值多元主义

伯林坦承,他对价值多元主义的关注与追索,很大部分是来自观念史的研究,对观念史的研究的目的则主要在于寻找导致自由落难的原因,并寻找出支撑他关于个体自由这一基本信念的基石,即价值多元论。通过对马基雅维利、维柯、孟德斯鸠、休谟、哈曼与赫尔德等人的论著的研究,特别是对伯林的道德与政治理论影响巨大的赫尔德思想轮廓的三条线索——强调群体与文化之归属感(notion of belonging)、重视个体之自我表现与自我创造的"表白主义"以及多元主义——的阐述,伯林构建出在其思想中占据核心地位的价值多元主义的思想脉络。

对伯林而言,价值多元主义源于其对观念史的研究,通过阐释马基雅维利的"道德与宗教"的差异性与多样性、维柯所谓的"各种文明的交替和转型"与赫尔德"民族文化"的差异性与多样性,伯林逐渐意识到价值多元主义不可抗拒的势头。伯林认为如果赫尔德关于文化差异与历史变迁的观点是正确的,那么每个文化、每个社会都有足够的理由去捍卫自己所认定之完美的道德理想与社会典型,那种认为世界上存在着适合一切人、一切地方的理想的观点是不可理喻的。换言之,自马基雅维利以降,西方世界逐渐走出了一条与古典决裂的思想路线,并慢慢动摇了原先一元主义的支配地位,因为马基雅维利揭开了一场同样重要的颠覆运动的序幕。他旗帜鲜明地把道德价值和自然价值进行区分,并且指出关于政治价值不仅不同于而且可能根本上是与基督教伦理不相容的假设,对于宗教的功利主义的看法,对于神学以及形而上学的和神学的证明的怀疑,对于在理论上是一个逻辑矛盾、在实践中必然是大灾难的理想共和国理念的怀疑——所有这些都是新颖和令人震惊的。就此而言,赫尔德的历史地位尤显重要,因为他的出场等于掀开了一个序幕,等着迎接后来席卷整个西方世界的那场思想革命的到来,亦即浪漫主义的革命。这场革命见证了伦理和政治学中真理和有效概念的破灭。对伯林而言,浪漫主义在本质上是一场激进的思想革命,因为它所要驳倒的,并不唯独是启蒙运动的基本主张,更是两千多年来一直贯穿西方思想的中心传统。他认为这场革命从某方面而言彻底切断了古典观念的所有根基——认为行动和选择问题的答案以及价值是可以发现的这样一种信念——并且坚持认为这类问题是没有答案的,无论是主观的还是客观的、经验的还是先验的。换言之,浪漫主义的历史意义在于其引领西方世界涉足了一场严峻的古今之辨,而经过这场决定性的价值转移,现代社会的道德与政治处境演变成为我们今天所认识的这个样貌。究其根源,浪漫主义之所以能够导致使人心灵激荡的转向并非其自身一己之功,那些萌发在现代历史长河中的反叛古典的思想之火亦作用非凡。此外,由于浪漫主义革命在其狭义的指称中是导向发生在德国的以"狂飙突进运动"为标示的文化运动,所以伯林对这股在西方智识传统中掀起滔天巨浪的"反潮流"的运动亦以"反启蒙"的称谓来表述。同样,若用伯林早年在研究俄国思想时便已获得的一个重要心得来说,则启蒙与反启蒙所显现的,即是"刺猬"与"狐狸"这两种作家类型之间的对比:"前者凡事归系于某个单一的中心识见、一个多多少少连贯密合成条理明备的体系,而本此识见或体系,行其理解、思考、感觉;他们将一切都归纳于某个单一、普遍、具有统摄组织作用的原则,他们的人、他们的言论,必惟本此原则,才有意义。"①与之相反,"后者追逐许多目的,而诸目的往往互无关联,甚至经常彼此矛盾,纵使有所联系,亦属于由某心理或生理原因而做的'事实'层面的联系,而非道德或美学原则;他们的生活、行动与观念是离心,而不是向心式的;他们的思想或零散、或漫射,在许多层面上运动,捕取百种千般经验与对象的实相与本质,而未有意或无意把这些实相与本质融入或排斥于某个始终不变、无所不包,有时自相矛盾又不完全、有时则狂热的一元内在识见"②。

换言之,从启蒙运动所追求和注重的理性一元到浪漫主义所渴求的价值多元和自我创造的文化转型、概念转换、价值转移或心灵转向,并非无源之水、无本之木,而是在历史的逐步演进中完成的;同时,由历史的内部观之,浪漫主义早期的一些思想先驱在某些地方甚至受到了启蒙作家的启发,在某些观点亦与启蒙思维相互交叠,赫尔德即是一个显著的例证。此外,浪漫主义所萌发的各种反动思绪,也并非从此就完全浇熄了启蒙运动的理性火苗;故此,伯林一再重申:生活在现代世界的西方人同时"是这两种传统的继承者""是两个世界的后代"。③ 这提醒了我们,对伯林而言,启蒙计划的错误,并不在于其所

---

① 以赛亚·伯林.俄国思想家[M].彭淮栋,译.南京:译林出版社,2001:26.
② 以赛亚·伯林.俄国思想家[M].彭淮栋,译.南京:译林出版社,2001:26.
③ 以赛亚·伯林.现实感[M].潘荣荣,林茂,译.南京:译林出版社,2004:220.

传递的价值是不足取的,而在于其对理性的错误设想,以为借着科学理性的应用,我们便能将所有的价值都安排进一个和谐的秩序之中。再则,这也显示说,启蒙理性主义不但无视于多元主义的历史实况,而且,正是在此历史实况中,暴露出了其内在的限制与缺失。换言之,浪漫主义不但在理论上撼动了启蒙理性主义的根基,以当前之历史阶段而言,浪漫主义与启蒙运动这两股相互冲突的思想风潮,如今是共同存在的这个事实,更说明了一元主义的年代已成了昨日黄花。

二、自由的社会条件:生活形式

伯林从多元主义立场对于消极自由所做出的辩护,前文已略有着墨。现在,我们必须探讨的问题,是伯林对于社会之生活方式的重视。若用他贴在赫尔德身上的另一思想标签来说,这因而涉及了归属(notion of belonging)的问题。赫尔德思想的一大特色与贡献,在于其语言哲学。简单地说,赫尔德对于语言的阐述,带有后期维根斯坦的语言游戏观念,认为语言的意义存在于语词的用法之中,而语词的用法则存在于生活世界之中。是以,对赫尔德而言,语言在本质上乃是言说者处在语境脉络之中的一种表现、一种对话、一种活动;对赫尔德而言,我们对于"身为一个人"的理解,因而必然是在语言所呈现出来的某一社会的生活形态与思考方式,亦即特殊的"民俗风情"之中完成的。换言之,我们唯有透过语言与他人沟通,才能在我们所处的文化群体里取得认同与归属;若要成为"完整的人",个人因而必须归属于某个地方、某些团体、某段历史,而这种归属感是无法说明的,除非我们亲身经历了这个地方、这些团体或这段历史。伯林基本上接受了赫尔德的见解,并因而对社会之生活方式与社群归属问题,产生极大的研究兴趣与长期的关注。关于这点,一般主要是从伯林的民族主义论述着手,尤其是把重点放在伯林的自由民族主义对于自由价值与社群归属所尝试做出的调解;然而,为集中讨论起见,在此我们从伯林对于观念史与哲学之研究使命的角度出发来稍加说明。前文提及:对伯林而言,哲学探索应与观念史研究结合,因此,如果说观念史的宗旨在于梳理一个文明之生活形态的"主导模式"及其历史转变,那么哲学探索的目标,就是借着阐明形塑我们这个时代之实践情境的基本概念与范畴,来"帮助人们认识他们自己"。①

换言之,基于反启蒙的立场,伯林因而再三强调,哲学研究的任务与科学有所不同;它并不涉及经验事实的实验观察或数理逻辑的形式演绎,而是关系着那些根植于社会经验之中却无法为科学研究所直接掌握的价值体系、根本范畴、概念结构或思考方式等等。换言之,伯林并非不重视科学与经验,事实上他只是反对科学一元主义误将人类可被通则化的部分经验当成人类之完整的全体经验。哲学研究因而无法被科学所取代,因为"只要人活着,就会设法对他们自己描述与解释这个世界"②,因为"人们表现在行为领域中的信念,即是他们关于自己及他人'作为人类'之概念的组成部分,而这个概念,不论有意识的或无意识的,乃是内在于他们心中的世界图像"③。而哲学所要表述的,正是我们借以"界定人的意义"以及世界样态的概念架构。

无疑地,这段陈述所表达的内涵,同时涉及了理性与自由的关系。究实而论,伯林并不反对理性的概念;在今天的学术氛围里,启蒙批判与反理性论能画上等号,已是一个昭然若揭的基本常识。换言之,伯林对启蒙理性主义与科学主义的反思,主要是为了辩解理性的真谛,而不是为了驳倒理性的重要性。在他看来,"理性依赖于此一信念,亦即,一个人能够思考,并根据他可以理解的理由来展开他的活动"④。然而,在启蒙的论述理解中,人们的思考方式却被套进以科学理性所涉及的经验归纳与逻辑演绎为本的"紧身衣"中,视其为唯一合理的方法;因此,我们赖以行动的理由亦只能诉诸因果关系,使其充当我们行为的正确理据。

由此可知,启蒙思想家及其当代的追随者——例如科学一元导向的实证论者——虽然确保了人们理性活动的一致性,并把其束于一套完整的科学理论体系之中,但是却忽略了对人们最重要的自由的意义。因此,这种把理性限定在对经验范畴和某一方面专业智识的理解之上不仅把理性的内涵狭隘化了,而且最重要的是其隔断了人们通过自身自由的行为与社会中多元之目标和价值之间的互动。正如查尔斯·泰勒所指出的"一元主义,为了将一切事物

---

① Isaiah Berlin. Concepts and Categories[M]. Oxford: Oxford University Press, 1980: 11.
② Isaiah Berlin. Concepts and Categories[M]. Oxford: Oxford University Press, 1980: 10.
③ Isaiah Berlin. Concepts and Categories[M]. Oxford: Oxford University Press, 1980: 154.
④ Isaiah Berlin. Concepts and Categories[M]. Oxford: Oxford University Press, 1980: 172.

一致地联系起来,难免挂一漏万,忘却了十分之九的人类动机与价值",因此,我们"需要有反一元主义的思维来避免这种过度的简单化"。① 总而言之,启蒙思想中对理性的描述并不为伯林所接受,他认为人们只有摆脱这种启蒙之特殊的理性的"束身衣",通过彰显个体自由和权利,在人们所处身的道德日益多元化和差异化的境况中与特定的生活方式联结表述生命的意义,才能重估与援引启蒙思想所重视的价值,例如自由、平等和正义。

三、自由的主体条件:自我表现

通过对自由的历史条件和社会条件的探究,我们可以初步地了解伯林自由概念的价值多元主义以及对生活形式的重视。但是如果要对伯林自由概念做一个完整的解说,主体的条件——表白主义——是不可或缺的构成部分。对伯林而言,这种由赫尔德所着重阐述的理念所强调的主旨体现为:"人的基本行为之一是表白,是有话要说。因此,一个人无论做什么事情,都是在充分地表白自己的本性;如果他不能充分地表白自己的本性,那是因为他有残疾或受到了限制,抑制了自己的情感能量。"② 由此可知,伯林从赫尔德身上所挖掘出来的另外一种思想资源是对自我概念或人性概念的涉及。事实上,伯林认为赫尔德的自我概念是一种迥异于启蒙主义式的个人主义,而随着这种自我观念的兴起,一个彻底异于过往的历史性问题——自我认同的问题,亦随之堂皇地呈现于现代社会了。

换言之,既然自我表现是人性的真实发挥,亦即个人必须置身在一个特殊文化场域和道德境况之中,通过表白出属于"自己的"历史、表演出一个属于"自己的"角色、行动出一套属于"自己的"价值,从而成就"自己的"人性,并体现"自己的"生命意义。在对赫尔德思想的诠释之中,伯林同样意识到,人类所具有的这种言说能力意指人类在本质上既是一种对话性、叙述性的存有者,同时也是一种社会性与历史性的存在者。由此,伯林指出:自赫尔德以降,经过浪漫主义的伟大转折,此时最能刻画西方智识传统样态的显著特征恰恰在于强调自我的独特性与差异性。对伯林而言,启蒙思想家同样也强调"自我"

---

① 马克·里拉,罗纳德·德沃金,罗伯特·西尔维斯.以赛亚·伯林的遗产[C].刘擎,殷莹,译.北京:新星出版社,2006:67.
② 以赛亚·伯林.浪漫主义的根源[M].岳秀坤,译.南京:译林出版社,2009:63.

和"个体"的概念,但由于其立基于理性主义与一元主义的思维之上,启蒙思想家认为这些相异的"自我"与"个体"最终必将朝向一个统一的目标。显然,这种自我和个体的观念史被伯林所拒斥。伯林认为赫尔德的"自我"与"个体"的理念明显是与此不同的。如果从赫尔德所强调的文化之间的差异与历史变迁来看,个体之言说能力所指向的语境,乃是其所处身的特殊社会以及特殊的生活方式;因此,个体借着其言说能力而进行的自我表现活动,最后必然会强化个体自身的独特性与差异性。换言之,在价值多元主义的论述中,个体之独特性与差异性的出现,乃是一个无可避免的结果。

尤有甚者,在现代社会中独特性与差异性真实存在的境况下,自我认同因而也就成了生活在现代社会的个体所不可避免直面的道德与政治问题。诚如泰勒所言,自我认同是从西方现代性进程中所触发出来的特殊问题,这种强调个体之间的独特性与差异性的理念并不存在于前现代的哲学与道德论述之中。换言之,这种强调个体之间的差异性和独特性的理念有别于古典的目的论、自然法,甚或启蒙的理性论。在我们所处身的道德和价值多元化的社会中,一元主义与永恒哲学的退隐对现代人而言,体现了个体的生活价值与生命意义乃是其自我创造的结果。由此可知,现代社会的正当性危机远超于政府所制定的个别政策是否具有正当性和合理性;对伯林而言,这种境况实际上同个人与社群的关系,以及个人之生活目标与理想的落实联系紧密,亦即指向公民之自我认同的错乱与失真。然而,值得我们注意的是,赫尔德、泰勒与伯林这些学者所强调的自我概念并不是反个人主义的、是反自由主义的。由上述描述可知:赫尔德所彰显的,其实是另一种形式的个人主义,伯林称之为"历史个人主义"。此外,通过对个体性、独特性与差异性的概念的探寻,浪漫主义对西方现代政治所产生的另一影响,其实是从不同的角度对自由主义主旨的重申。因此,伯林指出"浪漫主义的结局是自由主义,是宽容,是行为得体以及对于不完美的生活的体谅;是理性的自我理解的一定程度的增强……他们是最强调人类行为之不可预测性的人"[1]。然而,伯林对于自由主义的辩护,主要是从多元主义出发的,并因而散发着浪漫主义的色泽,因此亦摆脱了"原子论的自我主义"的纠缠。换言之,伯林并不认为:(1)个人所拥有的自由与权利

---

[1] 以赛亚·伯林.浪漫主义的根源[M].吕梁,等,译.南京:译林出版社,2008:145.

高于社会,也不主张;(2)社会只有工具性的功能,更未声称;(3)自由与权利可以在脱离社会文化脉络下,获得充分的实现。事实上,论者指出,伯林对于自由与人性论的分析,完全掌握住了社群主义批评原子主义的重点。①

四、伯林多元主义基础之上重构自由的尝试

由上述章节的论述可知,伯林在面对哈耶克所言的占据主要地位的受唯心主义影响的自由主义者时,他结合哲学和历史的分析方法,重新对自由概念进行厘定。伯林通过对积极自由的削弱,以及确立消极自由为自由主义的核心,重新扭转了格林之后以积极自由概念为核心的现代自由主义转向,从其之后,消极自由就成为当代自由主义的象征。

伯林认为消极自由的学说易受下面这些异议所影响:首先,纯粹的消极自由认为在特定的领域中个体行为是不能被干涉的,这种个人选择可以同大部分的政治、经济和社会设置相一致。就像伯林喜欢说的,"狼的自由是羊的末日"。其次,伯林指出"如果自由的程度可由欲望的满足来衡量,那么,我可以通过有效地消除欲望来增进自由,就像可以通过满足欲望推进自由一样;我可以通过促使初始欲望——这些欲望是我实际上难以满足的——丧失的办法来给予某人(包括我自己)自由"②。这样,在极端的情况下,个体的欲望可能不会被干涉,因为它们缺少任何的欲望——或者他们缺乏特定的欲望,因为他们是受到压制或受到其他形式的操纵的。由于消极自由并没有详细说明何种欲望、何种生活方式、何种自由是需要保护的,这就很容易使其向反面转化。伯林试图通过对消极自由的定义来减轻这种危险。他按照"有多少可能性向我开放(虽然计算的方法从未超过凭印象的程度),这些可能性对我的重要性"③进行当这两种危险性在一起被考虑的时候对消极自由的危险最大。社会、政治或经济的两极分化可能会增强和补充对自由的不同期待,这反过来又会加剧这些不平等现象。伯林把这种变异的可能性同十九世纪"不受羁束的经济个人主义"联系在一起。

---

① 约翰·格雷.伯林[M].马俊峰,杨彩霞,路日丽,译.北京:昆仑出版社,1999:101 - 103,107 - 108.
② 以赛亚·伯林.自由论[M].胡传胜,译.南京:译林出版社,2003:30.
③ 以赛亚·伯林.自由论[M].胡传胜,译.南京:译林出版社,2003:202.

因此,"每个概念似乎都倾向于向抵抗压迫的方向转化"。然而,从某种意义上而言,消极自由极易作为专制者所利用的武器,但是在同一概念的层次上,积极自由更容易受到曲解。这样,消极自由的变种形式并没有与允许选择的根源意义相悖。积极自由的变种则相反,很容易从自由的形式转化成具有正当性的压迫的工具。但是,伯林的论证并非浅显的、归因于自身的——我们有一个好的理由去采纳消极自由,仅仅是因为它的可怕性稍逊于倒行逆施的行为。首先,自由的每种形式都是作为合法的人类的最终价值,虽然他们都共享一种共同的根源,不过有时是不可兼容和不可通约的。每种形式的自由都有自己的承诺和危险——"通常强调消极自由,是为了给个人或群体多一些路径;强调积极自由,通常开放的路径较少,但对于沿着它们前行却有更好的理由或更大的资源;这两者可能冲突也可能不冲突"①。这两种形式的自由本身就是一种独特和有效的目标,但是在重要的意义上,它们彼此之间相互纠正对方变异的倾向——所以积极自由有价值的原因在于:如果积极自由缺失,消极自由可能更容易被压制。因此,伯林意识到在不同的终极价值之间,需要有一种灵活的和不稳定的平衡。"这种情况下,国家或其他有效的机构的干涉,既保证个人的积极自由,也保证它们最低限度的消极自由,就具有压倒一切的重要性。"②"如果积极自由充分地实现,消极自由就会被减少。关于两种自由之间要保持平衡,尚未有明确的原则对此予以阐释。积极自由和消极自由两者都是明确有效的概念。"③这并不是对消极自由的直接辩护,一方面,不断变化的动态的平衡的观点为自由提供辩护,另一方面,其他的更深层次的冲突或激进和悲剧性的选择是一种比任何极端境况更容易坚持的立场。价值多元主义的核心理念并没有在直接的程度上支持消极自由,因为它认识到,消极自由作为一种终极价值,是内在于多元主义之中的。

对伯林而言,消极自由一直是以多元主义为基本构架的。在伯林之前,自由主义和多元主义一直是两种互不相关的理念,"多元论和自由主义是互不相同甚至也互不交叉的两个概念。有各种不属多元论的自由主义理论。我既相

---

① 以赛亚·伯林.自由论[M].胡传胜,译.南京:译林出版社,2003:58.
② 以赛亚·伯林.自由论[M].胡传胜,译.南京:译林出版社,2003:37.
③ 拉明·贾汉贝格鲁.伯林谈话录[M].杨祯钦,译.南京:译林出版社,2002:41.

信自由主义,也相信多元论,而这两者并没有逻辑上的关联"①。通过对自由主义历史的回溯,我们可以得知既秉持多元论又坚持消极自由的核心性的自由主义者如凤毛麟角。约翰·密尔则是首先将人类良好生活的差异性和多元性糅合进自由主义之中的自由主义者。在密尔所构建的自由主义体系内存在着多种自由主义哲学概念,这些概念之间并不和谐共处。散论其著作中的论点一方面坚持启蒙运动的信念,肯定良好生活方式的存在;另一方面则抨击自由主义的启蒙理性,着重于人性的差异性和多元性。对他而言,"异教徒自我肯定的作风正如基督教的自我克制一样,同样是人类的价值之一"②。由此可知,事实上密尔充分肯定了人类良善生活的繁杂性样态,甚至意识到生活中我们所信奉的价值是不相兼容、相互冲突的。伯林在对密尔的评价中,曾经指出:密尔一方面希冀人们在何为人类良善的生活方式之上可以达至理性共识,但是同时也肯定人类所拥有的不同的良善生活方式。因此,伯林认为密尔对人类拥有不同良善生活认知的肯定背离了其之前所提倡的理性共识自由主义的基本设定,从而成为把多元主义糅合进自由主义之内的自由主义者先驱。所以伯林指出:"密尔的论证只有建基于一种假设之上才是切实可行的,这种假设就是:人的知识从原则上讲是从不会完成的,总是会有错误的;不存在单一的、普遍可见的真理;每个人、每个民族、每个文明都可以采取自己的方式追求自己的目的,而不必然彼此和谐;人是可变的,他们所相信的真理,根据新的经验与他们自己的行动(他们称之为'生活经验'),也是可变的;因此,亚里士多德学派、许多基督教经院主义者和无神论唯物主义者共有的信念,即存在一种基本可知的人性,在所有时间所有地点所有人中保持不变的本性——变化的现象下面静态的、不变的本质,拥有永久的需要,受制于单一或可以发现的目标或目标模式。不论密尔本身是否真正领会这些使其论证得以确立的假设,但明显的是他已经做出了这样的预设。"③对伯林而言,虽然密尔把多元主义糅合进自由主义中的论证很不成功,但密尔在构建自由主义体系时对多元论的重视对伯林还是具有很大的启发性。密尔《论自由》的主旨在于个体自由的保障是个人天才与伟大文化得以发展的必要条件。他认为除非人们能够

---

① 拉明·贾汉贝格鲁.伯林谈话录[M].杨祯钦,译.南京:译林出版社,2002:40.
② John Stuart Mill. On Liberty and Other Essays. Oxford: Oxford University Press, 1998:69.
③ 以塞亚·伯林.自由论[M].胡传胜,译.南京:译林出版社,2003:264-265.

自由地按照他们的希望,按照只与他们有关的生活方式去生活,否则文明不会进步、真理不会彰显,而人类的自发性、原创力、天才、心智能力、道德勇气亦无从发挥,原因在于:个体自由一旦失去保障,则社会的一切发展将会被集体的平庸所压制,如此一来,几乎不可能产生伟大的思想家与伟大的文化。对密尔而言,这种自由是"人的天才发展的必要条件"。伯林并不同意密尔的这种观点,或许是二十世纪四十年代中期的俄国之行,看到当时俄国知识分子如帕斯捷尔纳克、安娜·阿赫玛托娃等人的经历后发现,个人的天才也可以在最不自由的逆境下发挥出来,天才的发展是偶然的,与自由并没有必然的联系。

尽管对于密尔力图把多元主义和自由主义结合起来并不满意,但伯林却遵循了密尔这种自由主义的走向,试图在多元主义的基础之上重构自由主义,从而弥补密尔自由主义思想的不足之处。伯林力图以一种价值多元主义的伦理学说去确立自由主义的基础。伯林认为自由的本质在于对多元事实存在的明了和对一元论虚妄的拒斥,这亦是伯林在其自由主义伦理思想之中一以贯之的主题。对伯林而言,理想的生活方式、美好的生活价值是多种多样的,这些生活方式以及价值之间是不相和谐,甚至相互冲突的。如果对这种境况的不甚明了,从而渴求各种生活方式和善的价值之间和谐共处的完美状态,这将会造成巨大的灾祸。此外,伯林也意识到多元价值存在的世界亦需要消极自由对其的支持。"我们在日常经验中所遭遇的世界,是一个我们要在同等终极的目的、同等绝对的要求之间做出选择,且某些目的之实现必然无可避免地导致其他目的之牺牲的世界。的确,正是因为处在这样的状况中,人们才给予自由选择以那么大的重要性。"①对伯林而言,恰是人们不能在终极目标上达成一致境况的真实存在,因此能够支持人们对这些冲突做出衡量和判断的政体制度才更能保障人们的自由的权利。而对人们而言,亦只有处身于自由的境况之中,才能致使人们有能力在维持自由的社会生活所必需的价值之间做出妥协。伯林的自由主义思想的主旨明晰地体现为:对价值多元主义、消极自由的信奉,以及对它们相互依存、相互支撑的关系的论证。

这种对多元主义的论证,伯林在其文章中多处出现。例如,在《自由的两种概念》中他指出:"我必须建立这样一个社会,其中必须存在着自由的某些

---

① 以塞亚·伯林.自由论[M].胡传胜,译.南京:译林出版社,2003:241.

疆界,这些疆界是任何人不得跨越的。它们或许被称作自然权利,或许被称作神的声音、自然法、功利的要求或'人的永恒利益';我可能相信它们是先验有效的,将其确定为我自己的终极目的,确定为我的社会或文化的终极目的。这些规则或命令的共同之处在于,它们得到了广泛的接受,深深地扎根于人的现实本质中,就像它们经历了整个历史的发展,如今已成为我们所说的正常人的基本组成部分一样。对最低限度的个体自由不可侵犯性的真实信仰,必须要求这样一种绝对的立场。"①仔细理解伯林的文本我们可以得知这是伯林自身的立场,而非是"十九世纪的自由思想家"的立场。他的意图不但在于偏袒这种立场,而且还把注意力重点放在两种自由之间的相互冲突之上。在文章中他清楚地指出:尽管是根出同源,积极自由和消极自由"它们不属于对同一个概念的不同解释,而是关于生活目的的两种分歧深刻、无法调和的态度。最好还是承认这一点,虽然实际上在它们之间进行妥协是必要的。因为它们的每一个都是绝对的要求。这些要求不可能同时获得完全满足。但是,不承认两者所寻求的满足,无论从历史上还是从道德上看都是终极的价值,都有权被归入人类最深刻的利益之中,却是根本缺乏社会与道德理解力"②。与其说是对消极自由的完全的承诺,不如说是以他的名义,刻画两种同样合法但互为对手的表征,这种相互竞争的自由以价值多元主义的范围为目的。这个论证最突出的是伯林并不仅仅把消极自由和积极自由视为两种截然不同的终极价值,而且是两种源于同根的合理的终极目的。

这给我们带来了可能是被引用得最广泛的支持消极自由被赋予特权的观点。之前我们所引用的伯林的文本中,他被误认为为消极自由辩护,其实他的真实意图是为多元主义辩护。这段内容如下:"多元主义以及它所蕴含的'消极的'自由标准,在我看来,比那些在纪律严明的威权式结构中寻求阶级、人民或整个人类的'积极的'自我控制的人所追求的目标……假定所有的价值能够用一个尺度来衡量,以致稍加检视便可决定何者为最高,在我看来这违背了我们的人是自由主体的知识,把道德的决定看作是原则上由计算尺就可以完成的事情。"③在这里首要的一点是伯林把多元主义描述为一种理念、一种标

---

① 以赛亚·伯林.自由论[M].胡传胜,译.南京:译林出版社,2003:237.
② 以赛亚·伯林.自由论[M].胡传胜,译.南京:译林出版社,2003:237.
③ 以赛亚·伯林.自由论[M].胡传胜,译.南京:译林出版社,2003:241.

准型的价值,而不是一种对我们目前境遇的权威性的描述。此外,与这种标准的多元主义理念相比较的不是积极自由本身,而是一些积极自由的变种。这些积极自由的特征被描述为:(1)作为非常遵守纪律的专制结构,同残忍的一元论是非常接近的;(2)作为着重于自治的理念,因此成为自由的内在障碍(因此意味着区分了自我的层级);(3)同"阶级,或人民,或整个人类联系在一起"(因此被赋予许多超人的实体)。同这些独裁形式的积极自由相比,依据伯林的解释,多元主义的理念赋予消极自由一种终极的人类价值,并且作为可供选择的价值之间的"尺度"。伯林强调消极自由按照这种特殊的主题可以解释成为两种必不可少的但形式不同的自由中的一种。此外,伯林认为积极自由较易成为一些一元主义的牺牲品。多元主义可能远不及是依赖于一种自由的概念的。在这种意义上,伯林认为多元主义是比一元论更值得人们采纳和保护的理念。需要指出的是,伯林并没有断言多元主义是客观的真理,或者在每个方面都凌驾于他所批评的一元论之上。就像伯林所论述的那样,对多元主义提供一种解释性的、有争论的说明,从而来反对一元论,并不是提供一种"空白背书"。消极自由被看成是多元主义的组成部分,而非对它的限制。

伯林散论在不同著述中的描述也澄清消极自由对于价值多元主义而言,是被其赋予了在可供选择的价值之间作为一种衡量基准的特性。因此,伯林对消极自由的过分强调和价值多元主义"本身恰恰会构成反对不宽容的一元论观点"。换言之,这种对狭隘的一元论有敌意的观点也蕴含着对自我创造力的理念提供一种"空白的背书"。然而,遗憾的是,由一种充当衡量基准的消极自由到价值多元主义的转换,却并不能解决所有的问题。与积极自由分析共同核心的消极自由的意蕴依然可以被人们所理解,但其真实的和绝对的最小化领域所具有的延续性却与伯林的意图相悖。对伯林而言,消极自由的最小领域并非绝对的和神圣不可侵犯的,甚至这种连接看起来并不能赋予消极自由的核心以完全的正当性,或任何对多元主义领域的限制。同样,这也可能不会限制这种最低限度的消极自由。此外,伯林也明确地指出消极自由在某些情况下是可以被侵犯的:"它并不是不可侵犯的,因为不正常的状态是可能存在的,在其中即使贡斯当所说的神圣疆域,也可能被溯及既往的法律、对无辜者的惩罚、司法谋杀、孩子对父母的指责、虚假的证言所侵犯;如果要避免某种特别可怕的选择,这些状态也有可能被无视。"①由此我们得知,伯林的消极自由的核心范畴看起来在某些境遇下是可以侵犯的。如果在社会中,对无辜者的惩罚、司法谋杀、孩子对父母的指责、虚假的证言等被纵容,那么似乎"人们在特定的领域内的行为可以不受他人阻碍"就变得毫无特殊之处。

关键的问题在于这种侵犯的正当性何在？伯林所指涉的异常情况——几乎可以是任何境遇——转移了人们在相异的价值之间不可避免的选择。由此可以折射出在某种特殊的情况下,消极自由的核心并不具有绝对的神圣不可侵犯性。然而,在《自由论》的最后,伯林指出"以人类的生命为代价来保持我们的绝对的范畴与理想,同样违反科学与历史的原则;它是一种可以同等地在我们时代的左右翼中发现的态度,是与那些尊重事实的人所接受的原则无法相容的"②。因此,那些人类生存所需的规则和基础虽然违反历史的原则,但是必须要保存的,这可能赋予侵犯消极自由核心领域的行为以正当性。在那些可以允许侵犯的境况中,伯林再次强调"道"对潜在的饥饿和谋杀的避免,亦可以作为一种侵犯消极自由最小领域的正当性证明,同时也提出对包括不公正和人类的其他基本需要在内的挫折的避免。此外伯林在《自由论》中也再次强调:"尊重正义原则或耻于公然的不平等的待遇,就像自由的要求一样,是人的基本特征。"③同样,他坚持认为积极自由"是一种人类的基本需要""本质上是一种合理的存在"。换言之,虽然这并非伯林文章的主旨,但仍然是基于正义和平等的最低限度的需求,就像积极自由一样,都是人类的终极价值;其本质上同最低限度的消极自由一样,目的都是尽可能避免人类的退化和非人化,这样就能合理地证明侵犯的正当性。这些相互竞争的原则在伯林的思想核心体系中被认为与最低限度的消极自由同等重要,在最低限度的消极自由被侵犯的特殊的境遇中,这些相互竞争的原则或单独或联合地证明这种侵犯的合理性和正当性。事实上,伯林认为最显著的例子莫过于"惩罚无辜者""正义的谋杀"或"做伪证"了,这些例子看起来似乎违背正义的法则大过于侵犯消极自由。这种终极价值之间的"令人无法忍受的选择"或悲剧性的冲突,对伯林而言,可能是急切想让其读者重视、并尽可能避免的。这种冲突可能很

---

① 以赛亚·伯林.自由论[M].胡传胜,译.南京:译林出版社,2003:52.
② 以赛亚·伯林.自由论[M].胡传胜,译.南京:译林出版社,2003:241.
③ 以赛亚·伯林.自由论[M].胡传胜,译.南京:译林出版社,2003:243.

罕见，但我们必须警惕它们发生的可能性，"我们必须决定我们所决定的""正确的政策并不能在机械的和推理演绎的模式下找寻到；并没有一种美好的规则来指引我们如何生活"①。

综上所述，最终需要考虑的事项是重新全面地把最低限度的消极自由整合进伯林的价值多元主义之中，这样就同他所宣称的为价值多元主义辩护，以及反对任何以消极自由作为绝对基准的观点相一致。另一方面，他也为多元主义对消极自由的捍卫提供了一种全面的论证，特别是对最低限度的消极自由的捍卫，同其他一系列的终极人类价值一样，都远远地优胜于他所批判的一元论，因此也为作为一种衡量基准的消极自由提供了其所必需的力量。而且，这是与他所描述的所有终极价值都平等的观点，与建立一种规则去预先调整价值之间相互作用的可能性相一致，也与他的对个体的关注，首要的是对任何可以凌驾于其他价值之上的价值的合理性论证的拒绝相一致；同时，最终亦与他强调终极价值之间可能会发生悲剧性的冲突相一致。此外，这与他温和的历史主义以及自由多元主义也是相互契合的。

第四节　自由的价值和权利的绝对性

一、自由和民主之间的困境

自由和民主之间的关系一直是伯林自由主义伦理思想的重要问题之一。由于民主和自由之间所蕴含的截然相反的原则，在实践中这两种价值相互纠葛，所以两者之间必然会生发出一种张力。自由和民主是两个全然不同的概念，因此自由主义和民主主义也是截然不同的两种主义。自由主义关注的核心是限制政府强制权力的管辖范围，从而为个人提供较大的活动空间；而民主主义强调的重点是由大众或大众的多数控制乃至行使政府权力的问题。前者涉及的是政府权限的范围，而后者则涉及谁来行使政府权力的问题。②正如哈耶克所指出的，区分这两种概念最好的方法就是列举其各自的对立概念：民

---

① 以赛亚·伯林.自由论[M].胡传胜,译.南京:译林出版社,2003:53.
② 李强.自由主义[M].长春:吉林出版集团有限公司,2007:196.

主的对立面是威权政府，自由的对立面是极权主义。

在论及自由和民主之间的关系的时候，一个不可回避的思想家就是被塔尔蒙称为"极权主义民主"始作俑者的卢梭。卢梭的出发点和落脚点都是自由，他所秉持的政治理论的宗旨是："探讨在社会秩序之中，从人类的实际情况与法律的可能情况着眼，能不能有某种合法的而又确切的政权规则，既可以保障自由又切实可行的政权规则。"①自由对卢梭而言最重要的含义就是"一个人一旦达到理智的年龄，可以自行维护判断自己生存的适当方法时，他就可以成为自己的主人"②。与之前的自由主义者霍布斯不同，卢梭认为自由和被统治之间并不存在不可解决的矛盾。对卢梭而言，只要以"每个结合者及其自身的一切权利全部都转让给整个集体"的社会契约为基础，人们就可以既是自由的，又是被统治的。在这种社会契约中，人们转让出自己的自由，公意遂成为全体人民的公共意志，个人在服从公共意志的同时亦是在服从自身的意志，所以人们在交出自由的同时却并不会丧失自由。在此基础上卢梭建立了他的人民主权理论。针对卢梭这种将自由和民主联结在一起，要求个体毫无保留地把自己的权利转让给共同体的观点，贡斯当并不认同。他在《古代人的自由与现代人的自由之比较》中提出了两种自由观念："第一种类型的自由是古代人十分珍视的自由，第二种则是近代民族视为弥足珍贵的自由……而这两种类型的自由的混淆一直存在。"③同时他亦认为这种对自由概念的混淆是自由和民主冲突的肇因。对于卢梭所秉持的"公民必须对国家的主权完全服从，为了民族的自由而被奴役也是合理"的观点，贡斯当指出任何权力的行使最终必然会落脚于具体的个人，因此任何政治权力不论如何鼓吹其是代表人民的意愿，其实质却必然只能是反映少数人的利益与意志。有鉴于此，贡斯当强调企图通过民主的方式来保证主权的绝对权力不侵害个人利益只能是一种幻想。他对人民主权理论的批评以及对民主可能产生暴政的担忧在另一位自由主义者托克维尔那里得到了更明确的阐述。法国大革命期间的暴政使人们丧失了对大众民主的期许并怀疑自由和民主是否相互兼容。贡斯当对两种自由的区分

---

① 卢梭.社会契约论[M].何兆武，译.北京：商务印刷馆，1980：8.
② 卢梭.社会契约论[M].何兆武，译.北京：商务印刷馆，1980：9.
③ 本雅明·贡斯当.古代人的自由与现代人的自由之比较.公共论丛[M].李强，译.上海：生活·读书·新知三联书店，1988：306.

最早从理论上呼应这种怀疑,而托克维尔则将这种恐惧表述为对"多数人的暴政"的恐惧。

　　民主对托克维尔而言意味着多数的统治。"民主政府的本质,在于多数对政府的统治是绝对的,因为在民主的制度下,谁也对抗不了多数。"①因此他坚信绝对权力必然造成对自由的侵害。这种民主所产生的"多数人的暴政"与君主专制下产生的暴政不同,君王的暴政只能蹂躏其不满者的肉体而无法控制其思想,而这种"多数人的暴政"却可以把自己伪装成真理的化身和道德的体现,那些处于弱势地位的少数人甚至连对民主制度下多数判断的质疑都会被其压制。正如托克维尔所言:"国王只拥有一项物质力量,这项力量仅仅能影响人民的行动,而触及不了人民的灵魂。但是,多数既拥有物质力量又拥有精神力量,这两项力量合在一起,既能影响人民的行动,又能触及人民的灵魂,既能消弭动乱于已现,又能防止动乱于预谋。"②托克维尔对自由和民主两种理念可能相互冲突的探讨和分析使人们意识到:民主制度的最大危险不在于无政府状态,而在于它所拥有的绝对权威可以扼杀个人自由。

　　这种个人自由与社会控制之间的冲突以及社会所能合法施用于个人的权利的性质与限度成为密尔的自由主义思想的主旨所在。他认为人类社会中根本的冲突就在自由和权威之间逐渐展开。在古代这种冲突的主体是专制帝王与其臣民,而专制制度就其本质而言倾向于采取愚民政策。在这种专制制度下,人民并没有机会参与到公共事物的抉择之中。及至近现代,我们逐渐进入了一种平民主义时代,在这种时代中统治者与人民自己的对立已不复存在,因为统治者和人民已经合一,统治者的意志和利益应当就是国家的意志和利益,所以人民也就无须对自身的意志有所戒备。但是在这种平民政府逐渐出现的时候,对于"人民压迫其自身数目的一部分"必须戒备——这种"多数的暴虐"因此也被列入社会所须警防的诸种灾祸之内了。密尔指出"和他种暴虐一样,这个多数的暴虐之可怕,人们起初只看到,现在一般俗见仍认为,主要在于它会通过公共权威的措施而起作用……当社会本身是暴君时,就是说,当社会作为集体而凌驾于构成它的个别个人,它的肆虐手段并不限于通过其政治机构

---

① 托克维尔.论美国的民主[M].董果良,译.北京:商务印刷馆,1993:282.
② 托克维尔.论美国的民主[M].董果良,译.北京:商务印刷馆,1993:292-293.

而做出的措施"①。这种"多数的暴虐"比极权主义之下的压制要可怕得多,因为它并不以对肉体的蹂躏为后盾,而是渗入社会生活和道德生活的细节中去,奴役人们的灵魂,从而使人们毫无逃避的余地。密尔在贡斯当和托克维尔观点的基础上阐述了他对自由和民主之间冲突的主张,对民主和自由之间张力的揭示目的在于探寻个人自由和民主的兼容之道。这样,在对待民主特性的分析中,密尔始终在思考如何在民主的时代,一个平等的大众时代,始终能够保持每一个人的独立和自由。因此密尔认为只要对个人自由和社会权威之间进行界线合理的划分就能寻求出自由和民主之间矛盾的解决方式。密尔指出:"第一,个人的行为只要不涉及他人的利益,个人就有完全的行动自由,不必向社会负责;他人对于这个人的行为不得干涉,至多可以进行忠告、规劝或避而不理。第二,只有当个人的行为危害到他人利益时,个人才应当接受社会的或法律的惩罚。社会只有在这个时候,才对个人的行为有裁决权,也才能对个人施加强制力量。"②关于密尔这种以划分个人自由和社会权威之间的界线作为解决民主和自由之间矛盾的方法,伯林并不认同。

伯林指出在西方思想史中,民主都被看作有可能有损自由繁荣发展的一种危险观念。然而,到了现今民主一改前夕的尴尬地位,成为政治发展中不容置疑的目标。激进的民主理论甚至认为广泛的参与和彻底的审议甚至超越一切与其处于同一序列的其他所有价值,例如个人自由、隐私和有限政府等。但是对伯林而言,自由与民主并不等同。虽然从其根源上追溯,民主制度的建立是追求个人自由的结果,但民主本身亦是人类的终极价值之一。人类统治的欲望与人类不希望自身行为免受外在强力的干涉同等深刻和强烈。民主对伯林而言始终要回答"由谁来统治"的问题,属于典型的积极自由。他认为自由之被剥夺却不会因为剥夺者的不同而改变性质,被暴君剥夺抑或被议会剥夺,对个体而言性质与结果都是等同的:失去了自由。同样,自由之被剥夺的性质也不因原因或借口的改变而改变。"是为了抵抗外力入侵、反击反动派的反扑(罗伯斯比尔的两个最大借口),还是以保证各项事业顺利进行、子孙后代的幸福为名,牺牲我的本已脆弱的自由,对于我来说,结果都是一样的。"纵观东

---

① 约翰·密尔.论自由[M].程崇华,译.北京:商务印书馆,1959:4-5.
② 约翰·密尔.论自由[M].程崇华,译.北京:商务印书馆,1959:4.

西方思想史的发展,所有的统治者,不论是以幸福之名,抑或以自由之名,他们的目的都是论证他们向其子民所实施的剥夺是合理的,并且这些剥夺在渡过困难时期之后会达至一个完美的境界。统治者的这种论证和理由一直都是伯林所致力抨击的对象,他认为自由并不会因为其他价值的牺牲而增加:"一种牺牲不会增长被牺牲的东西,牺牲自由不会促成自由,无论那种牺牲在道德上有多大的需要与补偿,都是如此。一件东西是什么就是什么:自由就是自由,既不是平等、公正、正义,也不是文化,也不是人类的幸福或良心。"①"民主与个人自由的关联,远比双方的拥护者所认为的要稀薄。要求自己治理或参与控制自己生活过程的欲望,可能和希求能自由行动的欲望同样强烈。"②

伯林自由多元主义思想的本质体现为反对任何凌驾于其他价值之上的超级价值的存在,即便是广受民众喜欢的民主理论也不例外。与之相反,对于作为信奉多元主义的自由主义者而言,必须警惕那些声称能代表全体民意的政治体制,不管它们有多么重要的代表性,其都可能会危及个人自由以及人们对自由的追求。当自由和民主产生冲突时,可以想象的是:可能有些人会选择不择手段地捍卫民主,即使他们明白这种民主将会导向专制主义的后果。与这些民主的狂热主义者相反,倾向于自由的温和主义者可能会坚持信奉那些宽松的价值序列,例如对个人权利和个人自由的保护,或许事实上有时这些接受多元主义的自由主义者并不那么受民众欢迎。

虽然和其他自由主义派别的观点一样,自由多元主义广受欢迎,而民主理论的发展也是在当今世界文明悸动的影响下愈演愈烈,但从伯林的多元论思想中我们可以得知:除了激进的民主,那些与民主冲突的其他的价值都是有价值的。此外,当民主化不再是我们唯一关注的目标之后,人们将很容易接受如下事实:民主可能会在某种给定的、极端的情形下被践踏和无视。伯林指出:"正如民主实际上有可能剥夺个体公民在别的社会形式中可能享有的许多自由权利一样,完全能够想象,开明的专制的君主有可能让其臣民有较大程度的个人自由。"③盖尔斯顿的结论事实上是伯林观点的一种发展:"在我们认可了价值多元主义之后,就必然会引申出三个显而易见的结论:第一,所有政治,包

---

① 以赛亚·伯林.自由论[M].胡传胜,译.南京:译林出版社,2003:193.
② 以赛亚·伯林.自由论[M].胡传胜,译.南京:译林出版社,2003:199.
③ 以赛亚·伯林.自由论[M].胡传胜,译.南京:译林出版社,2003:198.

括民主政治在内,其合法的范围都是有限的;第二,在政治领域内,存在着民主政治的替代品,他们至少为了某些目的,在某些情况下具有合法性;第三,民主协商和决策应该达成共识和寻求宽容,而非以专断的排外政策为指导。"①

二、平等和自由最大限度结合的危险

作为西方近现代的主流价值理念,平等和自由肇始于社会经济结构的变化。在古代以及中世纪的智识史中,自由和平等并不能涵盖大多数人,自由的实质是少数贵族的自由,平等的实质亦是一小部分的平等,这种平等=特权。因此,"权利永远不能超出社会的经济结构以及由经济结构所制约的社会的文化发展"②。同时,自从自由和平等的理念出现之后,两者之间的冲突就一直体现在西方智识史中,对两者之间矛盾的解决也是西方学者长期以来所致力的问题。作为西方社会的两种最基本的权利,对自由和平等的理念的探寻也必须深入近代西方社会的发展中去。

毫无疑问,自由和平等是自由主义价值的关键所在。纵览自由主义发展的历史,自由和平等的基本功能使其在充当战斗口号的同时也很自然地被视为政治发展的本质理念和目标。在几个世纪之前自由主义理念肇始之时,赋予这两个词语之上的不同价值在今天的自由主义理念中荡然无存。即使某些崇尚自由的理论家试图以某种方式把两者结合起来,并且力图在它们之间保持一种平衡,但仍然有一些思想家拒绝承认其中一种价值的重要性。与德沃金、罗尔斯等提出自由平等主义的自由主义左派不同,拉兹在自由主义前提下对平等主义提出了批评,以自由平等主义为例,其试图把自由的理念置于平等的关心和尊重的首要价值之中——甚至包括自由本身。

伯林作为自由多元主义的代表人物,在自由抑或平等这种论争中明确地宣称自由和平等都因其内在的价值而作为天赋的目标。伯林在其著作中明确地提出自由和平等并不能等同于同一价值:"自由就是自由,既不是平等、公平、正义、文化,也不是人的幸福或良心的安稳。"③即使在伯林的著作中对基本的人类价值做出了最终的说明,这两种价值仍然隶属于他所尊崇的客观价

---

① 威廉.A.盖尔斯敦.自由多元主义[M].佟德志,庞金友,译.南京:江苏人民出版社,2005:120.
② 马克思恩格斯全集(第3卷)[M].人民出版社,1960:12.
③ 以赛亚·伯林.自由论[M].胡传胜,译.南京:译林出版社,2003:193.

值范畴。针对平等而言,伯林与其代表自由主义思想中的一股平等主义的潜流的同伴理查德·沃尔海姆背道而驰。莱恩指出:我认为平等是自由主义的基本原则。我们可以得知,民主的原则,可以作为它的一个特殊实例做出解释。与自由的原则相同,在一定程度上每个自由的人都有权利要求得到平等的对待。有鉴于此,伯林以一种特别的多元主义观点做出回应:追求平等可能会与人类其他的目标相冲突,这些目标可能是对幸福或快乐的欲求,也可能是对正义或美德的需求,抑或在一个社会中以自身的缘故把自由的选择本身作为目标,或者是为了人类潜能的全面发展,这仅仅是狂热的平等主义,并且这种冲突往往是和因为重视平等的价值而忽略其他价值相关。因此,对伯林而言自由不是平等:"在历史上,还有另外一种探究这个问题的途径,该途径将自由与它的姐妹——平等与博爱混淆在一起,因此导致了同样违反自由精神的结论。"①平等的概念对伯林而言意味着:(1)权利的平等;(2)要求被当作一个有个性的人来看待的人格的平等。但伯林认为这两方面的要求与自由的要求之间并不具有必然的对等性。

在西方智识发展的历史长河中对这两种价值的追溯可以得知:启蒙思想家在追求自由的同时,也在要求平等。如果没有人格和地位的平等,又何来自由?自由和平等具有天然的一致性。卢梭就曾说过,立法的最终目的应是自由和平等,没有平等,自由便不能存在。两者应该是有着内在联系的有机统一体。对于平等,伏尔泰认为凡是具有天然能力的人显然都是平等的,没有任何地位的差别、压迫和奴役。他指出:"中国的皇帝、蒙古的大可汗、土耳其的苏丹都不能对地位最低微的人说:我禁止你消化、上厕所和思维。"②在这种意义上,平等意味着独立和不受奴役,是一种天然的自然权利。这种权利赋予他具有和别人一样平等的地位。人类不仅仅在事实上是平等的,在社会状态下,在法律的规定下也是平等的,这种平等即是任何一个公民所拥有的政治权利和社会地位。法律使人平等,使人成为拥有同样权利和同样政治地位的公民。这样,任何依附和奴役都是违背平等的,并且任何借助外在的力量进行奴役和制造不平等都是违背自然的。当然,人的平等也并非意味着一切平等,意味着

---

① 以赛亚·伯林.自由论[M].胡传胜,译.南京:译林出版社,2003:226.
② 伏尔泰.哲学词典(下册).北京:商务印刷馆,1991:465.

在经济状况、社会地位等方面的无差别。伏尔泰曾举例指出,红衣主教和他的厨师是一种职业上的分别,分工不同,但他们在法律上、政治上拥有相同的权利。如果人们硬要抹杀社会分工的差别,实现一切平等,这不仅不可能,反而会导致社会的混乱。因此对伏尔泰而言,"人人在心里都有权利自信和别人完全平等,可是红衣主教的厨师并不因此就可以命令他的主人给他做饭。因此人们必须对平等有一种正确的认识,不应走向极端。平等是最自然的,如果走向极端,也就变成最荒诞不经的了"①。

因此对伯林而言,人们所追求的平等是向上看齐的平等,而并非卢梭和孟德斯鸠所大声疾呼的专制主义体制下的人人平等。这种对平等的渴寻和追求是人们内心深处对那种被认可的权利的寻求。这种对被认可的权利的追求与追求自由和追求民主一样,都植根于人们的内心深处,但很明显的是其本身并非是自由。此外,和自由的情况一样,与权利的平等相平行的还有人格的平等。这种人格上的平等意味着要求他人和社会把己身作为一个主体、一个独特的人格来对待与尊重。这种相互认可的欲望对伯林而言却并非追求自由的欲望。"它同样是人类深刻的需要和充满激情地为之奋斗的东西。它是某种与自由相近但本身却并非自由的东西。虽然它带来整个群体的消极自由,但它更紧密地与团结有爱、相互理解、平等结合的需要等所有被称为——不过是误称——社会自由的东西相关联。"②

自由的基本意蕴是反对干涉,但却与追求认可并不等同。对伯林而言,那种声称自由是平等或一种对平等的扭曲是一种诡辩。很明显,常见的做法是用日常用语对这两种价值做出区分,至少在得出一个具有说服力的论点之前不能简单地把这两种价值合并为一个概念来理解。不仅如此,伯林还进一步指出平等和自由是两种相互冲突的概念或价值。追求平等有时候会不可避免地以付出自由为代价:"人们愿意把自己的或者别人的个人行动拿出来争取他们的群体的地位,或他们在一群体中的地位。"为了使一个群体获得认可,获得与另外群体的平等的权利,这个群体的人必须服从某个统一的目标和某种强制性的秩序,"这种献出个人自由的情形,经常发生"③。这种平等和自由之

---

① 伏尔泰.哲学词典(下册).北京:商务印刷馆,1991:469-470.
② 以赛亚·伯林.自由论[M].胡传胜,译.南京:译林出版社,2003:230.
③ 以赛亚·伯林.自由论[M].胡传胜,译.南京:译林出版社,2003:231.

间的冲突在伯林的道德多元主义理论之中可以得到更为清晰的显现:假设一个人想要转换和操纵平等和自由这样的概念,其目的是使其适应一种理论框架,无论他的论证是多么缜密和精彩,多元主义都可能轻易地解释为什么自由和平等都是具有内在价值和值得欲求的,以及两者之间并没有重叠的领域,更不用提两者之间存在潜在的一致了。在自由多元主义认可的核心价值范畴中,自由和平等都位列其内,但这并不意味着这些价值必然可以综合为一种至善或一种严格的价值等级序列最重要的理想的价值观。事实上,伯林的自由多元主义思想为了与其伦理多元主义相协调,必然会声称人类的客观价值是不可避免地陷入一种不能比较和相互冲突的状态之中。同样,自由的价值之间,而不是自由的价值和非自由的价值之间所产生的冲突亦需要慎重考虑。对伯林而言,这种冲突的状况并不能排除在外,我们至少不能过早做出一种道德多元化的描述。如果冲突是发生在自由主义价值之中的自由和平等之间,就像税收和政府福利计划的复杂和有争议的问题,它并不是为了某种政党——自由主义或平等主义——而假设,多元主义可能不会落入偏袒的窠臼。这的确是多元主义不可能遭遇的情况之一,相反,这种冲突所造成的结果可能是自由多元主义者将会采取温和和折中的态度,有一些会倾向于平等主义,有一些会倾向于自由主义,另外一些则发现他们很难在自由主义和平等主义之间做出选择。但是无论他们最终的决定是什么,他们都会分享伯林的怀疑论和渐进主义的态度,尤其是面对那些宣称已经找到社会或个人之间冲突的解决方案的群体时。

三、自由的价值和权利的绝对性

自由自从 2460 年以前在雅典播种以来,就仅次于宗教而成为善和恶的代名词。时光荏苒,转眼间自从那些理解此术语含义的民族寻求自由以来,时光已经过去了几个世纪。"每一个时代的进步都被自然灾害、无知、迷信、征服欲和安逸,被强者对权力的渴望和穷人对食物的欲求所困扰。当人民从野蛮状态、外来控制和长期的生存斗争之中苏醒时它已经阙如已久,当时对政治失去了任何兴趣和理解力的人渴望为一口燕麦粥出卖自己的生存权,而无视他们所弃之物之珍贵。"①对自由和权利的性质进行把握是那样混淆不清,以致从来就没有什么障碍是如此持久和难以克服。及至伯林,自由被理解为一个自足的、伸缩自如的价值空间。绝对的自由和权利都是不存在的,同样,亦不会存在绝对的不自由。伯林指出:"实际上没有一个社会将它的成员的自由全部施以压制;一个人如果被别人限制而无法凭己意去做任何事情的地步,从法律与道德的角度,他已不再为人。"②由于自由的价值的特殊性使其极易被忽视和抛弃,所以才会导致自由概念的混淆不清,甚至会导致把自由和其他的价值相混杂,而出现打着自由的旗号牺牲自由的怪事。恰恰在人们认为己身"享受前所未有的自由"的同时才会遭受前所未有的奴役。因此,伯林认为在人们要追求自由或对自由压制之前对自由性质的辨析是很有必要的。

　　自由是个脆弱的、最容易失去的价值,像贡斯当、密尔所说的那种个人自由,简直可以说是文明的奢侈品。对伯林而言,"在大多数的情况下,大多数人必然愿意为了其他的目标,安全、地位、繁荣、权力、美德、来世的报酬,或正义、平等、博爱以及其他许多似乎全部、或部分与最大程度的个人自由相冲突的价值,而牺牲自由主义的那种要求;同时,也必然不会或现在,人们之所以愿意为一些叛乱行为或'解放战争'而献身,并不是为了为每一个人争取生存空间。通常,为自由而战的人,都是为了由他们自己或由他们的代表来治理的权力——必要的时候,只要让他们参与,或许他们觉得他们是在参与立法或正在参与管理他们的集体生活的程序,他们也愿意只享受极小量的自由,而被人用一种斯巴达式的严厉方式来治理。而进行革命的人所称的自由,也往往只是意味着让某一特定的阶层来取得权利和权威而已。他们的胜利,必然会使那些败退下来的人遭遇挫折,有时还会使许许多多人遭受压制、放逐、奴役。但是,这样一个革命者,却经常觉得有必要做如下辩解:他们的理想,就是每一个人的理想……因此,他们才是自由的斗士或战士,或自由的真正的代表者。"③人们对这种自由的追求与密尔所谈及的自由并没有任何逻辑上和词义上的关联。

　　在伯林的自由主义思想中,自由对个体而言是一个仅仅属于其自身的、神

---

① 阿克顿.自由史论[M].胡传胜,陈刚,李滨,等,译.南京:译林出版社,2001:3.
② 以赛亚·伯林.自由论[M].胡传胜,译.南京:译林出版社,2003:234.
③ 以赛亚·伯林.自由论[M].胡传胜,译.南京:译林出版社,2003:234.

圣性的范畴。虽然他也认为自由具有较大的伸缩性，但是自由的性质中却必然蕴含着个人领域的存在，也即在个人和国家等实体之间必须有一条界线。这个界限不能是模糊的，必须是非常明确的，任何打破这条界限而侵入个人领域的行为都可以视为对自由的侵犯。同时，从字面上而言，自由也即由着自己去思考和行动。

"在整个十九世纪，所有自由主义思想家都认为，如果自由涉及到要限制任何人强迫我去做我不愿意或可能不愿意做的事情的权力，则无论借口是什么，对我强施压力，我们都是不自由的。"① 由此可以看出，自由的本意总是涉及个人的事情，仅此而已。

对于伯林而言，权利具有绝对性，恰如他所指出的：如果民主的社会都不能保证自由不受侵犯，那么，一个怎么样的社会才能说是自由的社会？这样的社会必须遵循两个原则："第一，唯有权利才能成为绝对的东西。除了权利之外，任何权力都不能成为绝对的东西。"② 十八世纪的自由主义的一个巨大的理论上的失误，伯林认为，就是出发点上认为权利是绝对的，但是后来却逐渐接受只有主权才是绝对的反自由主义的观念。换句话说，自由主义一开始视权利为绝对物，但对于个人权利的保证条件的追求，使他们把手段变成了高居于权利之上的绝对物。这就是民主时代的自由主义：借自由之名来实现民主。民主是绝对之物，结果造成多数派的统治。"第二，人类在某一范围内，是不容侵犯的，这个界限不是人为制定的，这个界限的形成，是因为它们所包含的这些准则，长久以来就广为世人所接受，而人们也认为，要做一个正常人，就必须遵守这些规则。"③

四、宽容和自由多元主义

伯林认为个体自由并非人类生活中的唯一需求，对人们而言不可或缺的幸福、平等、安全等各种终极价值都是平等的，有的时候为了其他的价值不得不对自由做出一些限制。作为与自由主义关系密切的宽容思想亦没有被伯林所忽视，伯林对宽容思想独特的诠释构成了他自由主义思想的主要特征之一。

---

① 胡传胜.自由的幻像:伯林思想研究[M].南京:南京大学出版社,2001:07.
② 以赛亚·伯林.自由论[M].胡传胜,译.南京:译林出版社,2003:238.
③ 以赛亚·伯林.自由论[M].胡传胜,译.南京:译林出版社,2003:238.

伯林指出多元主义是宽容思想的当代形式或者理论完成。在这个价值日趋多元化的道德世界中，并不存在至上的、唯一的目的，也不存在所有理想都必须服从的至上的价值，各种价值之间不相兼容甚至相互冲突。如果要避免这些不同的生活方式和价值之间破坏性冲突所导致的恶果，在不同的生活方式之间促使其能够保持各自克制的平衡，防止其中任一基本的人生目标或价值不遭受压制，这"就应该妥协，而最低限度的宽容，不管你情不情愿，都是必不可少的"①。伯林对宽容的诠释与传统的自由主义者把宽容视为对理性生活的寻求的理解全然相异，对他而言，宽容并非意味着某种理性的共识，亦非达至某种单一生活方式的手段，而是在呈现多元样态的生活方式中寻求和平共存的条件。

关于伯林的思想，大家所熟知的就是他对自由的两种概念以及多元主义，但其实两者之间有一紧张关系。伯林对于宽容理念的立场，能更清楚理解他是如何看待自由与多元两个概念的。然而，关于宽容一词，在其著作中却讨论甚少，也仅在一些字里行间，至多在一篇文章中讨论它与承认之间的关系，但这并非意味宽容着不重要，而是宽容本身相当复杂，如同伯林自身的思想一样，因此，我们必须从他的思想脉络以及对宽容历史的考察，才能看出伯林是如何定位宽容一词的。格雷认为自由主义宽容思想对人类幸福有着无与伦比的贡献，是一项再怎么评价都不算高的成就。而对伯林而言，由于他身为一名俄裔犹太人，却生长于英国，他所直面的身份转移问题也呼唤宽容与承认，因此宽容亦在其自由主义思想中占有不可替代的地位。关于宽容的概念，他着墨甚少，仅在一些文章中的片段(如对密尔的诠释)和《对地位的寻求》一文中提到过。不过，在伯林所致力的两种自由概念的阐述中，我们可以较为清晰地把握他所提倡的宽容理念是对着重个体自由和权利的消极自由的辩护，而非对共同体的和谐和稳定的维持。

宽容一词来源于拉丁文 tolerare，宽容意指主体在交往过程中体现出的伦理德性。房龙认为，宽容是容许别人有行动和判断的自由，对异于自己或传统观点的见解的容忍。在各种论述宽容的文献中，对宽容问题的讨论最多也可能是最早的，是关于宗教的宽容。洛克认为自由主义的宽容完全不怀疑宗教

---

① 拉明·贾汉贝格鲁.伯林谈话录[M].杨祯钦,译.南京:译林出版社,2002:40.

或道德的真理。他把宽容理解为通向一种真正宗教的途径。宗教信仰的私有化，也使得宗教主观化。这样的强烈转变，会破坏此群体带给个人强烈的信念。如此的宗教私有化导致主观主义产生，进而才会有"改变信仰"的情况发生，透过欺骗、恐吓等方式强迫他人改变，所以说，在宽容的概念下，我们不能宽容无限制强迫他人改变自己的信仰。① 而这也恰恰符合自由主义所谓的德性"宽容"理念，这种宽容理念指出："一方（宽容者）虽然相信有合理的理由，认为另一方（被宽容者）的行为、信仰或生活方式，在道德上完全不能接受，又或对个人及社会有害，而且宽容者往往有权力对被宽容者做出强制性的干预，但却有意识地克制自己不采取任何行动。"②密尔关注的重点并不仅仅限于宗教宽容，而是扩及生活每一层面，尤其是关注政府及社会所能正当地行使其权力于个人的性质及限度，以及个人享有多少的自由。③ 密尔提出了"伤害原则"（Harm Principle）："对于文明群体中的任一成员，所以能够施用一种权力以反其意志而不失为正当，唯一的目的只是要防止对他人的伤害。若说为了那人自己的好处，不论是物质上的或是精神上的好处，那不成为充足的理由。人们不能强迫一个人去做一件事或不去做一件事，说因为这对他比较好，因为这会使他比较愉快，因为这在别人的意见认为是聪明的或者甚至是正当的……任何人的行为，只有涉及他人的那部分才须对社会负责。在仅只涉及本人的那部分，他的独立性在权利上则是绝对的。对于本人自己，对于他自己的身和心，个人乃是最高主权者。"④他所关注的并非是导致个体异化等因素，而是与之相反的社会化和齐一化的罪恶。密尔渴望人类生活与性格的最广泛的多样性。对他而言，如果不能防止个体之间相互伤害，特别是如果不能防止个体受到可怕的社会压力的伤害，这种多样性是无法获得的。⑤ 这些原因使他更加坚定地主张宽容的思想。而这种宽容的理念被琼·爱尔希坦称为："并

---

① Jean Bethke Elshtain. Toleration, Proselytizing, and the Politics of Recognition: The Self Contested [M]. // Ruth Abbey. Charles Taylor. Cambridge: Cambridge University Press, 2004:130-131.
② Peter Nicholson. Toleration as a Moral Ideal [M].//John Horton & Susan Mendus. Aspects of Toleration: Philosophical Studies. London: Methuen, 1985:160-162.
③ 约翰·密尔. 论自由[M]. 许宝骙, 译. 北京:商务印书馆,2006:3.
④ 约翰·密尔. 论自由[M]. 许宝骙, 译. 北京:商务印书馆,2006:10-11.
⑤ 以赛亚·伯林. 自由论[M]. 胡传胜, 译. 南京:译林出版社,2003:259.

不是要一个终止的判断,而是要让那些不危害公共安全的声音都存在。"①查尔斯·泰勒也同意这种观点,他认为:"人类是对话的动物,所以在平等上的承认,乃指大家都留了可改变信仰的可能性。在一个对话的社群中,大家差异虽大,但却也能互相说服,既是多元却又不是分裂。"②

但是对于伯林而言,宽容思想就是在不同的生活方式和道德价值之间寻求一种妥协和中道,是使其和平共存的一种手段。他会认为这种宽容思想的主要目标在于建立一个正义的社会,从而忽略了"认可"的重要性。但是这样的社会对伯林而言,是无法容忍异于他们自身的不同的愿景、想法、概念的人们,他们对于各种多元的价值是有排序的,是故价值与价值间是无法兼容的。由于伯林自身的经历,他所倡导的宽容思想首要面对的问题就是身份转移(获得承认或认可)。他认为当个体被视为不被承认或得不到充分尊重的共同体的成员时,他们都亟需得到他人的理解,并最终取得平等的地位。这就是个体与群体强烈要求被承认的核心所在,在我们这个时代,也是职业、阶级、民族与种族强烈要求被承认的核心所在。正是这种对认可的冀求,导致绝大部分威权民主制度下的成员常常有意识选择威权的制度,而不是开明的制度。伯林援引了某些新近解放的亚非国家的成员,在他们被某个小心翼翼、公正、文明、好心的外部管理者统治时怒气冲冲,相比之下,当他们今天受自己种族或民族成员野蛮对待时,抱怨反而变小了。③ 伯林认为这种对地位和承认的渴望并不等于个体自由,两者并不能混为一谈。伯林在《穆勒与生活的目的》中指出:当我们坚持我们自身所遵循的生活方式或道德价值时,因为我们的情感的投入,所以会对那些相异于我们的生活方式和道德价值有所排斥。但是如果我们和异于我们之间的群体之间缺乏相互的沟通和交互的理解,那么双方都没有任何理由去对彼此的生活方式提出合理的批评和责难。因此,人们与异己的存在之间相互沟通的目的在于探求彼此之间的相同性和相异性,从而能更好地了解人类社会。但是伯林认为这种因为相互了解而导致的认可与为了追求地位的平等所要求的认可并进而获得自由大相径庭。对于后者而言,可

---

① 以赛亚·伯林.自由论[M].胡传胜,译.南京:译林出版社,2003:128.
② Jean Bethke Elshtain. Toleration, Proselytizing, and the Politics of Recognition: The Self Contested [M]//Ruth Abbey Charles Taylor. Cambridge: Cambridge University Press, 2004:137-138.
③ 以赛亚·伯林.自由论[M].胡传胜,译.南京:译林出版社,2003:230.

能还会造成对个体自由的伤害。

伯林在追溯启蒙主义和浪漫主义的历史渊源时指出造成欧洲启蒙运动分崩离析的因素在于:既坚持认为人们有选择的自由,同时又指出人们自由选择的选项只能是合乎理性的东西。马克思是康德的忠实追随者:诉诸完美社会理念的乌托邦目的是解放个人,并实现康德视为圭臬的理性生活本质来捍卫的自主性,但其却导向一种威权主义的暴政。从概念上而言,这种威权主义暴政建立在这样一种虚假觉悟的教条之上,即:人们会因受资产阶级社会条件的影响而偏离他们的真正需要和本性,必须由国家对他们实行再教育,迫使他们自由。这就是"积极自由"——"做……的自由"(freedom to)——学说命中注定极易导致的奇特的颠倒:以自主自由的理想开始,以威权主义专政告终。①

伯林和泰勒都强调人类的语言沟通与叙事能力,这从他们对于赫尔德与浪漫主义的重视可以知晓。人类无法脱离他自身的生存的道德和社会境况,如果缺乏这种生存境况,人们就仅仅是一群没有目标、害怕空虚的动物罢了。对伯林而言,对地位的寻求和认可的渴望在于其深怕过度强调承认的重要性会破坏个体自由,也就是消极自由的基本原则不得被破坏。② 在《两种自由概念》的文章中,伯林把早期对"自由"所做的区分:自由主义的自由和浪漫主义的自由转换成消极自由和积极自由两种更鲜明的区分。这种区分就把自由主义的信条与类似的威权主义的思想区分开来。换言之,前者所寻求的只是"对干涉个体自由的政治权威的约束",而后者则上升为"想要亲手掌握这种权威"。伯林所青睐的消极自由是没有人或人的群体干涉我的活动的自由,这种不受干涉的领域的存在意味着对个体自由侵犯的阙如,在这种领域内,主体可以在行为的方式和目的上有选择的权利。积极自由则体现为所有带解放性质的政治理论核心,所有这些政治信条都希望利用政治权力解放人类,让他们发挥出某种潜能。③

由此可知,消极自由作为伯林思想中的核心,划分出一个不受外在权威干涉和强制的、不可侵犯的领域,而积极自由则是自由的另外一种面向,它的目的是使我们完成生命中的目标和自我创造的能力。这种自由与消极自由并非

---

① 伊格纳季耶夫.伯林传[M].罗妍莉,译.南京:译林出版社,2001:307.
② 以赛亚·伯林.自由论[M].胡传胜,译.南京:译林出版社,2003:205.
③ 伊格纳季耶夫.伯林传[M].罗妍莉,译.南京:译林出版社,2001:308-316.

非此即彼,而是存在着共同的根源,同为自由的一体两面。因此,伯林的宽容理念亦是解决自由主义所面临的多元道德价值困境的。

威廉姆斯指出:"国家是中立的,其不能设定何种信念是大家必须接受的,也不能支持某一团体的信念"①。自由多元主义强调国家中立,这并非意味着不存在一种人们所共享的理念,与此相反,社会之所以能联系起来,也恰恰是因为一套权利架构,以及平等尊重的理念的存在。因此,宽容就成了一种价值,因为宽容需要人们去理解和共享,②除此之外,宽容作为一项人类生活中的价值,它并非超脱于人们所处身的现实世界范畴而先验地存在,且要求人们对其进行追求。与之相反,宽容是通过我们的生活实践而将其投射出来。简言之,我们不是要去完成宽容这项价值,而是在我们的生活体验里,在实践的过程中,将宽容价值展现出来。就此观之,伯林的宽容理念并非要做到"人的容忍",亦即伯林并非要求我们将宽容视为一种必须去追求的个人价值,而是指出宽容仅仅是人们所生活的多元道德价值共存的社会中,在不侵犯消极自由的前提下,彼此直接互相了解,同时增进人类本身究竟为何的理解。同时,伯林强调人类的表述能力以及彼此之间的沟通和交互,并且倾向于对于异己文化或团体中的人们的理解和认同,这就证明了伯林对于人类的看法迥异于当代自由主义的原子式个人,宽容并非仅是一项宪政原则,更不是对与我们相左的意见或想法持有冷漠的态度,因为人类可以通过移情的想象力"进入"不同的文化之中,从而增进不同文化和社会中人们的相互交流和沟通;对伯林而言,在我们所处身的道德世界中,各种相异的观点或价值在消极自由不受侵犯的前提下,都是能在共同体中存在的。由此可以得知,伯林的宽容理念并非完全是自由主义式的对"人的容忍",即使作为一种政治价值,其所保障的,仍然是对提倡个体自由和权利的消极自由的维护,而非共同体的和谐与稳定。

---

① Bernard Williams. Philosophy As a Humanistic Discipline [M]. Princeton: Princeton University Press, 2008: 129.

② Bernard Williams. Philosophy As a Humanistic Discipline [M]. Princeton: Princeton University Press, 2008: 130.

第五节　伯林的自由概念所引发的学术论争

伯林关于道德哲学的思想,具有深刻的学术洞见和极强的政治倾向,由此引发了当代西方道德哲学、政治哲学关于自由问题、价值多元主义问题的激烈论争,在这些论争的基础上生发出各种不同的观点和主张。伯林在《两种自由的概念》中力图对相对模糊的自由概念进行重新梳理,通过对自由主义的两个传统的回溯,伯林另辟蹊径地把自由主义建基于价值多元主义之上,在对自由概念的厘定过程中,把自由区分为消极自由和积极自由。对价值多元主义的尊崇以及对消极自由的肯定和对积极自由的警惕成为伯林自由主义伦理思想的主要特征,并且也反映出我们的历史和现状。但伯林并不否认可能还有其他的自由的概念,但无论从思想史上还是从理论家们的论述来看,积极的自由和消极的自由是两个主要方面。随着时代的演进和发展,针对伯林这种关于自由概念的两种区分,一些学者提出了异于这种区分的主张。

一、麦卡勒姆对伯林区分两种自由的批评

麦卡勒姆认为对自由进行清晰的界定历来就不是一件轻松的事情,究其缘由在于有关自由本质的争论最后应该理解为在许多问题上相互对立的派别把与自由概念联系在一起的最受人们欢迎的态度拉到自己一方的一系列尝试。① 因此,对麦卡勒姆而言,围绕着消极自由和积极自由的区分而暴露的问题应该归于两种根本不同类型自由的问题。这些问题本质上是受到了自由概念的一种真正混淆——这种混淆根源于人们没有充分地理解在什么条件下使用自由概念才是可以理解的——的影响。针对伯林对自由的两种划分,麦卡勒姆始终认为自由是"某人(一个或多个行动者)的(of)摆脱(from)什么、去(to)做或不做什么、成为或不成为什么的自由;它是一种三位一体的关系,用一个公式表示就是:X 在摆脱 Y 去做(或不做、成为或不成为)Z 上是(或不是)自由的"。这种三位一体的自由的核心在于"某人(一个或多个行动者)的

---

① 杰拉尔德·麦卡勒姆.消极自由与积极自由[C]//应奇,刘训练.第三种自由.北京:东方出版社,2006:41.

(of)摆脱(from)什么、去(to)做或不做什么、成为或不成为什么的自由"。麦卡勒姆把 X 解释为行动者，Y 则代表强迫、限制、干涉和妨碍这些"约束性条件"(preventing conditions)，而 Z 则意味着人或环境的行动或条件。如果在关于自由的讨论中遗漏了这三项中的一项，那应当只是因为被遗漏的变项被认为是要根据讨论的语境来理解的。① 对麦卡勒姆而言，构成这种三位一体的自由概念的三个组成部分缺一不可。针对伯林所区分的"免于……的自由"与"做……的自由"，麦卡勒姆指出这种描述并不能真正地区分两种自由："每一种行动者的自由都具有两个特征，而它只能强调其中的一个。因此，任何人声称'摆脱……的自由'是'唯一的'自由，或声称'做……的自由'是'真正的'自由，抑或声称一种自由比另一种自由'更重要'，都不能被认为是已经直白而明确地区分了两种不同的自由；充其量只能认为他在关注或强调在任何一种自由中都始终存在某一部分的重要性"②。因此，对麦卡勒姆而言，只有当这种三位一体的关系中的每一项条件都得到了详细的说明，或者至少得到了理解，关于行动者的自由的讨论才能得到充分的理解和合理的说明。因此，麦卡勒姆对伯林自由概念的批评正如汤姆·鲍德温所总结的那样："麦卡勒姆论证说，当我们意识到所有自由都既是'摆脱……的自由'，又是'做……的自由'时，我们就会明白，认为存在两种自由概念是错误的。相反，我们会意识到，自由是一种存在于行动者(agent)、约束(constraint)和目标(end)之间的明确的三位一体关系；而且，我们还可以断定，有关两种自由概念之中何者最为重要的争论将被视为关于行动者、约束和目标——它们是作为三位一体关系中的变项出现的，而这种关系就是唯一的自由概念——的争论。"③麦卡勒姆认为在面对自由这个问题时，消极自由和积极自由的划分只能阻碍我们对自由真正意义的探究，因为这种划分使人们把自由的不同解释看作不同自由概念的结果。所以，他认为我们应该坚持同一种自由的概念，差异不在于自由是什么，而在于是哪些人的自由，以及什么可以算作对这样理解的人的自由的障

---

① 杰拉尔德·麦卡勒姆.消极自由与积极自由[C]//应奇,刘训练.第三种自由.北京:东方出版社,2006:42.
② 汤姆·鲍德温.麦卡勒姆与两种自由概念[C]//应奇,刘训练.第三种自由.北京:东方出版社,2006:65.
③ 杰拉尔德·麦卡勒姆.消极自由与积极自由[C]//应奇,刘训练.第三种自由.北京:东方出版社,2006:42.

碍或干涉。同时,麦卡勒姆指出,伯林所区分的"免于……的自由"和"做……的自由"之间的差异一旦被否认,那么保留下来具有说服力的只能是如下内容:"(1)信奉'消极自由'的个体坚持认为只有某种东西的在场(presence)才能使一个人不自由;信奉'积极自由'的个体则坚持认为某种东西的不在场(absence)也能使一个人不自由。(2)前者认为一个人只有在没有他人设置的障碍阻止他去做 X 的情况下,才能说他可以自由地做 X;而后者却不接受这样的限制。(3)前者认为我们所谈论的自由的行动者(比如,'人们''人')实际上能够像英美法律认定'自然的,(与'虚拟的'相对立)人那样被认定;而后者对于怎样认定行动者却持有不同的看法。"①因此,麦卡勒姆不认同伯林的那种把自由两分的观点,他认为这种二分法的分类系统都是徒劳无益的;更糟糕的是,它还歪曲了关于自由的重要论点。针对麦卡勒姆的这种批评,伯林进行了回应:他认为把自由的基本含义描述为三位一体是不妥的,自由只能是二分体的;究其缘由在于个人可以希求不受任何强制或压迫,但同时却没有实际采取任何具体的行动;因此,麦卡勒姆为了分析对自由的用法而提出的规范的先验图式——主体 X 是自由的是因为他排除了强制力量 Y 实施了行动 Z——就没有抓住自由观念的最基本的根据,即拒绝任何别的强加的约束。② 伯林认为麦卡勒姆并没有认识到"一个为摆脱锁链而挣扎的人,或者一个为反抗奴役而斗争的民族,无需什么更加明确的自觉目的"③。在这个事例中,伯林力图证明那些失去自由状态的个人和民族所迫切希求立刻摆脱妨碍因素,同时又能够自由、独立地有所作为或有所变化,至少是变成了一个摆脱了由锁链强加给他的束缚的人,因此而采取了本来就应如此选择的自由行动。

二、泰勒对伯林自由概念的解读和批评

当代思想家查尔斯·泰勒在《消极自由有什么错》中对消极自由的本质重新诠释,试图论证消极自由本质上是错误的。通过对伯林自由观的审视,泰勒认为伯林虽然对自由的本质做出了详细的阐述以及对自由概念进行了厘

---

① 杰拉尔德·麦卡勒姆.消极自由与积极自由[C]//应奇、刘训练主编.第三种自由.北京:东方出版社,2006:48.
② 约翰·格雷.伯林[M].马俊峰、杨彩霞,路日丽,译.北京:昆仑出版社,1999:15-16.
③ 以塞亚·伯林.自由论[M].胡传胜,译.南京:译林出版社,2003:41.

定,但是伯林仍然没有脱离霍布斯诠释自由的范畴之外即将消极自由视为个体外在限制的消除。而束缚个体的内在本质却并没有被伯林所重视。泰勒对当今所风靡的把自由定义为不受约束的观点忧心忡忡。他认为人们倾向于把自由解释为个体不受外在的约束的观点源于在后浪漫主义的思潮影响下,个体的自我实现对其自身而言具有创造性,从而必须在其独立的境况下才能得到实现。换言之,泰勒认为这种源于霍布斯而被伯林所秉持的"免于外在干涉的自由"的观点,其合理性和正当性并不能得到确证。① 对泰勒而言,对个人行为的阻碍,并非全部在于外在的干涉,而内在的障碍也是不可或缺的。他认为伯林所主张的消极自由避开了对行为主体动机的分析,从而导致行为主体沦为自然世界中的遵循自然法则的物体,结果只能无视行为本身对行为主体的内在意义。类似于伯林所秉持的这种消极自由,泰勒认为过于粗糙。与之相反,积极自由把自由定义为个体依据自身的欲望去行动,其弊端是很容易被不同的情感所驱使,同样会导致内心的不自由。有鉴于此,泰勒把自我实现的概念蕴含在其对消极自由的讨论中。然而,伯林是否如泰勒所批评的一样,只将自由视为外在行为的限制,忽略对重要行为的分析呢?伯林与泰勒的观点是否全然对立呢?

首先,关于伯林对积极自由和消极自由之间所做的区分,泰勒持认可的态度。对泰勒而言,对自由概念的厘定以及对自由理论的区分的方式和标准有无限多种,但是在我们所共同分享的文化和社会中所认可的区分主要有两种:其一是将自由定义为"不受他人和政府的干涉";其二主要则是针对这种个体自由所提出的挑战,这类思想家相信自由至少部分地存在于对共同体的控制之中,卢梭、马克思都属于此类思想家。② 泰勒认为虽然"伯林的价值多元论无法保证自由主义成立的绝对基础,但是仍然有许多人被伯林所批评的积极自由一元论、乌托邦或极权主义所感染,并认为消极自由正是西方自由主义传统的精髓"③。但是我们不能把所有的注意力都倾注在消极自由和积极自由之间的论争中,以便加入某一阵营而去反对另一阵营。与之相反,泰勒认为"我们必须记得两种自由的争论,因为当今对自由的讨论都太容易以对方论说

---

① Charles Taylor. Hegel and Modern Society[M]. Cambridge:Cambridge University Press,1979.17
② 应奇.社群主义[M].中国台湾:扬智文化,1999:168.
③ 应奇.社群主义[M].中国台湾:扬智文化,1999:168.

中的极端来攻击对方"①。依据本性，人们通常会对异己的观点和文化持批评的态度，例如，奉消极自由为圭臬的人通常会把一些左派的思想强加在积极自由的理论之中，因此会认为积极自由在某种程度上是信奉通过强制手段而获得自由的，从而不自觉地充当独裁政权的理论基础。然而，泰勒认为热切信奉消极自由的极端个人主义者却过于相信"霍布斯式的自由观"——将自由视为外在干涉的阙如，因此把自由束缚在一种特定的束身衣中。对极端主义者而言，如果把诸多内在因素都囊括进对自由干涉的范畴之内，将会是对自由的滥用。所以他们唯一认可的自由定义即免于外在的阻碍或干涉。同样，泰勒认为伯林在对自由的厘定的过程中也赞同"霍布斯式的自由观"将自由仅视为"外在干涉的阙如"。② 格雷认为由于这种霍布斯式的个人主义观点所主张的人与人之间交战的境况的存在，因此人们自我保存的愿望就可以被视为所有正义和道德的根源。③ 霍布斯的这种观点延伸至现代，便逐渐蜕变成个人应该具有免于外在阻碍或干涉的自由，从而达至对自身权利和利益的保护。

针对这种源于霍布斯并被伯林所接受的自由观点，泰勒并不赞同。对泰勒而言，消极自由的概念并非仅是一种机会性概念（在于有多少门向我打开）。与之相反，泰勒认为当个体对其拥有的能力不清楚，或者害怕其行为会违反内在于自身的固有的道德规范时，他并不能被称为自由的。因此，泰勒主张妨碍自由的力量并非只存在于外部，也可能源于个体自身的恐惧或错误的知觉。所以，当我们使用自由概念的时候，对人们行为动机的区分必须考虑在内，否则容易造成行为主体对自由概念的混淆。泰勒认为一个自由的人除了其行为不受外力的干涉，还必须具备如下几种条件：部分的自我意识、自我了解、道德动机的区分、自我控制等。换言之，称谓一个人是自由的，必须能够保证其对自由的运用，仅仅依赖于机会性概念——自由仅意味着外在干涉的阙如——并不能对其自由的确保。这种把自由定义为"外在干涉的阙如"的霍布斯式的自由观虽然简单，但却不能为自由做有力的辩护。④

对泰勒而言，自由并非局限在个体可以去做任何其欲求的事情的领域之

---

① Charles Taylor. Hegel and Modern Society[M]. Cambridge：Cambridge University Press，1979：176.
② Charles Taylor. Hegel and Modern Society[M]. Cambridge：Cambridge University Press，1979：176-177.
③ 约翰·格雷.伯林[M].马俊峰，杨彩霞，路日丽，译.北京：昆仑出版社，1999：16.
④ Charles Taylor. Hegel and Modern Society. Cambridge：Cambridge University Press，1979. 177-178

内,同时,自由亦必须不能同个体的基本目标或自我实现有所冲突。泰勒认为个体自身并不能担任"他是否自由"这问题的最后决定者,因为个体自身并不清楚其欲望是否真实,以及这些欲望是否与其目的相冲突。然而,针对这种观点,消极主义者则担心一旦我们承认行为主体并非"他是否自由"这问题的最后决定者,那么就会打开通向极权主义的大门。这就是伯林在阐述积极自由的时候所做的结论:他人有权利以自由的名义规范个体的方向。对泰勒而言,这样的推论是很荒谬的,他主张:"……并非一定会导致这种结果。因为存在着更恰当的理由使人们相信,个体自身并非能对其所欲求的目标做出确证。因为个体对自我实现的看法具有多样性和原创性,所以并不存在能够给予我们指导的、告诉我们如何才能遵循正确的道路发展的教条或原则。因此,任何声称能在原则上给予我们指导的社会主权,都将成为迫害人类自由的必要条件"①。对泰勒而言,伯林的消极自由观念主要是针对极权主义所隐含的积极自由观念所提出的反驳。伯林认为极权主义的需求从消极自由转换到积极自由,其本质是动机上的差别。这种转变体现在两个方面:首先,从"不受他人干涉地做他有能力的事、成为他愿意成为的人"到"个体成为他自己的主人的愿望";其次,极权主义者极力使人信服个体只有遵循共同体的指导,才能达至真正的自我实现。伯林对极权主义的处理一直受到泰勒的诟病,泰勒认为伯林对两种自由转变过程中所潜在的危险估计不足,因而认为消极自由就意味着"免于……的自由",从而避免指涉任何动机方面的区分。对泰勒而言,这种源于霍布斯但被伯林所接受的自由观点存在着严重的缺陷。如果我们赞同这种观点,就意味着对"某些目标和行为是对其他的目标和行为更为重要"观点的反对。有鉴于此,泰勒列举了两个事例,在"设置新的交通标识对我自由的限制"与"禁止我对我所信仰的宗教仪式的自由"之间相比,明显地可以得知前者所丧失的自由是次于后者的。② 这两者之间的区别的基础在于泰勒认为存在一种共同的人性,符合这种共同人性的人们可以区分什么行为和目标对人类而言是重要的和不可或缺的。例如宗教信仰的自由就被视为是人类不可

---

① 查尔斯·泰勒.现代性之隐忧[M].程炼,译.北京:中央编译出版社,2001,180-181.
② Charles Taylor. Hegel and Modern Society[M]. Cambridge:Cambridge University Press,1979:179-181.

或缺的自成部分。① 因此对泰勒而言，自由不再仅仅意味着是外在干涉的阙如，而且也体现在"重要行为的障碍的消除"。

泰勒认为自由对我们的意义在于，它与我们所追求的重要的目的之间有着紧密的联系。此外，个体的内在自由可能因其自身不切实际的欲求而受到阻碍，所以对个体而言，通过加深对自身的认识而分辨不同行为的动机以及其背后所隐藏的欲求至关重要。由此可知，泰勒把自由定义为：个体应该通过自我理解，确立自己人生的重要目标并极力消除这些目标的内在和外在困阻。自由亦即允许我们去做我们真正欲求的事情。② 对泰勒而言，我们并不能在各种原则和规律之上确立一种指导人类行动的绝对标准。然而，这种观点却不能反向推论，也即认为任何试图解释指导人类行动的观点都是无效的。泰勒相信，先哲的观点有时的确可以给个体提供更多思考的向度，从而促使个体以更加全面、完备的层面去思考、探讨问题。遗憾的是，现今的个人主义者，包括伯林在内，却忽略了这个角度所暴露的问题，从而造成对自由意义的简化。

三、伯林对泰勒的回应以及格雷的辩护

在泰勒对消极自由的批评中认为伯林的自由是等同于霍布斯式的自由的，他并没有深入地探讨两者之间的区别。泰勒的这种批评确实有伯林在《两种自由概念》中所阐述的过于强调积极自由所隐含的导向极权主义的危险。但是，有一些学者认为伯林所定义的自由并非只是强调外在干涉的阙如；此外，也没有在把自由确定为人生唯一的重要目标的同时忽略对个体自由的限制。针对于此，伯林在《自由四论》中的导论中对这种批评做出了回应，之后格雷在其对伯林思想研究的著述中也对伯林的自由思想做出了辩护。

首先，我们看下伯林如何回应这种批评。对伯林而言，他并不赞同泰勒将其自由解释为"不存在阻碍人的欲望得到满足的障碍"③。"因为如果自由——消极地说——单纯就是不受阻碍地做自己愿意做的不管什么事情，那

---

① Charles Taylor. Hegel and Modern Society[M]. Cambridge:Cambridge University Press,1979:182.
② Charles Taylor. Hegel and Modern Society[M]. Cambridge:Cambridge University Press,1979:190-193.
③ 以赛亚·伯林.自由论[M].胡传胜,译.南京:译林出版社,2003:35.

么获得这种自由的方法之一便是消灭自己的欲望。"①伯林很清楚地认识到:"当我们教导人们如果无法得到他想要的,那么就必须学会要他所能得的。这也许会促进他的幸福与安全;但这不会增加他的公民自由或政治自由。"②由此可知,伯林所谓的自由并非仅仅是"免于……的自由",因为这种自由借由对自身内在欲望的消除就可以达到。所以,伯林对自由的定义中蕴含了某种程度上社会和政治的自由,并且也涵括了"可能的选择和行动的机会"。例如个体为了一己之私而脱离共同体,这种生活方式是否会遭人诟病?舍弃对更高精神生活的追寻,而满足于密尔所贬斥的"猪一样的生活"是否罪大恶极呢?上面所列举的生活方式对弗洛姆而言是缺乏生命各种层次之间的整合的。但是伯林认为对这种生活态度斥责的完整生活的理想并不能与自由混为一谈。换言之,伯林定义的自由仅仅关注"行动的机会与可能性",而并非把重心倾向于行动本身。③ 同时,伯林也提倡社会应该对个体自由多一点宽容,对于那些异己的、违反惯常思维的,甚至是违反理性的行为和生活方式提供更多的机会,而不是对其一味地加以限制。这便涉及伯林的人性论思想,伯林认为在人性的选择能力中就蕴含了对多样性和差异性的偏爱。恰恰正是这种偏爱导致人们在选择不同价值的过程中形成了自身独有的特征。对伯林而言,人性绝非某种存在于我们身上,以便发现和认识的东西,而是通过选择获得创造以及不断地再创造的东西。针对此点,格雷评价道:"在选择活动中发生的自我创造并非是个体本质特征的具体化,而是一种流动的过程。因此个体内在的就是多元的,而不是同一和普遍的。"④

借由以上论述,伯林指出自由的争议并非对单一概念的相异的解释所导致,其争议的重心在于对生命目标所秉持的两种互不相容甚至相互冲突的观点。但是,伯林认为在我们的实际生活中,往往必须在这两者之间维持一种微妙的平衡。对伯林而言,消极自由和积极自由是对待生活的两种不同的态度,这就意味着伯林并不否认之前所阐述的人性共同根源的主张,而是指出有些积极自由的概念被误认为与自由等同。因此,格雷认为对于自由的分析必然

---

① 以赛亚·伯林.自由论[M].胡传胜,译.南京:译林出版社,2003:35.
② 以赛亚·伯林.自由论[M].胡传胜,译.南京:译林出版社,2003:36.
③ 以赛亚·伯林.自由论[M].胡传胜,译.南京:译林出版社,2003:Xiiii.
④ 约翰·格雷.伯林[M].马俊峰,杨彩霞,路日丽,译.北京:昆仑出版社,1999:21.

会涉及许多互不相容甚至相互冲突的价值观和世界观,所以对自由的定义便不能具有整全性的特征。同样,格雷并不赞同泰勒对伯林自由观点的批评,而是认为伯林并非一个仅仅强调消极自由的极端自由主义者。但是伯林并不认为积极自由与消极自由之间是完全对立的,与之相反,柏林认为它们在内涵上是互有交叠的,这种交叠体现为:它们都是有价值的善。因此,伯林指出生活实践不是在于我们该遵循哪一种自由,充其量"只是在不同价值中的不同组合与选择而已"①。

其次,伯林并未忽略内在的限制与个体自由之间的关系,对他而言,在自由与行使自由的条件之间做出区分是非常重要的。"如果一个人太穷、太无知或太软弱以致无法运用他的合法权利,那么这些权利所赋予他的自由对于他就等于无。但是这种自由并不因此就被废止了。"②例如对一个流浪汉而言,自由与社会福利等价值相比是没有任何价值的。流浪汉拥有自由但却并不能享用自由,自由和行使自由的条件之间并不等同,但这却并不意味着他丧失了自由。因此,即便是一个无法分辨自身欲望的人,伯林仍然认为他是拥有自由的,"只是虽然这个人有自由的权利,但这样的自由对他没有丝毫意义"③。

关于伯林对自由定义的厘定,格雷对其做出了更深层面的阐述。格雷认为伯林并非一味地支持消极自由而忽略社会机构的力量。伯林清楚地认识到对自由的定义不能仅限于外在干涉的阙如:"不自由的判准可能来自于他人有意或无意地、直接或间接地,使我的欲望不能实现。"④由此可知,伯林已经把这些无意的、随机的因素涵括进限制自由的可能性中。意图被预先设定的因果律所取代,也即自由的问题与社会实体以及这些实体的可变性相互联结。所以当我们所受到的限制是人为造成的时候,可以把其归之于受到强制的范畴之内。例如个体在不受政府限制的市场经济体制下失业,那么这是否限制了他的某种自由?自由放任的自由主义认为失业率存在于每个复合的社会中,而自由主义政体将会尽力避免将失业蔓延至通货膨胀以及造成生活水平的降低。对马克思主义者而言,失业在更多的层面上类似于一种表征,其只存

---

① 以赛亚·伯林.自由论[M].胡传胜,译.南京:译林出版社,2003:60.
② 以赛亚·伯林.自由论[M].胡传胜,译.南京:译林出版社,2003:51.
③ 以赛亚·伯林.自由论[M].胡传胜,译.南京:译林出版社,2003:51-53.
④ 以赛亚·伯林.自由论[M].胡传胜,译.南京:译林出版社,2003:168-169.

在于前社会主义国家中,而并非每种社会体制中。事实上,伯林意识到这种境况的存在,所以他在构建他的自由观时重点强调非人的社会机制可能会对消极自由造成限制。借由于此,格雷认为伯林对自由厘定的态度比一般的自由主义思想家更加谦虚和保守。伯林也并未如泰勒所批评的那样轻率地忽略阻碍人们自由的内在因素。同时,泰勒提出"当个人无法分辨他的欲望高低,无法认定重要的人生行动时,将会对个人的自由产生束缚"的观点时,其与伯林对自由和自由的条件之间所做的区分并无太大的不一致。

此外,泰勒在《消极自由有什么错》中认为个体并不能确定其自身欲求的目标是否具有正当性,以及个体欲求的这些目标是否与其自身真正的目的相互冲突,所以对个体而言,其自身并不能作为"我是否自由"这个问题的最后裁决者。因此,自由对于泰勒而言,是指个人有能力对其欲望进行评价,同时对自己的行为具有反思的能力,由此在不可通约的欲望之间做出判断和选择。这种对自由的定义可以提高我们对动机区分问题的认识,但是伯林却并不苟同这种观点。对伯林而言,由于个体自身无法判定其所追寻的价值和目的是否具有真实性和正当性,所以追问"人生真正的目的是什么"是很荒谬的事情。当个体自身觉得自己已经获得了某种自由,为什么他所追求的自由就不属于真正的自由呢?同时,泰勒认为要达至自由,必须对自己有充分的认识。但是在确定行动主体是否真正地认识了自身的问题上,我们缺乏一种衡量的标准和尺度。因此,在泰勒和伯林对自由的定义中,他们之间存在着很大的共通性。与其说泰勒的文章《消极自由有什么错》是对伯林的消极自由的否定,还不如说是其对极端个体自由的批评,或者把泰勒的这篇文章看作对当代自由主义与社群主义之间的论争的讨论也未尝不可。而他们之间的主要区别在于:伯林相信我们所生活的世界中存在着许多互不兼容,甚至相互冲突的价值,而泰勒却是一个目的论者,对他而言,人类甚至整个宇宙都有一个基本的目的。①

---

① 应奇.社群主义[M].中国台湾:扬智文化,1999:211.

本章小结

伯林认为政治理论是道德哲学的分支,是道德理论在政治领域的运用。政治哲学的任务是审视生活的目的。政治哲学在本质上是道德哲学,它应用于社会情境,当然包括政治组织、个人与团体、国家的关系以及团体与国家的相互关系。他不同意政治哲学是研究权力的说法,认为权力纯粹是经验问题,可以通过观察、历史分析和社会学的调研来解决。而政治哲学是要审视生活目的和人(社会的和集体的)的目标。政治哲学要做的事就是审查为实现各种社会目标而提出的种种主张的合理性,检查为确定和实现这些目标而采取的种种方法的正当性。政治哲学要力图澄清构成有关观点的词和概念,使人们能理解自己相信的是什么,自己的行动表示什么。

自由为政治领域内十分重要的概念,由于说法众多,各种定义之间又很容易被混淆,因而伯林认为对"我被谁统治?"和"我被统治到何种程度?"这两个问题进行区分和界定是十分必要的,因为对它们的回答会对自由的理解有不同含义。伯林认为消极自由是在一定范围内不受干涉的自由,在某个范围之内,某一主体(一个人或一个群体)不受干涉地去做他能够做的事,或成为他所能成为的角色,此时的这个主体就是自由的。这是"免于……的自由",即免于干涉、免于限制、免于强迫、免于奴役的自由。积极自由是"去做……的自由",即某一主体(一个人或一个群体)能够有权去做他想做的事,或成为他想成为的角色,主张"我是自己的主人",能自己设定目标并去实现它们;消极自由重点在于外部力量没有对主体活动的主动性形成束缚和控制,未受到他人的干涉。积极自由强调的是主体活动的主动性和自治性,消极自由涉及的是"有多少扇门是向我敞开的",强调的是社会为人的发展提供的潜在机会。积极自由重点是人的各项权利和做某种行为的资格。在伯林看来,消极自由和积极自由都是任何有尊严的生活所不可缺少的,如果被误用,这两种自由都会带来恶果,但相较而言,积极自由更易遭到滥用罢了。

伯林在自由观中对个体权利的重新强调,对消极自由的辩护,改变了长达半个多世纪的强调国家权力作用的自由思想方向,促成了自由主义向古典自由主义思想的复归。伯林对自由概念的澄清有助于人们认清自由的性质,划清自由与其他价值(平等、民主、博爱)的界限。伯林对积极自由的剖析揭示了理性主义自主的自由在现实生活中的内在危险。理性主义的历史与逻辑的结果是强制与服从,根源于理性主义一元论,伯林用价值多元论与之抗衡,维护消极自由的领域,对理性主义的基本假定进行大胆否定,防范积极自由造成自由的失落。伯林多元主义的自由理论表现出对自由价值之间试图进行理论调和的意向,进而为宽容理想开辟了道路。

第三章
伯林彰显个体自由意志与责任的历史观

伯林的历史观与他的多元论和拒斥决定论的思想是一致的,这表现为一种对人类本性的看法,根据这种看法,文化形式是人类不可预言的发展过程中的一个碎片,是人类通过选择活动而实现自我创造的一系列事件中的一个事件,它们经常是彼此分离的,就像人类的自然语言那样是不可简约的、多样化的。伯林把他的多元论思想运用到历史中,认为文化的差别与人类是同时发生的;他以处理历史之中独特意识经验的观念史为基点,秉持多元主义的原则,与十九世纪史学潮流相悖而行;伯林拒斥当时史学所持的进步意义,质疑非个人解释力量比重的日益增大,同时也惋惜个体在历史演进的过程中的缺席,而对与个体选择的自由相伴生的个体对历史所负责任的漠视和压制更不为伯林所认同。对于历史和科学之间的关系,伯林从一开始就提防一种错置的"科学主义"的危险,以及它易于造成的界限的模糊。他并不相信所有的价值都可以被理性所协调,而是具有一种强烈的现实感,伯林拒斥那种企图将构成人类生活的"大量未知因素"简单化处理或简化成随意的抽象术语的尝试。对他而言,无论这些尝试是为了纯粹的理论目的,还是为了实施综合的政治性或社会性计划,实际上是背离了人类现实政治生活图景的乌托邦;伯林所要做的就是给我们指出,现实政治生活就是现实政治生活,它是一个充满多样性和差异性的生活世界,诸多的价值、生活方式和文明模式是不可通约的,不可能化约为一套完美的统一的标准,政治并不是寻求一种最佳最好的状态,而是解决现存的问题。

第一节　伯林彰显个体自由意志的历史观

伯林的历史的、哲学的和人性论的路径通常是趋向于一种温和可靠的历史观，其侧重点在于人类历史、文化和有着自身特征的现时代人性论以及个体的选择自由。这种温和的历史主义立场的核心是对作为整体的且具有独特表现力以及基本的生活文化形式的多样性和历史性的深切关注。然而，这种对多样性的关注是温和的，通过移情的想象力和一定程度上的洞察力，从而达到对不同人类文化的理解。换言之，伯林的历史观正是筑基于其对生活在历史长河之中的个人所必然拥有的程度不同的自由之上的，且其本质与其多元论思想相互契合。

一、伯林历史观的内容和特征

作为自由的捍卫者之一的伯林以自由主义以及西方观念史的研究而闻名于世，他对自由概念的两种区分仍然在影响着大量的研究自由主义的学者；同时，他对启蒙思想和浪漫主义的探究作品也仍然是理解此类思想范畴的重要之作。但是作为一个历史学家，伯林却并没有得到学人显著的认可。自其舍弃哲学而投入观念史范畴的研究之时，伯林相继发表了《二十世纪的政治观念》《历史的不可避免性》《刺猬与狐狸》《现实感》《历史与理论：科学的历史的概念》等探讨历史家的工作与责任、历史与科学之间的关系的文章。这些散论在不同文章中看似主线凌乱，但实则是相关的主题贯穿于这些文章之中。同时，伯林所推崇的个体自由亦作为一条主线浮现于其中，他以此为基点构建起具有鲜明特色的温和的历史观。

在伯林这些探讨问题的文章中我们可以得知他从如下几个方面入手。首先是历史学家的道德判断，以及对历史叙述中主观和客观问题的探究。选择自由对伯林而言是人之为人不可或缺的组成部分，对处身于历史长河中的个体而言，人们不可避免地要做出对历史发展将会产生影响的种种选择。与选择自由相互呼应的则是责任的概念，伯林反对那种认为人们所生存的处境中存在着许多个体无法决定和影响的因素，因此个体的选择不能成为历史学家所关注的重点的观点。对伯林而言："……历史学家（与侦探、法官和陪审团试图确定也能够确定的,是什么东西构成了这些可能性;这些界线的划分方式标志着可信的历史与不可信的历史的界限。"①但是在历史学家叙事的过程中,也存在着相对主义和主观主义的偏差,甚至一个历史学家与另外一个历史学家可能因为视角的不同而对同一历史事件做出大相径庭的记叙。针对于此,伯林认为存在一些相对主义和主观主义所无法抹除的人们共享的某种基本的假定。"这种共同的基础正是被正确地称作客观性的东西。它能使我们认同别人与别人的文明,将他们视为本质上是人道与文明的"。同时,伯林也明确地指出:主观和客观之间并非泾渭分明,但是这条界线却又毫无疑问地存在。这种令人捉摸不透的主客之分的根源正是伯林历史观所要探讨的第二个问题:作为人文科学的历史学与自然科学的区别。对伯林而言,把历史等同于科学,并以此为基础试图为历史学构建一组特殊的概念和范畴是荒谬的,因为他认为"历史作品虽然不像想象性的文学作品,但是它肯定无法逃脱在自然科学中被恰当地斥为无理由的主观性的东西,甚至无法逃脱直觉(就这个词的经验意义而言)"②。与深信存在某种可以破解事物奥秘的次序或关键要素的自然科学不同,作为人文科学的历史学却指出人类历史中存在着太多不可预知的因素,因此是一种异于自然科学的"不精确"的学科,其所依赖的是某种程度的具体性、暧昧性、含糊性、暗示性、生动性等。历史学家囿于这些不可预知的因素,所以并不能通过把握全局而对过去进行重构。伯林指出:"历史学家的任务在于告诉我们世界上真的发生过什么……他们所揭示的是具体性格、具体的系列事件或历史形势中详细而精确的、独一无二的东西……是作一幅传达某种独特经验的肖像,而不是一张能够作为一类相似结构的概括性符号的 X 光照片。"③但令伯林感到遗憾的是,许多学者并没有注意到,或者是注意到但又故意忽视掉自然科学和作为人文科学的历史学之间的迥异,并不遗余力地试图把应用于科学范畴之上的方法和模式扩展到历史学之上,希望在其中找到可以一劳永逸解决历史问题的模式或定律。

伯林历史观的最后侧重点体现为他对事实和理论与阐释之间的差异性的描绘以及历史学家所要具有的富有洞察的想象力。对伯林而言,对事实客观

---

① 以赛亚·伯林.自由论[M].胡传胜,译.南京:译林出版社,2003:134.
② 以赛亚·伯林.自由论[M].胡传胜,译.南京:译林出版社,2003:157.
③ 以赛亚·伯林.现实感[M].潘荣荣,林茂,译.南京:译林出版社,2004:23-24.

的记叙与对它们的阐释之间虽然并不能极端地划分界限,但是最基本的区别还是存在的。正如我说张三在吃饭而李四却在玩游戏,这种事实的陈述或许准确或许不对,但是没有人在这个意义上,就像这些词通常被使用的那样,说我提出了一种理论或一种解释。毫无疑问,事实和理论与阐释之间的界限通常是宽泛和模糊的,但是在一定意义上,与阐释、理论、假说、视角相对的,由证据证明了的"事实",必须在所有这些变化着的观点看来是不变的,否则我们根本毫无历史真相可言。因此伯林重申:一边是事实,另一边是看法和阐释,中间的界限可能模糊,但界限确实存在。① 然而,单纯事实的简单记叙并不能形塑历史,即便赋予它们可以通过科学加以检验的假说,它们仍然构不成鲜活的历史,充其量是一些机械的方程式或一堆松散的历史枯骨。"只有把它们置于具体的、有时模糊的、但一直不断的、丰富的、丰满的'实际生活'——主体间的、可直接认知的经验连续体——的基本结构中才行"②。

对伯林而言,历史学家的任务恰恰在于其对事实和现象的记叙,对历史中曾经发生的具体系列事件或历史形势中独特的东西的描绘,目的是使其读者能在所谓的"具体性"中把握当时的环境,亦即特定的时间地点,特定前因的后果……这种对事实的描述和记叙的能力除了谨慎的观察、具备正确的知识,还需要历史学家具有一种富有想象的洞察力——其由同情、兴趣和想象力,以及生活的经验所构成。通过使用这种富有想象的洞察力,历史学家可以进入其他的异己的文化内部,从而更好地理解和记叙这种文化。

如果我们把伯林的历史观的解释限定在历史主义概念的一般意义之上,那么人类的知识将会被他们自身所处的历史背景和文化所迷惑。此外,在理解个体如何确定一般人类价值或目的上,我们将会遭遇前所未有的困境。究其原因,我们不但要面对历史上所存在着的令人目眩的多元样态的生活形式,而且必须按照这些多元样态的生活方式自身所处的历史文化背景来对其进行理解。同样,我们也应该意识到,我们自身所遵循的生活形式也面临着无数难以理解的困境。而这些经常使我们面临困境的精妙的风俗习惯,恰恰是塑造我们自己的历史、道德判断和自我理解的源头所在。另一方面,这种对历史主

---

① 以赛亚·伯林.现实感[M].潘荣荣,林茂,译.南京:译林出版社,2004:28.
② 以赛亚·伯林.现实感[M].潘荣荣,林茂,译.南京:译林出版社,2004:29.

义的一般性论述也为当代著名的历史主义者提供了一些洞察力,例如主张不存在普遍道德知识的马克思和黑格尔。为了更为恰当地理解伯林的历史观,我们不得不把注意力集中于对其历史观所阐释的内容和特征进行考察,并考虑沿袭这种基本理念发展的不同路径。

伯林描述他的历史思想之时正值二十世纪四五十年代,人们目睹了当时文化中个人意志和个体自由逐渐被剥夺,由此滋生了某种恐慌和危机意识。有鉴于个人主义在二十世纪中四面楚歌的荒凉处境,伯林在《历史的不可避免性》中试图以对个体自由意志的重申和对决定论的拒斥来力挽狂澜。作为自由主义的坚定捍卫者,伯林在当时无可厚非地被称为古典自由主义的旗手和代言人。随之伯林又陆续完成了《刺猬与狐狸》《现实感》等一系列阐述其历史观的文章,散论在这些文章中的历史思想在对形而上根源的决定论进行批判之余,亦对行将消失的自由主义和个体自由加以强调和提倡,从而彰显出个体自由在其历史观中至关重要的地位。

二、伯林彰显个体自由意志的立场

伯林在一系列探讨历史问题的文章或演讲稿之中经常会提及他所关注的自由意志和责任的问题,他认为自由和责任是人类在不同的时代所一再面临的至关重要的问题。对伯林而言,自由和责任的问题是人类所面临的基本的、永恒的、没有确定性答案但却不可避免要对之解答的问题。这些问题预示了人性的巨大可能性,也代表了历史与经验的巨大可能性。个体自由和个体的选择是人之为人的内在需求。虽然我们可能处在令己身和他人都满意的状态之上,但内心却依然希望可以做出与此时状态迥异的选择。这亦是伯林对决定论拒斥的理由:对个体选择自由的完全否决。他与决定论的争论,是关于历史、自由、个人责任等一系列重大问题的理解方式上的分歧,因为伯林认为所有形式的决定论都具有一项共同特征:"终极而言,个人的选择自由是一种幻想;人类能够作不同选择,这种观念是建立在对事实的无知之上的。"[1]因为这些决定论的目的在于对个人责任观念的消解,对他们而言,如果世界历史起因于可以识别的力量的作用,而不是起因于自由的人类意志与自由选择或很少

---

[1] 以赛亚·伯林.自由论[M].胡传胜,译.南京:译林出版社,2003:122.

受其影响,那么就必须根据这些力量的演化,才能对所发生的事情进行合适的解释。这种把历史的发展变化完全归因于不受个体影响和控制的实体,把所有的责任都推到比个体更大的实体之上而全然隐没个体在历史之中的作用。"我生活在一个特殊的时期,被抛入一个特殊的精神、社会、经济环境中,我怎么可能不选择现在的所作所为呢?"①这种把个体行为和个体影响与责任完全卸除的观点削弱了个体自由选择的余地和意义。

个体选择自由毫无疑问在伯林的历史观中占据着核心地位。对伯林而言,自由的信念是建立在这样的假设之上的:人类有时候做出选择,而他们的选择并不是物理学或生物学接受的那类因果解释所能完全说明的。② 同时伯林也意识到,如果这个信念是一种必要的幻觉的话,那么因其太深刻与太普遍,以致人们已经感觉不到它是幻觉了。伯林认为在我们所处身的这个道德日益多元化的世界中存在着无数可供人们选择的选项,人们在面对这些互不相容甚至相互冲突的选项时不可避免地要做出选择:"我们在日常经验中所遭遇的世界,是一个我们要在同等终极的目的、同等绝对的要求直接做出选择,且某些目的之实现必然无可避免地导致其他目的之牺牲的世界。的确,正是因为处在这样的状况之中,人们才给予自由选择以那么大的重要性。"③

伯林认为"想过上平静生活的人,在二十世纪真是生不逢时"④。在他生活的时代中,伯林历遍了西方传统价值观的崩溃以及二十世纪四十年代各种意识形态的对立冲突,从而意识到善与善之间并非一如既往地相互兼容,因此他认为最能符合现实和人性的唯有价值多元主义。伯林深谙人类生活中多元道德和价值并存的事实,因此对于决定论者所渴求的完美社会——在这种社会中所有的矛盾都将会被解决,所有美好的东西都是和谐一致的——伯林是坚决拒斥的。这种完美社会理念亦是自柏拉图以降,直至黑格尔为止,不断被强调和宣称的。对伯林而言,这些决定论者所谓的"完美的世界,最后的解决,一切美好事物和谐共存,这样的一些概念,对我来说,并不仅仅是无法实现的——这是不言自明的道理——而且它在概念上也不够圆融;我不能够理解,

---

① 以赛亚·伯林.自由论[M].胡传胜,译.南京:译林出版社,2003:128.
② 以赛亚·伯林.自由论[M].胡传胜,译.南京:译林出版社,2003:137.
③ 以赛亚·伯林.自由论[M].胡传胜,译.南京:译林出版社,2003:241.
④ 以赛亚·伯林.自由论[M].胡传胜,译.南京:译林出版社,2003:62.

这种和谐究竟意味着什么。有些至善(Great Goods)是不能够一起共存的。这是概念上的事实"①。历史学家的任务仅仅是告知我们世界上所真实发生过的事情,他们并不能发现普遍适用的历史模式,从而能预知过去和未来。但是决定论者为了达至或适应他们所谓的完美社会或完美世界,不得不对事实进行削足适履的加工,这样的行为终将会对社会造成严重的伤害。

  伯林在阐述他对个体选择自由的信仰以及对完全否决个体选择自由的决定论的拒斥之时,与其同时代的另外一位自由主义捍卫者卡尔·波普亦对历史决定论进行着抨击。对波普而言,决定论者预测人类历史发展的理论逻辑,脆弱而难以成立,因此对历史的预知仅仅是有限性的,针对这种"历史的有限的预知",伯林补充道:"人类历史不断变革的原因在于明确的实现人们自身不断变化的欲望,新的需求,新的目标,新的观点,以及其他不可预测的前景;这也是反对声称可能发现社会变革的严格的规律的观点的主要意见之一,它的必然结果就是一种具有因果关系的决定论。"②而伯林则以价值多元主义的立场为基点,指出:(1)历史决定论是同我们大部分基本的道德和政治的概念和价值不相兼容的,特别是自由意志和个体道德责任的理念;(2)存在着艺术的和对特定的包含人类行为和思想的历史境况有不利影响的任何坚实的历史的理解的解释性原理的不可复归性,③伯林的历史观避开了这种可能性;(3)这些观点再次避免坚称决定论的观点是自我挫败的,而仅仅是限于自身主张不能从我们所处的立场中得到论证。伯林和波普之间的一些至关重要的差异同样是不言而喻的,首先波普坚决主张他批评的对象是一般的历史主义,而伯林却宁愿称之为历史主义的"形而上学"的变种——历史决定论。而且,很明显个人持有许多被波普归之于历史主义的立场,例如作为一种总体论而不是一种原子论方法,或者认为人性"或社会生活的法律,是随着地域和时空的不同而相异的""他们依赖于不同的历史和文化……他们依赖于历史的境况"④,并且人类发展或重要的预言性或人类终极的概念仍然不能采纳普遍规律。在他们批评的意图之间有一个重要的区别——波普意欲把历史主义刻画为"开

---

① 以赛亚·伯林.扭曲的人性之材[M].岳秀坤,译.南京:译林出版社,2005:17.
② Isaiah Berlin. Reply to Robert Kocis[J]. Political Studies,1983, 31: 392.
③ Isaiah Berlin. The Proper Study of Mankind[M]. London: Pimlico,1998:129-136.
④ 卡尔·波普尔.历史决定论的贫困[M].何林,赵平,译.北京:中国社会科学出版社,1998:5.

放社会"的永久的"敌人",伯林警告我们这些"形而上学"立场的弱点和危险,但是他并没有寻求拒绝它们的方法或者把它们排除在重要问题的探讨之外,而是向其学习——事实上,伯林的一生都是在与符合这种描述的思想家作斗争,并且几乎在任何情况下,尽管他有所保留,也发现了大量他所认知的新颖的、富有创造力的和真实的观点。

伯林在强调个体选择自由以及与之相关的责任时,对于决定论者以不带任何情感的像描述日出、大海等自然现象的笔触描述凯撒、克伦威尔、希特勒的行为抨击最甚。因为这种对历史的刻画把历史人物所应付的责任从其肩膀上卸载下来,使个体从责任的重负下逃脱出来。"一旦我们将所发生的事情的责任从个体的肩膀上转移到制度、文化、心理或生理因素的因果性或目的性的作用上,那么诉诸我们的同情心或历史感,或期望那种完全的不偏不倚的理想——这种理想也许的确不是完全能实现的,但对这种理想,有些人是不是比别人更接近一些呢——还有什么意义呢?"①这也正是伯林三番两次地对近代历史演进过程中"非个人解释"日益高涨的原因。在《二十世纪的政治观念》中伯林提及十九世纪以来历史解释的变革的重心逐渐地从对个体的重视转移到对制度力量影响的偏重。此后在《历史的不可避免性》中伯林又再次归纳当今流行的历史理论,认为其可分为人格的以及非人格的两种:人格的历史理论着重于特殊个体的决定性影响,而非人格的历史理论则认为根据人的意图而进行的解释完全是起源于自负与愚蠢的盲目混合,而相信动机的重要性是一种错觉。伯林早先以浪漫史学和理性史学之别说明历史的演变,如今则以更加鲜明的人格的和非人格的解释加以区分。由此可以得知,伯林意欲彰显的是个体在历史演进中的不可或缺性,而与个体选择的自由相伴生的必然是个体对历史所负责任的不可推脱性。在历史传统中对个体的着重逐渐偏移到对超个人的实体或制度的重视使伯林清醒地意识到西方近代文化发展中最大的思想贻害莫甚于此。

三、道德判断的不可回避性

伯林在《自由论》的导言中所谈及的价值判断,特别是对道德判断在历史

---

① 以赛亚·伯林.自由论[M].胡传胜,译.南京:译林出版社,2003:131.

与社会思考中的地位的不可回避性构成了伯林历史观的逻辑起点。卡尔和巴特菲尔德主张历史学家在记叙和传达历史事件时不能掺杂道德判断,但是对此伯林并不苟同,他指出个人的动机对历史事件的发展影响甚大,"只要谈论的是人,就注定要考虑动机、目的、选择以及专属人类的特殊人类经验……"①,个人的选择以及个人的自由在历史的演进过程中所产生的巨大作用并不能被简单地忽略;此外,对伯林而言,虽然个体并非全知全能,但不能以此为由消解个体因自由的选择相对应地应该担负之责任,或者把此责任由个体的肩膀转嫁到比个体更具体的实体之上。因此,对于巴特菲尔德所谓的"作为历史学家,我们对有资格言说的东西还要谨慎言说;因为证据总是不足的,我们能够做的至少是不做判断,既不称赞也不谴责;所谓罪犯不过是被卷进逆流的泳客,漩涡是他们控制不了的"②悲观观点,伯林不以为然,对于价值判断,他从如下几个方面给予说明。

首先,对"人类的困境"的疑虑和驳斥。巴特菲尔德把人视为脆弱的生物,由于无知与自大以及其他种种的缺点导致常常会陷入困境之中,从而会毁掉人们试图保存的东西而增强试图毁灭的东西。所以他认为,如果把历史进程中所发生的诸多灾难的责任施加于人类的肩膀之上,是荒谬好笑的。伯林认为巴特菲尔德所谓的"人类的困境"是众多纷杂的因素之间的交互作用,这些因素就是导致人类"知识的有限性"的根源。因此,人们通常站在自身的立场之上去寻求自身所欲的善,但是并没有绝对的合理性和有效性,即便人们论证出其合理性,但是它对不同的观察者而言则显现出不同的面目。在某种程度上,伯林认为"僵死的现实主义者、基督教悲观主义者是正确的"。在历史演进的画卷中,充斥着吹毛求疵、相互揭露、在道德上或情绪上对异己的生活方式的排斥等邪恶的场景。需要我们警惕的是,这种对教条式的褊狭纠正的观点可能会把人类的困境作为人类历史的终极核心因素,导致把责任转嫁到人的脆弱与无知之上,从而消解个体责任。这种对个体责任的消解将会导向与"认识一切即是宽容一切"相同的立场:认识越少,我们便越没有理由进行公正的谴责。③ 伯林认为这种观点推之极致便会导向对历史客观性的完全拒

---

① 以赛亚·伯林.自由论[M].胡传胜,译.南京:译林出版社,2003:29.
② 以赛亚·伯林.自由论[M].胡传胜,译.南京:译林出版社,2003:149.
③ 以赛亚·伯林.自由论[M].胡传胜,译.南京:译林出版社,2003:150.

斥,"历史客观性……这个概念本身没有任何意义,因为我们用于衡量事物的最终标准,根据其定义本身不能为任何别的东西所衡量"①。与之相反,虽然我们的某些判断是相对的和主观的,但是如果不存在一个客观的判断,如果客观性从原则上而言是我们所完全不能理解和认知的,那么"主观的"和"客观的"这两个词汇将不会形成对比,同样都不再具有任何意义。因此,伯林认为巴特菲尔德所谓的"人类的困境"倾向于消解个体的责任,而且对"历史客观性"的存在造成重大的困扰,甚至于对历史中的偏见和道德主义的辩护和谴责都无法成立,并因此使道德中立的观点归于虚无。

其次,伯林从个人的选择自由方面讨论历史学家的道德判断。伯林支持历史学家不应回避道德判断,其原因在于他对个人在历史中的作用、个人的自由选择的信念。伯林相信个体在历史演进中有其力量,选择、责任、自由等观念都深植在我们的人性论中,那么历史解释就有必要对个人所行所为提出交代和评述。例如,伯林认为历史学家在描述重要的革命时,应当追究某些人物对革命的产生以及所造成不幸的该当之责,如此可谓正视了人类的责任、人类在有限度范围内拥有的真正的自由。

但对类似于波舒哀、谢林、黑格尔、斯宾格勒以及汤因比等这些认为历史不仅仅是已发生事件的思想家而言,个体仅是构成民族、文化或文明的抽象的因素,仅是为着特定的目的而人为抽象出来的"元素""方面""环节";因此,如果个体脱离他们所组成的集体便失去了实在性,正如事物的颜色、形状和价值一样,只有具体事物的"元素""属性""样态"或"方面"。同样,马克思也指出:"人的行为的真实的原因并不在于个体生活的特殊环境,而在于这种极其多样的生活与其自然及人造环境间的无所不在的交互关系。人做他们所做、想他们所想,主要是作为'阶级'整体的不可避免的演进的一种'功能'。从这种观点出发可得出如下结论:对历史与阶级发展的研究,可以独立于组成它们的个体的传记而进行"②。因此,探究个体选择以及个体自由在历史中的作用对马克思而言是毫无意义的。这些思想家愿意诉诸种族、民族或文明而不是个体,他们认为"由生者和死者、我们的祖先和我们尚未出生的后代组成的大

---

① 以赛亚·伯林.自由论[M].胡传胜,译.南京:译林出版社,2003:153.
② 以赛亚·伯林.自由论[M].胡传胜,译.南京:译林出版社,2003:110.

的社会,比任何单一的造物都更有目的性,我们的生命只是这个大目的的小碎片"①;他们渴求被胁裹进比个体更大、更具体的实体之中,这种实体负载了个体的价值,成为个体目的的工具,而个体肩上所担负的责任将会被这个他所隶属的实体一把接过,从而轻装上路。因此,对他们而言,就个体因其自由的选择而需要担负相应的责任是无稽之谈,是被"理性所拒斥的",同时也是混乱的、肤浅的以及不值得文明人注意的幼稚的妄自尊大。因此,承认个体在历史演进中的作用无疑是一种无知的呓语,个体选择的自由更是一种幻想;人们对事实的无知与愚蠢的自大,导致他们相信可以做出不同的选择;同样,任何宣称他们应该这样或那样的行动,应该避免这个或那个、应受(不仅仅是引起或回应)称赞或贬低、值得赞同或谴责的主张,都是建立在这样的预设之上:他们生活的领域并非完全受规律决定,不管这些规律是形而上学的、神学的,抑或表明了科学所揭示的概率的。这种预设被斯宾格勒以及汤因比之类的思想家所拒斥,他们认为只有人们在对事物本质极端的无知的境况下才会做出称赞与谴责、提醒与鼓励、谅解、宽容等道德判断。当我们对事物本质的认识愈益深刻,人类的自由和与之相关的责任的领域就愈益狭窄。同样,当我们理解物的本性就是知道你的真实要求是什么以及如何实现它之后,责任或内疚、正确与错误的概念将会成为空洞的记叙词汇。因此,"称赞和谴责是无知的产物。"②

  与此同时,这些诉诸卡莱尔所指称的大写的抽象的"人"的思想家认为,如果世界历史并不受自由的人类意志与自由选择的影响或很少受其影响,而是起因于可以识别的力量的作用,那么,对历史中所发生的事情进行合适的解释就必须依赖于这些力量的演化。因此,实体而不是个体要承担责任的倾向就逐渐加大。但是对伯林而言,一旦我们将因个体自由选择而造成的应该担负的责任从个体转移到制度或文化等实体之上,那么诉诸我们的同情心或历史感,或者对完全不偏不倚的理想的期望将会变得毫无意义。因此,我们并非被抛入一个特殊的文化和社会的环境中,从而无法自由地选择自己的行为。事实上,我们在历史演进的过程中是拥有一定程度的选择自由的。而对个体

---

① 以塞亚·伯林.自由论[M].胡传胜,译.南京:译林出版社,2003:111.
② 以塞亚·伯林.自由论[M].胡传胜,译.南京:译林出版社,2003:124.

在历史中的作用以及他必然要为其行为所导致的后果负责是真实存在的,因为我们并不能以描述洪水、地震、日出等自然存在事物的形式去描述希特勒和斯大林,我们可以对这些历史人物进行褒贬,但是必须站在中立的、有事实根据的褒贬之上。因此我们可以得知,至少在某种程度上存在着个体自由和责任,而且这些自由和责任也是历史解释中不可或缺的组成部分。

最后,伯林认为历史学家并没有义务对读者进行道德说教。伯林认为历史学家所使用的语言不可避免地渗透着带有评价性力量的言辞,如果把这种言辞从他们的语言中剔除出去是异常困难的。虽然客观、不带偏见、不动情等品质是我们对历史学家所具有的美德的要求,但是对伯林而言,历史学家与我们普通人相差无几,因此在某种程度上要求历史学家比普通人更具有非人性化的特质毫无道理;同时,历史学家也不用去正式声明他们的道德判断,他们并没有告诉读者什么对其有益、何者对其有害。而他们描述历史事件所使用的语言也不可能是完全中性的:"它们全都携带着道德含义",①因为"任何微小的事情都能传达价值判断,即传达我们正常的、很少被注意到的道德与心理状态"②。不论历史学家使用何种语气传达历史事实,即便是使用中性语言,亦传达着自己的伦理语气。因此伯林断定避免道德说教的方式只能是采取另外的道德观点,而非完全抛弃道德观点。③

伯林通过对巴特菲尔德所秉持的道德判断的悲观态度进行辨析式的批判,在强调个体选择自由的立场上重新构建历史学家道德判断的合理性。与此同时,也通过语言分析的面向彰显历史学家在记叙史实的过程中难以把道德意蕴剔除出去。通过分析个体选择自由与个体责任在历史进程中所占的比重,侧重于历史解释中个体的力量以及历史语言中所内蕴的道德含义,伯林构建起独特的彰显个体自由的历史观。

四、个体自由与社会因素

当伯林在一九五三年以《历史的不可避免性》一文强烈地批判并决定为二十世纪自由主义划出石破天惊的一击时,自然同时也招来了相当程度的批

---

① 以塞亚·伯林.自由论[M].胡传胜,译.南京:译林出版社,2003:26.
② 以塞亚·伯林.自由论[M].胡传胜,译.南京:译林出版社,2003:156.
③ 以塞亚·伯林.自由论[M].胡传胜,译.南京:译林出版社,2003:162.

评。在众多反对声浪中,尤以左派历史学家卡尔的回应最为有力。卡尔和伯林在当时都是英国少数有名的俄国专家,且两人对马克思都有独到的研究。他们之间的史学对立所关注的则是历史解释的立足点是建立在个体自由之上还是建立在社会因素之上。对伯林而言,卡尔无疑是一个决定论者,走的是孔德之后社会科学的路线。而在卡尔看来,伯林透过批判决定论所透露出来的历史观,不折不扣是不科学的、原始时代的标志。卡尔对伯林的批评分为三点。首先,卡尔批驳伯林所主张历史学家应对历史上重要的人物进行道德批评,关于这一点,因为和本文主题关联较小,在此不多论述。伯林对于此点则以其一贯不温不火的态度回应,他表示自己从未主张历史学家的工作是做道德批判,他只是强调"历史学家也和其他人一样,都在使用一些带有评价色彩的语言;若要他们在他们的语言中,将这一类的语言全部排除,不啻于要他们去做一件极端困难而自我愚弄的事情"①。伯林常常以这样略带"狡猾"的中立方式回应他的对手,他总是尽力强调自己的不偏不倚的治学立场:不赞成什么,也不特别反对什么,而只是中肯地提出些什么。接下来谈到卡尔对伯林的另外两点批评,以及伯林的回应,可能就可以帮助我们仔细检视伯林的思想。笔者首先陈述双方看法,然后再加以整理综合。

前面提到,伯林直言决定论是个错误,卡尔则说这只是伯林排斥历史学家使用因果关系的规律来研究历史:"以赛亚·伯林反对解释人们行为的原因,其所持的理由是这些行为乃出于人的自由意志。"②对卡尔而言,所谓决定论是相信任何事物的发生都有一个原因或许多原因,并且某事件不能不如此发生,除非原因本身起了变化。卡尔更以决定论与因果关系为基础,论证在人类日常生活中,因果关系是人类能够了解周遭一切的必要条件,而伯林则是否定可众所周知的因果关系:"因为我们对人格的了解原是建立在一个前提上:一切事物都有其原因,其中大部分是可以确定的,因此在人心里能够建立一个古今前后连贯的图案、足供人动作的向导。除非我们承认人的行为是受制于一些大致可以确定的原因,我们简直没有生活的可能。"③卡尔极力主张历史的任务就是依照因果顺序来排列过去的事物,此外,卡尔更进一步试图解决伯林

---

① 以赛亚·伯林.自由论[M].胡传胜,译.南京:译林出版社,2003:53.
② Carr E H. What History[M]. New York:Vintage Books,1961:123.
③ Carr E H. What History[M]. New York:Vintage Books,1961:122-123.

所提出的自由意志和决定论之间有不可解决的逻辑难题。卡尔表示，原因和随自由意志而来的道德责任事实上根本分属两个不同的范畴："如果你认为他没有责任，这并不是说你认为他的行为没有原因。"①对卡尔而言，一切人类行为既是自由的，同时又是被决定的，要视我们采取怎样的观点而定。卡尔认为这就解决了伯林所谓的自由意志与决定论的逻辑难题。但在笔者看来，真实的问题其实并未解决，因为诚如卡尔所言，要看我们采取何种立场的观点，当伯林采用的是从人文人本基础出发、强调个体自由主义学者立场时，他就不愿意承认或认同决定论的存在，因为那从根本上否定了赋予历史意义的人的存在价值。

对于卡尔的批评，伯林首先表明他从未说过他认为决定论是错误的，他也表示他从未否定使用因果关系来研究历史。他强调他相信尽管个人对历史的影响十分有限，但在关键时刻出于个体自由意志下的行动却往往产生关键性的影响。伯林重申历史必须留有自由选择的余地，而决定论的问题在于它超越了因果关系的使用范畴，奢望找到世界上所有事情，包括未发生之事的因果关系，其以伪科学的方法延伸历史，实属荒谬可笑至极。伯林认为决定论下的历史不论是一种还是多种结局已定的悲喜剧，每一剧中的角色都在不是自己构想出来的剧本里念着属于自己的台词，根据已经写好的剧本行动，如此，所有历史上的人类在决定论下，不过是某种巨大力量下的玩物，丝毫无异于受操控的牵线木偶。这自然是伯林所不能容忍的，对他而言历史并非一场结局注定的计划，而是如赫尔德岑所言："历史全是即兴创作，全是意志，全由临场发挥，既无界限，亦无既定路线。"②伯林相信人类的行为和精神世界虽可能由他们的阶级地位、种族、性别以及文化传统所塑造，然而作为一个个人，人类仍然保持着道德选择的能力，这种能力便可以使人类免于受到某些决定论因素的影响。

卡尔的另一个批评，则是针对伯林主张以"人类的意向"来解释历史的观点，卡尔称之为"恶王约翰式的历史观"③。伯林认为历史上值得我们注意的是个人素质和行为，卡尔则反对伯林如此治史，斥之为传记性的偏见与幼稚的

---

① Carr E H. What History[M]. New York: Vintage Books, 1961:138.
② 以赛亚·伯林. 俄国思想家[M]. 彭淮栋，译. 南京：译林出版社，2001:92.
③ Carr E H. What History[M]. New York: Vintage Books, 1961:54-55.

想法。诚然,卡尔并不反对历史事实有关于个人事实,但他强调历史所关心的对象不应该是个人单独的行为或个人单独行为之动机:"历史事实所注意的是一个社会中个人彼此间相互的关系和社会力量;这种力量是从个人的行为而来,但往往产生和行动者完全不同甚至相反的结果。"①卡尔相信人不只是纯生物,而是社会形塑之产物,因此,历史的价值与焦点是在于整体社会力量。卡尔的这种贬斥并不十分合理,在个体和社会因素之间,伯林毫无疑问会选择前者,但他并非主张"个体生来就具备不受束缚的自由意志",同时他也不是绝对的个人意志论者。伯林在倡导个体自由的同时,也注意到了个体或多或少会受到社会或群体的影响:"这样的看法,至少在某种程度上包含了个人责任的信念。责任的程度有多大,亦即自由的、可以选择的备选方案的可能性的领域有多大,将取决于一个人对自然与历史的解释,但绝不会一点没有。但是这种观点却被历史学家和社会学家所否决,他们沉浸在形而上学或科学的决定论中,认为正确的说法应该是:终究而言,所有事情或至少是大多数的事情,都可以归结为阶级、种族、文明或社会结构的作用"②。由此可知,伯林认为个体自由的空间是依赖于对"自然"和"历史"范围的划定之上的。同时伯林亦在《两种自由概念》中指出:在人们所面对的诸多终极价值之间,不可避免地要做出选择,因为人们的生活思想最终是依赖于基本的道德范畴与概念,无论如何,这些概念和范畴在历史的发展过程中,已经逐渐地融入人们的生活之中,成为他们的存在和认同感的一个组成部分,同时,也是人之为人的重要因素。因此伯林所秉持的并非自由主义的个体自由,而是历史主义的个体自由。他从未否认社会和共同体对个体所造成的影响,他的目的仅在于尽力彰显个体自由意志以及自由选择在历史中的地位和作用而已。

此外,伯林通过对卡尔那种带有浓厚马克思思想的历史观的回驳,将历史解释的重心重又拉回到"人"的身上:"要描述人类行为,却对于人的性格、目的、动机略而不谈,永远只是矫饰失真且过于严苛的作法。"③伯林重申如果历史研究者忽略了动机和形成动机的背景,忽略了人类思想和想象的错综复杂,忽略了人类世界乃至对人类本身的看法,便不是在写历史了。伯林表示卡尔

---

① Carr E H. What History[M]. New York:Vintage Books,1961:64.
② 以塞亚·伯林.自由论[M].胡传胜,译.南京:译林出版社,2003:110.
③ 以塞亚·伯林.自由论[M].胡传胜,译.南京:译林出版社,2003:89.

的历史观等于是主张"一件事越非个人化,个人癖好在历史中的角色就越是幻妄,越远离客观的真理与事实"①。而这根本是一种不折不扣的教条式看法,伯林认为这种历史观可能无中生有地引出一些试题,也等于宣布了对"不可变易的事件模式"的信仰,使人卸除个人责任的负担、放弃自由选择的权利,从而滋生出非理性的激情,产生非理性的狂热活动。

当然,伯林这样的推论有些夸大与武断。我们从伯林和卡尔的精彩论辩中其实没有得出实质的结论,因为他们几乎没有交集与共识。卡尔从历史学家的角度出发,他所援引的是经过时间检验坚强发展的史学理论,而伯林则站在自由主义者的立场,尽管他涉猎到史学领域,但也只是从史学理论中汲取他需要的或贬斥他不苟同的部分,作为他自由主义的基石。两人始终没有(或不能)否定对方所强调的观点,只是采取轻轻带过或略而不谈的态度。例如卡尔承认个人选择的自由,但更重视社会的力量,而伯林不否认社会力量对一个人的影响,只不过他更愿意保留一些空间给人的自由意志。我们从伯林与决定论的论战中,试图找到或者能够找到的,应该是伯林对形而上历史观的完整有力的攻击。

借由回应,伯林修正或润饰了自己学说中较粗糙而容易引人误解的部分,而清楚表达了自己的自由主义哲学,即一个由自由个体组成并实行自由制度的社会,其能否存在取决于个人承担责任与进行自由抉择的可能性。如果人们对自己道德力量的作用持悲观甚至怀疑态度,或是把自己看作可以被不告知的模式或政治操控者的傀儡玩物,那么人们便不可能去捍卫自由社会,而成为决定论主宰下的牺牲品,失去自己作为人所拥有的珍贵美好的自由意志。伯林对决定论的批判其实主要便是希望我们认清楚并接受决定论所带来的灾难性后果,他相信唯有个人勇敢地承担责任以及因抉择所可能引起的焦虑不安,人们才能享有自由,才能去维持、建立、捍卫难能可贵的自由社会。

第二节 伯林历史观的逻辑进路:从观念史到对决定论的批判

伯林在构建历史观的过程之中,对个体选择自由以及个体责任的强调浮

---

① 以赛亚·伯林.自由论[M].胡传胜,译.南京:译林出版社,2003:51.

现于不同的文本之中,并作为主线贯穿于整个历史观的构建过程。但是其历史观念的逻辑进路则是从对观念史的思考开始,直至对历史决定论的批评为止。遵循着观念史独特内蕴的线索,与十九世纪提倡进步意义的主流历史观点相悖,伯林秉持多元主义原则,质疑非个人解释的力量日渐膨胀,对于个体在历史进程中的作用和责任日渐受之压制,他以对历史决定论的驳斥作为对此思潮的回应,以期能将历史解释重新拉回到个体轨道之上。

一、伯林对观念史的知识建构

伯林倾其一生致力于哲学研究以及对一般观念的评价、批判和阐述,因此观念史对于伯林而言具有独特的地位。他认为观念史的目的是探寻一种文明或者文化在漫长的精神变迁中某些核心概念的产生和发展的进程,力求使某个具体时代和文化中人们对自身及其活动的观点再现出来。因此对观念史的研究的条件和范围可能会比其他学科更加宽泛,或者至少有一些更具体的、往往令人十分痛苦的要求。批判观念时所必需的概念分析的严格逻辑方法,博学多闻,与创造性艺术家相似的移情与再现的巨大想象力——进入异己的生活方式,从内部对其加以理解,以及出于本能的几乎神秘莫测的预见力——这些从理性角度说观念史专家所应具备的能力,很少能够集中在一个人身上。同时,观念史也是发达文明一个较为晚近而又复杂的产儿。从起源说看,大概可以认为它诞生于十八世纪下半叶,是历史主义、多元主义、相对主义以及以史学为基础的各种比较学科的近亲。它所关注的核心是"了解你自己",延伸至历史整体、文明和文化之中,在这个过程中个体的自我便蕴含在其中。观念史尤其关注提供我们是谁,是什么以及经过哪些阶段和经历才变成现在的这种样子;同时也强调各种观念和情感、思想和实践行为、哲学、政治、艺术和文学的互通性,而不像人类研究中更为专业化的分支通常所做的那样,人为地分别对他们做出评价。它的研究焦点,是某个文化或时代特有的那些无所不在、占支配地位的形成性观念及范畴,当然也包括某个文学流派和政治运动、某个艺术天才或原创性思想家,只要这些事和人最早提出了问题,发展出了后代数代人的共同世界观之一部分的概念。

对于观念史的思考,伯林首先关注它的知识构建问题。观念史作为哲学的分支之一,其能提供给我们的是对基本概念模式的起源的认知,以及这些模式给我们所存身的世界所带来的变化。但是伯林认为不管"多么谨慎与周详，观念史家也会感觉到无法逃避根据某种模式来感知他们的材料"①。但是这种对模式的应用并不能等同于任何形式的黑格尔那种关于人和事物存在着某种单一解释的形而上的教条。在多种多样且相异的模式中"观察、对比、分类、排列并不是思考的一种特殊类别，而是思考本身"②。对伯林而言，黑格尔式的形而上的模式的建构是侧重于指出：历史具有一种本身便具有价值的目的；它的目的构成了它存在的依据，并因此为每一历史状态和历史事件的存在提供了正当性；每一历史状态和历史事件都是必要的，因为它是先定的，由此整个历史过程也是必要的；这一过程具有明确的模式，即历史是这样一个过程，在这样一个历史过程中发生的任何历史现象都需看作为向着历史目的实现而迈出的一步；而观念史家所构建的模式则关注于人们的思想和行为只有置于其历史背景中方可完全理解。这种观念的核心是确认人们的思想和行为必须在一定的背景中才能得到正确的理解：所有的人类的行为和思想——包括观念、价值、理想——都是有一定界限的，至少在起初的时候，都是有其自己的背景的，对这些行为和思想的理解也只能局限在其自身的背景中。虽然这种模式的构建以人类思想都受一定的特殊历史背景限制为基础，但其并不会对伯林的道德多元化产生不利影响。究其原因，伯林认为我们可以通过观念史家所探究的模式来加深我们自己，并且获得我们作为人类的认同。

对伯林而言，观念史所展现的解释范性必然依据其所处历史阶段的背景。首先，所有的人类思想、价值、概念、理想、行为和人们自身的经历，都可能会以历史背景的不同而有所改变；其次，所有的人类思想、价值、概念和理念都可能是有争议的，正如按照历史背景或从背景内部对人们的行为的解释是存在分歧的，因此布里安对每个组成他们自身完全形态的一般有效性基础的批评也受历史（或文化）背景所限制。伯林对这种历史观的理解来源于维柯和赫尔德："尽管他们有种过分夸张和含糊不清，维柯和赫尔德一劳永逸地让我们认识到，成为一个荷马时代的希腊人或十八世纪的德国人即意味着属于一个独特的社会，而要'属于'的是什么则不能以这些人与其他社会或宇宙中其他实

---

① 以塞亚·伯林.自由论[M].胡传胜,译.南京：译林出版社,2003：62.
② 以塞亚·伯林.自由论[M].胡传胜,译.南京：译林出版社,2003：63.

体的共同之处来分析,而只能以他们每个人与其他古希腊人或德国人的共同之处来分析——有一种希腊或者德国的谈话、进食、缔约、经商、跳舞、做手势、系鞋带、造船、解释过去、崇拜上帝的方式,渗透着某种共同的性质,这种性质不能被普遍规律的实例来分析……根据某种特有的模式,所有具备德国特点的行为被联系了起来……我们像认识朋友脸上的表情一样认识那些现象。被看成是源自或者构成某种独特特征、风格或历史情境的不同活动之间的相互联系更像是一个艺术整体、一曲交响乐或一幅肖像中的统一性;我们斥为虚假或不合适的东西,更像是一幅画或一首诗里那些被斥为虚假和不合适的东西,而不是在某个推理体系、科学理论或某门自然科学彼此结合的假说中被认为虚假和不合适的东西。人类的特征、价值、观念、理念和行为被视为一种'整体的表达'的部分,因为这要视整体而定,并且是因为它们也会受历史背景的影响而改变。要想理解特殊,必须对整体性质理解,就像我们认识朋友脸上的表情一样认识那些现象,或者一曲交响乐或一幅肖像中的统一性——换言之,既不是推理的,也不是归纳的,而是解释性的。例如,伯林认为'今天没有人会白痴到去质疑历史知识框架的必不可少的部分是充分掌握作者的想法'。"①这种历史主义者集中于整体的表达的多样性和复杂性作为独立于背景的意义和经验,由此道德断言遭遇到前所未有的困境,除非在这种整体性框架之外——不论是形而上学的、目的论的还是自然主义的——可以呈现生活形式的多样性和透明性。在这种整体诉求缺乏的境况下,历史主义限制了对整体表达的多样性本质的合理解释的历史性理解:"这就是所谓的复活一段过去的岁月。这条道路布满了变化莫测的陷阱,每个时代、每一群人乃至每一个人都有自己的视角,而且这些视角并非固定的,而是在变化,这点只有从我们自由的证据来理解,这里没有任何科学意义上的、现成的最后证明可供利用。检验真理还是谬误……要看它们在平常生活中是什么样子,在生活中我们不用科学标准来区分智愚、天才和骗子。"②因此,如果我们从这种观点的内部来论证的话,并不能得知生活形式的最终的证据。

  这种观点的本质是关注于不同国家、人民、文化和文明所发展出来的不同

---

① 以赛亚·伯林.现实感[M].潘荣荣,林茂,译.南京:译林出版社,2004:19-20.
② 以赛亚·伯林.现实感[M].潘荣荣,林茂,译.南京:译林出版社,2004:28.

的时期、阶段、国家令人入迷的历史主义特征。在历史主义者已经确定的形态各异的生活形式之间的模式有改变——就像伯林所指出的那样,对模式的一些看法:"一些人认为这个整体是静止的,另一些人则指出它是变动不定的,但对于它是以反复循环的形式,还是以直线的、螺旋式上升的或不规则的路线运行的,或者是由于一系列震动所导致的'辩证的'激变;还有,对于它究竟是具有目的性的、功能性的,还是因果决定性的,人们却不能取得一致的意见。"①无论历史模式的变化被设想为一种统一的模式,还是多样化和不相干的模式,也不论是必然的和决定性的模式,还是偶然的和不可预测的模式,一种重要的共有的理念在于:这些处于不同的背景下的历史模式,它们的关系通常可以通过认真考察历史形态浮现和崩塌的原因,以及其为新的历史阶段的到来铺平道路这两个方面来证明。

通过对观念史家所构建的模式与形而上历史观构建的模式之间差异的观察,伯林指出观念史家的任务就是努力置身于其外,使他们能够成为反思和系统研究的对象,由此把它们暴露在阳光下,使它们能够得到公开的批判和评价。我们的许多价值和观念,在我们对其做过适当的分析和评价,正确地找出并描述它们的起源和演变之后,就会露出真实的面目:它们不是亘古不变的人性本质中得出的永恒、客观、不可动摇、不证自明的真理,而是文化变迁中一个漫长而脆弱、经常十分痛苦悲惨但终究可以理解的历史过程所结出的果实。这种批判的讨论所采用的标准,其本身也必须是检验的对象。

二、决定论形而上根源的探究

由上述可知,伯林指出形而上的历史观是建基于理性主义之上,其主张体现为人类历史的发展的过程中自然而然地会展现出一种具有独特性、普遍性的绝对真理,这种绝对真理可以从具体的历史事实的论证中得到合理性和正当性解释。重要的是,人们可以凭借理性揭开这种绝对真理的面纱。对形而上者而言,真理就是借助人们的理性去找寻一种同一性的样态,并且所有问题彼此之间具有一种统一的解决方法,因此,满足理性的要求必然寻求一种独一无二的模式。换言之,"同一性"和"模式"便是构成形而上历史观的基石,"模

---

① Isaiah Berlin. The Proper Study of Mankind[M]. London:Chatto&Windus,1997:78.

式"与伯林所指涉的"存在着扎根于人类思想之开端的目的论见解"①相关联，而"同一性"则与"涵盖所有自然和人文科学的一个统一体系的理想"②相关联。伯林对"所谓历史服从于自然或超自然的规律，以及人类生活的每一件事情都是自然模式中的一个因素"进行分析时，揭示出两种主要的形而上根源：目的论的世界观以及现象与实在的区分。

首先，扎根于人类思想源头目的论世界观的主旨在于："人、所有生物甚至还有无生命的事物，不仅仅是它们所是的东西，它们还具有功能、追求目的。这些目的或者是造物主加在它们身上的（造物主使不同的人或事服务于不同的目标）；或者，这些目的并不是造物主加在它们身上的，而是内在于这些所有者之中，以使每一个实体都具有一个'本性'追求对它来说是'自然'的特殊目的，而对每一个实体的完善程度的衡量，正在于它满足这个目的的程度如何。邪恶、罪恶、不完善、各种形式的混乱与错误，根据这个观点，是受挫的形式，是达到这个目标的努力之受挫与失败，而这些失败要么归咎于厄运（它在自我实现的道路上设置障碍）、要么归咎于越轨的企图——试图满足某种对于所说的实体来说不'自然的'目标。"③对伯林而言，在这种目的论世界观中，所谓理解，就是去感知模式。因此，对这些秉持目的论世界观的人而言，提供历史解释不仅仅是描述事件的系列，而是力图使这些事件序列成为可理解的，而使其成为可理解的事，就是显示基本模式——不是若干个可能的模式之一，而是那个唯一的计划。这个唯一的计划的本质在于其只能满足一个唯一的目的，因此在一个单一的、无所不包的"宇宙"图式中，可以被认定是一个合适的计划。④ 对目的论思想家而言，所有存在着的事件的表面的无序以及我们所遭遇的无可解释的灾难的缘由并不在于事件的本质，而在于我们的心灵的脆弱或狂妄以致无法在任何场合去发现这些事件的目的和本质；此外，所有表面上看起来无序、丑陋、邪恶的东西，如果我们借助于理性的能力而稍加认识，其本性都是整体和谐所必需的。因此，对于深谙借助于理性的人们而言，完全的失败并不存在于其人生的字典之中，所以"存在一种比任何已有的洞察力更'深

---

① 以赛亚·伯林.自由论[M].胡传胜,译.南京:译林出版社,2003:115.
② 以赛亚·伯林.反潮流:观念史论文集[M].冯克利,译.南京:译林出版社,2002:100.
③ 以赛亚·伯林.自由论[M].胡传胜,译.南京:译林出版社,2003:115.
④ 以赛亚·伯林.自由论[M].胡传胜,译.南京:译林出版社,2003:116.

刻'的层次,对于什么构成'最后的'成功与失败,原则上不存在经验的检验。目的论是一种既不能为任何一种经验所证实也不能为任何一种经验所驳斥的信仰形式"①。此外,形而上历史观的形而上的根源除了目的论,亦存在着另外一种历史悠久理念——现象与实在之区分。这种理念认为"并不是或多或少被觉察到的目标,而是一种'在……之上'、'在外部'和'在……之外'的无时间性的、永久的、超验的实在,解释了所有发生的事情并使其合理"②。这种理念认为:实在中的每一个分子都和整体亦即其他组成因素之间有着某种必然的联系,因此也必然会呈现出和谐的状态。而现象和实在之区分亦对我们可能存在的疑问提供了解答:为什么我们触目所及的现象和感官世界一片混乱?其原因在于"我们受无知、愚蠢与激情的蒙骗……表面的混乱只是实在之完美秩序的不完善的反映",紊乱的感官世界不过是终极、永恒且自我一致的实在结构所投射出的扭曲形象和不定的阴影。"真实且唯一的理解就是理解实在与现象的关系。"③伯林认为"实在"这种模式与目的论的模式相同,这两者均能导致决定论的产生,因为当我们去追求模式的时候,便罔顾了一切其他可能存在的形式。

  对于形而上的历史观所设想的历史规则及宇宙模式之观念,除了前述两个形上学根源,伯林认为另有"对自然科学的迷恋培育了这种潮流"④。这种对科学的迷恋是伴随着十七、十八世纪自然科学研究获得巨大胜利而逐渐形成的:"从笛卡尔和培根到伽利略和牛顿的追随者,从伏尔泰和百科全书派到圣西门、孔德和巴克尔,直到我们这个世纪的威尔斯、贝尔纳、斯金纳和维也纳实证主义,他们都怀有这种涵盖所有自然和人文科学的一个统一体系的理想。"⑤伴随着这种对自然科学的盲信,人们觉得我们所生活的世界中存在的事物皆是物质世界的一分子,一切事物都可以使用科学法则加以解释和说明。这个时期的大部分人都相信"存在着永恒的、无时间性的真理,它在人类活动的所有领域,不管是道德的、政治的、社会的、经济的、科学的还是艺术的领域,

---

① 以赛亚·伯林.自由论[M].胡传胜,译.南京:译林出版社,2003:119.
② 以赛亚·伯林.自由论[M].胡传胜,译.南京:译林出版社,2003:119.
③ 以赛亚·伯林.自由论[M].胡传胜,译.南京:译林出版社,2003:120.
④ 以赛亚·伯林.自由论[M].胡传胜,译.南京:译林出版社,2003:115.
⑤ 以赛亚·伯林.反潮流:观念史论文集[M].冯克利,译.南京:译林出版社,2002:100.

都是一样的;认识这些真理只有一种方法,即利用理性,伏尔泰并不把它解释成一种演绎的逻辑或数学方法,因为它太抽象,与日常生活中的事实和需要无关,而是一种良好的直觉,它虽然不会导致绝对确定的知识,却能够获得具有一定程度的真实性或可能性的知识,这对于人类事务,对于公共生活和私人生活,也就足够了。"①因此,对于人类的实践活动,理论上都存在一种可以预测或重新构建现在、未来乃至过去人类生活中的每一细节的指导原则。正如伯林所抨击的"这种拉普拉斯的观察者(具有关于事实与规律的适当知识)能够在历史的任何给定时间内准确地描述每一种过去与未来事件,包括'内在生活',即人的思想、情感、行动的事件"②。对伯林而言,这种将人文学科或历史学比附为自然科学的观点是荒谬的,其与形而上历史观的两种形而上学的根源大致相同,均认为所谓"历史解释便是将要解释的对象包含在一般的公式之下,就是将其作为涵盖无数情况的规则的一个实例"③。而整个法则体系便是目的论者所谓的宇宙目的,便是形上实在论者所谓的实在结构,换言之,即是已决定好的、不可避免的历史过程,所以不管是目的论、形而上学的、机械论的、宗教的、美学的或将历史比附自然科学所导致的那种寻找历史模式与一致性的历史观,皆如伯林所谓:"皆是决定论的若干形式"④。

三、伯林对历史决定论的拒斥

伯林通过观察,指出在决定论的框架之下,人们所做的任何事情以及所遭遇的任何苦难,都是隶属于固定模式的一部分。而决定论的若干形式——目的论、形而上学的、机械论的、宗教的、美学的或将历史比附自然科学所导致的那种寻找历史模式与一致性的历史观——的共同特征体现在:"终极而言,个人选择自由(至少在这里的含义,见下文)是一种幻想;人类能够做不同的选择,这种观念是建立在对事实的无知之上的;结果,任何宣称他们应该这样或那样的行动、应该避免这个或那个、应受(不仅仅是引起或回应)称赞或贬低、值得赞同或谴责的主张,都是建立在这样一种预设之上:他们生活的至少某个

---

① 以赛亚·伯林.反潮流:观念史论文集[M].冯克利,译.南京:译林出版社,2002:107.
② 以塞亚·伯林.自由论[M].胡传胜,译.南京:译林出版社,2003:134.
③ 以塞亚·伯林.自由论[M].胡传胜,译.南京:译林出版社,2003:121.
④ 以塞亚·伯林.自由论[M].胡传胜,译.南京:译林出版社,2003:122.

区域,并不全然受规律决定,不管这些规律是形而上学的、神学的,抑或表明了科学所揭示的概率。"①那么伯林上述对拉普拉斯观察者(这种观察者具备所有关于事实和规则的知识,并且可以对历史上任何时期的人们的内在做出完全正确的描述)的抨击将是恰如其分的。伯林的自由主义思想是极具人文关怀的,"人"之概念在伯林的思想中,是一种独一无二的且具有创造性的存在;同样,人是不能被这样大而化之地概括的。对伯林而言,历史本身的意义是由人所赋予的。如果决定论的正当性和合理性可以得到论证的话,那么人类珍若生命的自由选择,以及日常生活中所常用的道德责任将变得毫无意义:"如果决定论表面是有效的,那么伦理语言将不得不受到根本的修改,这既不是一种心理学或生理学上的假设,也不是一种伦理学的假设……谴责那些不能自由选择的人是不合理的……行为的概念和范畴就得重新界定了。"②

决定论的这些形式,尽管语调可能不同,要么是科学的、人道主义的、乐观主义的,要么是暴怒的、天启的与狂喜的,但是它们都认为:"世界具有某种方向并受规律支配;通过运用适当的研究方法,这种方向与这些规律在某种程度上是能够发现的。"③因此我们可以得知,决定论认为我们所生活的世界中,所有存在的事件的实现完全由其他事件所决定,而伯林则认为我们至少可以拥有在不同的选项之间自由选择的能力。因此,贯穿伯林思想始终的观点也包括这种对决定论的拒斥。伯林认为"自由选择和决定论这两种断言之间是相互矛盾的。如果主张每一个意志行为或选择都完全由它的相应的前件决定,那么这种信念仍然与普通人和哲学家在他们不是有意识地为一种决定论做辩护时所持有的选择观念不相容"④。此外,伯林更进一步指出决定论明显与道德表述的系统之间是相互排斥的,如果人们坚信自由选择的理念是错误的话,那么我们日常生活中所使用的道德语言的变革则会使所有人都目瞪口呆。因此,当我们使用日常语言对某人或某件事情做出道德褒贬的判断时,也就意味着在道德上某人应该为其行为所造成的后果担负责任。个体对这种责任的担负的基础在于其做出的行为选择是自由的,而不是迫于外力的强制。伯林认

---

① 以赛亚·伯林.自由论[M].胡传胜,译.南京:译林出版社,2003:122.
② 以赛亚·伯林.自由论[M].胡传胜,译.南京:译林出版社,2003:18.
③ 以赛亚·伯林.自由论[M].胡传胜,译.南京:译林出版社,2003:127.
④ 以赛亚·伯林.自由论[M].胡传胜,译.南京:译林出版社,2003:6.

为如果评估这些自由选择的人们的责任的大小,或者将种种后果归咎于他们的自由选择,甚至把他们视为模范或威慑,试图从他们的生活中抽衍出教训,都变得毫无意义。正如一个驼子可能会对他的驼背感到羞愧一样;但是我们不可能感到懊悔,因为懊悔包含着这样的信念:我们不仅能够不这样,而且能够自由地选择不这样。① 而与之相反,决定论者的行为和理论则消解了个人责任:"我生活在一个特殊的时期,被抛入一个特殊的精神、社会与经济环境中,我怎么可能不选择现在的所作所为呢?"通过这种方法把个体行为所导致的责任转嫁给社会或国家这些实体之上。因此,伯林认为道德褒贬只能用于具有自由选择能力的人之上才有意义。对于决定论的荒谬性,伯林嘲讽其"用行为与言辞可与之相符的真实词汇来思考真实的决定论宇宙是什么样子的,与设想生存在一个没用时间的世界或生活在一个有十七度空间的世界将会是什么样子——带有最低限度的不可或缺的具体细节(也就是说,能够想象的)——相比,并不更容易一些"②。

对伯林而言,他不止一次地强调决定论与选择的自由之间的悖反,因为决定论者认为一切都已经被预先设定的事件所决定,所以个体选择的自由将毫无意义,同样,决定论与道德判断之间也存在着一道无法逾越的矛盾鸿沟。伯林认为决定论并不能通过排除理性道德判断的可能性,因为这些判断通过作为激励或劝阻,仍然能够影响人的行为。"如果我判断一个人的行为实际上是被决定的,他不可能以其他方式行动(感受、思考、欲求与选择),那么我必须说,这样一种褒贬用在他身上是不恰当的。"③伯林并没有直接论证决定论是错误的力量,但却以一种自由主义者的立场指出人类在日常生活中对自由选择的应用是理所当然的,此外,如果人类不认同上述所言去相信决定论才是对的,那么,这种认知将会导致人类基本用语与观念的彻底的颠覆,其规模之浩大、震撼之强烈,势必达到所有决定论者所不能了解的程度。因此,对伯林而言,实在找不到什么理由断言人们必然会接受决定论。由此可知,伯林虽然并没有否认决定论是错误的理论,但是对其拒斥的态度却非常坚决。他对决定论的拒斥源于这种形而上的理论与现实生活的需要大不相符。相对于这些形

---

① 以赛亚·伯林.自由论[M].胡传胜,译.南京:译林出版社,2003:129.
② 以赛亚·伯林.自由论[M].胡传胜,译.南京:译林出版社,2003:137.
③ 以赛亚·伯林.自由论[M].胡传胜,译.南京:译林出版社,2003:10.

而上的抽象概念,伯林更珍视个体所拥有的基本价值:道德、自由以及个体所具有的创造性。

同时,伯林亦从心理学的角度切入,解释为何人们总是愿意相信决定论:"但是我觉得它主要源于一种推卸责任的欲望,在我们自己不被评判,特别是不被强迫去评判别人的情况下停止评判的欲望;源于逃到某种巨大的、与道德无关的非人的、磐石般的整体——自然、历史、阶级、种族、'我们时代的艰难时世'或社会结构的不可抗拒的演进——的欲望。"①

伯林认为这种推卸责任的想象通常会出现在混乱与内部虚弱的时刻,因此信奉决定论的人可以轻易地把自身应担负的责任转嫁到非人为的实体之上,所以尽管在决定论之中人们将会失去自由选择的能力,但其难以抵挡的诱惑便体现在:相信决定论的人们再也不必为受困于历史危机中的个体行为痛苦怀疑,更不必再感受到伴随着自我反省而来的希望与绝望相交织的痛苦感觉;此外,由于所有事件都是预先所决定的,所以道德判断将毫无意义,而伴随着人们的罪恶、骄傲和悔恨等负面情绪将不会再现。对此,伯林认为"人类中总有些人情愿处于被囚的和平和满足的安全中,一种至少在宇宙中找到自己适当位置的感觉,而不愿处于痛苦的冲突中,不愿遭遇大墙外面世界的那种无序的自由所产生的困惑"②。

第三节 伯林历史观的逻辑面向:现实感

伯林不是一个相信所有美德都能被理性所协调的理性主义者,而是一位持经验主义和历史主义态度的政治理论家,具有一种强烈的现实感。伯林极力反对的就是那种形而上的、脱离人类政治生活现实和生存状况的书斋式的政治理论研究。他坚持认为政治理论必须是历史的和经验的,抽象的和非历史的政治理论往往不尊重我们的经验事实,是把具体的、现实的活人牺牲给一种抽象的理论。那种企图将构成人类生活的"大量未知因素"简单化处理或简化成随意的抽象术语的尝试实际上是背离了人类现实政治生活图景的乌托

---

① 以赛亚·伯林.自由论[M].胡传胜,译.南京:译林出版社,2003:183-184.
② 以赛亚·伯林.自由论[M].胡传胜,译.南京:译林出版社,2003:179.

邦;对伯林而言,现实政治生活就是现实政治生活,它是一个充满多样性和差异性的生活世界,诸多的价值、生活方式和文明模式是不可通约的,不可能化约为一套完美的统一的标准,政治并不是寻求一种最佳最好的状态,而是解决现存的问题。

一、伯林对"错置的科学主义"的警惕

由前两节的论述可知,伯林的历史观的重心侧重于个体自由意志而不可能建立在任何规律和模式之上。基本而言,伯林的道德与政治思想,是他长期从事于观念史研究所获得的智慧结晶;或换个说法,对伯林而言,观念史研究与哲学探索应该是相辅相成的。同时,伯林作为一个历史学家,在面对历史时也不能完全把主观和直觉排除在历史的记叙之外。正如历史学与其他学科有相异之处一样,其与科学之间的差距更大。伯林反对那些认为我们在增进对自然界了解的过程中已经证明科学方法和范畴的成功性的做法,并希望把其应用到历史的研究之中。对他而言,永远不会存在一套秩序和一把理解这些秩序的钥匙,我们并不能像在天文学或地质学中那样,根据"给定的初始条件,有信心重建和推算一种文化、一个社会或阶层、一个人或一个群体的过去或将来——除非是在某些极其罕见的、非正常的、存在极大差别的情况下,也就是在借助众多特殊假设和附带条件,直接观察比那些科学推导的尝试更经济、能提供更多知识的时候"①。没有任何一位历史学家通过这种推理的方法去书写历史,虽然通过启蒙观念的洗礼,人们对建立一门真正的历史科学满怀信心,但是这种建立在我们可以处理大量的数据,并依靠丰富的统计信息的比较可以在具体条件下预知未来的信心只是一种空想,一种不切实际的白日梦。

伯林指出,历史学由于知识构建的限制,与科学的差别是显而易见的。科学思维所表现的是启蒙计划的基本精神——"你有一套极度洗练的秩序,你有理想、你有法则、你有礼仪成规、你有一套极为严密与井然有序的生命形式,不论在艺术、政治或其他领域,都是如此"。但进一步看,支持这种世界观和社会观的核心精神,其实指向了"永恒哲学"的理念,其基本假设主要有三:(1)所有的真实问题都能得到解答;(2)不但存在着解答方法,而且此种方法是人类

---

① 以赛亚·伯林.现实感[M].潘荣荣,林茂,译.南京:译林出版社,2004:6-7.

理智所可认知的;(3)所有的答案都必须是兼容性的。伯林把这三个命题归结为支撑起整个西方传统的三个支柱;顺此而论,永恒哲学之说可上溯至希腊时代,并有长远、广泛且不曾间断的影响,而"不局限于启蒙运动,启蒙运动只是对它们提出了一种特殊的解释观点,将它们转化成一种特殊的论说形式"①,也就是搬出那已被成功地运用在自然科学研究中的科学理性,作为我们思索人与自然、人与社会之关系的最高依据。

与这种科学思维不同,伯林认为历史永远是由后人所构建,出于对人类认知的有限性,所以对"过去"的重构不可能与真正的"过去"相同。事实上,我们可以在预设某些相对不变项的基础上建立自然科学,但是却没有足够的理由论证不同的人在相当长的时间内在某些基本的、可加以抽象的方面能够类似。因为最出色的历史学家,再佐以足够细致、周到、一致、确实、连贯的历史学家应有的品质,依然会由于忽略细微的差异而最终造成更大的差异表征:一方面,由于基本的范畴对我们影响太深,以致其已经内化于我们的生活之中,所以不易把其剥离出来细致地研究;另一方面,由于个体的差异性以及时空的差异性,所以造成了个体及其行为都具有独特性,也因而形成了不同的性格、不同的风俗习惯乃至整个文化、民族、文明的各自风格和独特的生活模式。也恰恰是这种不同于科学的僵化的模式的差异性和独特性才构成了历史描述的完整性。同样,由于历史学家的关注点倾注于差异性、独特性以及多元化的特质之上,所以他们所需要的能力和拥有的品质也不同于科学家。伯林认为科学主义者是以经验事实,而非思想、观念、价值等,作为考察社会生活及其运行规律的重点,因为经验事实具有可通则化的特质,所以成为科学研究的最好素材。换言之,科学理论所指向的是一种抽象化的理论,所以依据抽象理论和推论所产生的具有经验内涵的行为模式是其最好的特征。与科学理论的要求相异,历史学家所亟待发挥的能力是富有洞察的想象力,从而让读者能从历史的记叙中获得一种真实感,而不是机械的方程式或一堆松散的历史枯骨的干涩空响。

伯林沉思历史的认知方式、研究重心以及研究的价值,他立足于科学的对立面,捍卫历史的独特性和差异性。他对史学理论的建构反映出其对极权主

---

① 以赛亚·伯林.现实感[M].潘荣荣,林茂,译.南京:译林出版社,2004:21.

义意识形态所涉及的问题的警惕,这些问题在政治领域中的影响一直持续至今。对伯林而言,"几乎从一开始,他就提防着一种被错置的'科学主义'的内在的危险,以及它易于造成的界限的模糊"①。此外,对于把在科学中成功运用的规律和模式试图扩展到一切可知的学科中的做法,伯林认为是极其荒谬的。这种试图以科学理性替代实践理性的倾向是极其危险的,它不仅曲解了政治自由,也忽略了人类所拥有的富有想象的洞察力;同时这种倾向也导致了凭空想象的、伪科学的关于人类行为的历史和理论,它们为了做到抽象化和形式化而牺牲了事实,更导致了对无数无辜的人的自由和幸福的牺牲。

二、富有洞见的想象力的发挥

由上述章节可知,富有想象的洞察力是理解不同历史时期和不同文明的基础——这种能力可以使人们理解异己的文化和生活形式。伯林所提出的富有想象的洞察力的观点源于他的文章《科学与人文学科的分离》,同时,在这篇文章中他也阐述了与富有想象的洞察力相关的自然科学知识和人文社科之间的区别。这种由吉安巴蒂斯塔·维柯所做出的科学和人文社科之间的区分在今天仍然可以作为这些探究客观自然和关注人类建构之间的方法论和认识论的基础:"但是就外部世界而言,却存在着一些看不透的事情:人们可以描述它,可以说明它在不同条件和关系中会怎么运行,可以提出有关其组成部分——各种物体等等——怎样运行的假设;但是他们无法解释它为何——出于什么理由——会那样,为何要那样运行。只有它的创造者,即上帝,才了解个中底细。人类只有也只能是大自然舞台上演出的那一幕戏的旁观者。人只能够'从内部'知道他们自己制造的东西,仅此而已。在任何知识对象中,人造的因素越大,它与人类的观点相通的程度也就越大;外部自然的成分越多,人类的理解力就越是难以穿透。"②这种自然科学和人文学科之间的不同可以区分为内部和外部的差别,但是在何种意义上人们有希望从内部去探究人类对象?伯林同意维柯的主张:人类的行为、制度——艺术作品、政治结构或法律制度——特别是人类历史,当我们用正确的方法探究时,可以了解人们在历

---

① 以赛亚·伯林.现实感[M].潘荣荣,林茂,译.南京:译林出版社,2004:6.
② 以赛亚·伯林.反潮流[M].冯克利,译.南京:译林出版社,2002:15.

史中的作用。他们还讲述"人类的活动,讲述人类做了些什么、想过什么、经历过什么样的故事,他渴望什么、有什么目标、接受和拒绝什么、有什么感想和想象、他的感情受什么支配"①。这里的人是行为者,而不是旁观者。通过人们的行为、制度和艺术,其他的人们可以用特殊的移情的想象力,理解那些在地域上和时空上距他们很遥远的人们的行为和生活模式。

维柯强调"我们拥有一种他称为 fantasia(想象)的能力——借此有可能'进入'和我们十分不同的灵魂"②,因而"对于我们自己,我们是具有'内部'眼光的特殊观察者"③。事实上,移情的想象力可以使人们具有一种特殊的洞察力,从而可以理解那些远离他们聚居地的人们的生活模式。然而,这种理解是与关于事实和逻辑推理的科学知识大相径庭的。伯林观察了维柯之后的赫尔德所提出的类似的概念:"感情投入"或"移情的想象力"。④ 这种由赫尔德所提出的"感情投入""是能渗透——'能感觉到自己'……进他们的本质中去,把握他们的可能生活模式,考虑的目标、行为和反应,思考和想象他们在其自身的背景中的独特的行为方式,因此按照这种被定义的族群去领会他们的生活模式"⑤。这种适合于维柯、赫尔德和伯林的移情的想象力的能力是与对人性的基本探究有着本质性的区别的。

伯林强调可以从两个方面扩展这种移情的理解能力,这两个方面对人类学探究而言是非常重要的。首先,他采纳了赫尔德的表现主义的理念——"人类行为,特别是艺术行为的学说完整地表达了个体或其所属群体的个性,仅仅只能从他们如何这样做的程度上去理解"⑥。对艺术,特别是伟大的艺术和其他历史文化、制度、记录、表达方式和行为的凝思会为我们提供一座沟通的桥梁,由此使我们"进入"那些与我们时空和地域相隔久远的生活模式和文化背景中去理解他们。在伯林的文章中我们可以得知赫尔德的这种想象力的重构可以被看作一种类似于富于表现力的理论或者一种行为的内在理论。这就像把自己置换成由某些特定的路线、思想、行为和反应所定义的角色,通过这些

---

① 以赛亚·伯林. 反潮流[M]. 冯克利,译. 南京:译林出版社,2002:115.
② 以赛亚·伯林. 反潮流[M]. 冯克利,译. 南京:译林出版社,2002:119.
③ 以赛亚·伯林. 反潮流[M]. 冯克利,译. 南京:译林出版社,2002:116.
④ Isaiah Berlin. The Proper Study of Mankind[M]. London: Pimlico,1998:405,426.
⑤ Isaiah Berlin. The Proper Study of Mankind[M]. London: Pimlico,1998:389.
⑥ Isaiah Berlin. The Proper Study of Mankind[M]. London: Pimlico,1998:367.

联合凝聚成的一种完整的"人格"。伯林(之后的泰勒)都认为这是赫尔德对西方思想的最伟大的贡献之一。移情的理解能力的第二个主要策略是详细地对历史或背景的谱系的浮现、发展——"目标(价值,概念)是必然与社会的变革和发展相互联结,社会规则和生活模式的出现本身是归因于环境和社会变革的影响分不开"——予以重构。在后一种意义上伯林乐意被 Robert Kocis 称为"非目的论的发展主义者",一种把发展和变革(并不必然是进步的)作为阐明不同生活背景和思想方式,但却能避开具有强迫性的目的论和形而上学或预定论的模式的作家。

事实上,伯林的整个中立性理念,而非位于一种客观立场的问题,是可以理解的:"任何一种高于纯粹编年记述、涉及选择与重点的不平等分配的历史著述,都不是全然 wertfrei(价值中立的)。"①他强调,"……中立性也是一种道德立场",乃至"超脱本身就是一种道德立场"。② 由此可知,伯林认为对生活模式的理解并不存在一个众所周知的阿基米德支点。事实上,伯林认为人类的思想即便以我们最好的知识去理解,也不可能脱离其特殊背景而被完全把握。然而,为了更好地追求对不同历史时期和文化的理解,我们必须对其特性进行反思——这里,"历史的探讨是不可避免的"。③ 最重要的是不能抽象地从历史和文化的多样性进入"不足"的科学一般性中,而是完整地进入它们。

借鉴审美判断,移情想象力的两种行使手段——表达主义和对历史的重构,特别是它们能够结合成一个令人信服的整体——是无法分开的:"为了做到这一点,必须具有极强的想象力,它就像艺术家尤其是小说家所需要的那种能力。甚至这也不会使我们深入理解同我们相距过于遥远、和我们差别太大的生活模式。但是我们不必为此而彻底绝望,因为我们所要理解的是人——和我们一样有各种想法、目的和内心生活的人,他们的作品不可能像非人类的自然之不可穿透的内容那样,完全不被我们所理解。没有这种他称为'进入'头脑和环境的能力,往昔对我们而言,就仍然像博物馆中一堆没有生命的物体。"④伯林强调需要以一种艺术家的视角进入 Wirkingzusammenhang,由于其

---

① 以赛亚·伯林.自由论[M].胡传胜,译.南京:译林出版社,2003:28.
② 以赛亚·伯林.自由论[M].胡传胜,译.南京:译林出版社,2003:26.
③ 以赛亚·伯林.自由论[M].胡传胜,译.南京:译林出版社,2003:65.
④ 以赛亚·伯林.反潮流[M].冯克利,译.南京:译林出版社,2002:127.

复杂的和密切的内部关联的经验的普通结构和模式。为了达至对这种复杂的内部模式的理解,需要涉及大量的诠释和审美判断:"历史,和其他对人类生活的说明有时候是与艺术类似的。这就意味着对人类生活的描述很大程度上取决于对技能、风格、洞察力、事例选择、对差异的强调、特征的生动性等的阐释。但是历史学者的行为是艺术的形式之一具有深刻的意义。历史性他解释这种发现的事实很大程度上是满足的,因为它们与我们的生活相一致——人类经验和行为的多样性——作为我们所知道的生活模式,是可以想象的。这就是人文学科——Geisteswissenschaften——和科学的区分。当这些模式中包含的核心的概念与范畴是暂时的、平凡的或不熟悉的人类经验,我们就可以称这种解释是浅薄的、不足的或古怪的,并在这种基础上发现令人不满意的地方……这种历史的解释方式是同道德和审美的分析联系在一起的……因此,说历史这学科应该归之于科学的立场是与其本质背道而驰的。"①在对这种复杂的进程阐释时,伯林甚至介绍了一种既不是归纳的也非推理的"不可估量的"但"具有判断能力"的理念:"事实上,这就是为什么我们允许历史判断的不可估量的重要性……对人类经验的基本范畴的识别,既不同于对人类实证资料的收集,也不同于对其的演绎推理。"②这种把审美判断嵌入人文学科的行为,不可避免地会导致对不同历史时期和不同文化背景的解释产生不利影响,因而也对历史主义和严格意义上的普遍主义之间相互协调的可能性产生不利影响,例如"历史作品虽不是想象性的文学作品,但是它肯定无法逃脱在自然科学中被恰当地斥为无理由的主观性的东西,甚至无法逃脱直觉(就这个词的经验含义而言)"③。

由前述章节我们得知伯林在《历史的不可避免性》中的整体意图是对历史决定论的怀疑和批评。伯林认为历史的研究是一种具有代表性的对人性的研究,是与自然科学的特征迥然不同的,因而不能把研究自然科学的方法用在人文学科之上。尽管如此,双方真正行使移情想象力的手段的要求是同我们所认识的事实相互接近的——在表现主义者的视域中,关于艺术、记录、制度和习俗、行为和事件、语言、概念、价值以及正在讨论中的文化的特征;在发展

---

① Isaiah Berlin. The Proper Study of Mankind[M]. London: Pimlico,1998:47-48,58.
② Isaiah Berlin. The Proper Study of Mankind[M]. London: Pimlico,1998:49-50.
③ 以赛亚·伯林.自由论[M].胡传胜,译.南京:译林出版社,2003:157.

主义者的视域中,与之相对应的则是关于我们所认识的按时间流逝排列的事实。在这两种不同的视域中,伯林所强调的并非一般想象力的使用,而是一种特殊的必须保留的"任何自然科学中与现实性紧密相连的事实的统一性"[①]。在给予的解释中,事实的广度和深度,记录和古文物遗留的信息是可以令人信服契合的,这种可评价和可比较的解释仍然是人性研究的本质的、经验性的基石,在此基础上的判断可以在大多数情况下实现。伯林的历史观的最终基石建立在经验主义之上——"最后的衡量标准往往必然同观察和自我检验所得出的具体数据直接对抗……";另一方面,在连续性的整体中用想象力对事实的重新建构亦可以评价和比较。对于生活的模式和人性的经历的解释,我们可以做出"崇高的"和"肤浅的"判断,这种判断具有明晰的和可论证的动因,因此至少在大部分情况下是具有说服力的。伯林坚持艺术的不可复归性和适用于指导人性的研究部分上的可评价性,所以他也并不因此会陷入相对主义的深渊。

从本质上而言,伯林就如何对历史的和文化的理解的描述遵循三个充分广泛的准则:(1)在一个给予的历史或文化背景中,我们可以在其所属的群体的记录以及事实的基础上更好地理解异己的历史和文化;(2)如何使它的叙述性的结构更有效,以致可以与更广阔的文化或历史的框架相适应;(3)如何在想象力的意义上更好地理解在给定的时空和地域中"人们可以就我们对他们的理解的那样感觉、思考或行动",也即他们与众不同的本性。[②] 很明显,这些标准仅仅是我们对历史解释的可评价性的未加修饰的基石。在一些境遇中,它们可能引导有说服力的判断,但也可能存在大量的相互差异的解释。有鉴于此,他们必须按照凝聚力、解释力、范围、兼容性等方面与新的数据和其他显著的事项相互竞争。所以,有时一种强有力的理由最终是能得到广泛的认可的,而有时我们却必须容忍多种相互竞争的理由的存在。

综上所述,通过诉诸伯林的温和的历史观,我们可以更好地理解那些类似于普遍主义价值的价值谱系。同时,这也意味着伯林所主张的一般性价值和具有共同性质的价值谱系事实上是以经验为基础的,这种观点似乎经常作为

[①] Isaiah Berlin. The Proper Study of Mankind[M]. London: Pimlico, 1998: 49.
[②] Isaiah Berlin. The Proper Study of Mankind[M]. London: Pimlico, 1998: 49.

特殊人性论的一个组成部分出现在对连续性的历史和文化的重新建构的行为中，因此对这种观点而言是可以评价和解释的，且最终根植于利用想象力重构不同历史和文化背景的生活模式中。如果是这样的话，那么这些类似于普遍主义的观点并不具有严格的普遍性。由于伯林所谓的类似于普遍主义的观点并不能自圆其说，而且其特性也会随时更改，所以把它们归之于临时性和解释性的范畴是对它们更好的理解。因此，在这些临时性和解释性的范畴和伯林的历史主义之间并不必然存在不可调和的张力。

三、普遍性客观价值存在的必要性

作为一个多元主义者，伯林认为我们所处身的道德世界中存在着形态各异、互不兼容的价值体系和文化。但是对伯林而言，这些价值和文化之间并非完全不能相互理解和相互沟通，人们可以通过使用移情的想象力的能力理解异己的文化和生活形式。因此在对具有普遍性的客观价值的诠释中，移情想象力的核心地位很清晰地在伯林如何定义客观价值的文章中体现出来："这种共同的基础正是被正确地称作客观性的东西。它能使我们认同别人与别的文明，将他们视为本质上是人道与文明的。当这种客观性被打破时，我们不仅无法相互理解，而且，ex hypothesis（据假定），会做出错误的判断；但是既然根据同样的假定我们不能确定沟通在何种程度上破裂、我们被历史幻象欺骗到何种地步，我们就不可能采取步骤避免这种情况或者抵消它的后果。我们通过这样的方式寻求理解：尽可能把我们收集的关于过去的片段连接出来，为离我们遥远、我们不仅不能同情也因某种原因无法接近的人与时代，拼接出最好的、最可信的情形……"①客观的本质不是必然真实的或具有永恒不变性，而是体现在识别"他人和其他文明"的意义上的共通性。客观价值的主要特征在于想象力的可识别性，尽管我们通常并不能严格地确定这种可识别性的广度和深度。这里的关键之处在于，在一定程度上客观性是依赖于一种"想象力的努力"而导致的"可识别性"。正如伯林在其他文章中所提到的："每个人或社会都会把生活目标中的一些价值凌驾于其他价值之上，然而，这些价值甚至能被与它们相悖的对手所识别——这也就意味着这些目的是客观的人类目

---

① 以赛亚·伯林.自由论[M].胡传胜，译.南京：译林出版社，2003：170.

标,换言之,通过充分发挥想象力,任何人都能够理解这种目标,但是在他自己的低于其他价值的范畴内,是可以被人们所追求的,可能这些社会或境况与他自身所处的社会或状况大相径庭,但毫无疑问都是处于人类范畴之内——原则上,人们之间是可以相互沟通和交流的。"① 这种意义上的客观性远远异于我们异常熟悉的意义上的确定性、明确性或最终性。这是一种保留着重要的解释性因素的特殊的历史主义者的客观性概念。历史主义者意义上的客观性可以转换为一种普遍的可识别性、一种显而易见的想象力模式,而不是确定的或严格的普遍性。此外,伯林认为在一种给定的范围内这些客观价值是相互冲突的。他把客观价值和目标的特征刻画为"经常是不相兼容的,因为在人类的价值之间必须做出选择"②。

对伯林而言,客观性价值的概念绝对不支持一种严格意义上的普遍性或者一种先验的人性论。客观性标志着一种我们无法通过特定方法达至的理想。在同史蒂文·卢克斯的一次会谈中,伯林申明上述他所讨论的价值并不能达至字面上的客观性——多元主义是我所能接触到的最接近客观性的价值。在这里提到的伯林同客观价值或目标相互联系的两个更深层次的特征将会在后面变得尤其重要。本质上,客观价值与伯林所认可的终极价值在两个基本方面是相互交叠的。首先,伯林强调客观价值是"以自身为目标的""人们只是为了那些目标本身而去追求它们,其他的东西都是以它们为目的"③。此外,他还强调客观价值或目标是直接来源于基本的模式或者特殊的人性的概念。客观价值是这些可识别的终极价值,是直接导源于可识别的人性的概念的。

然而,如果客观的人类价值或目标并不具有严格的普遍性,而是仅仅超越于我们所认识的大部分特定的生活模式的经验主义和解释性的普遍性,那么伯林所认可的普遍的人类价值是可能会对一种严格的普遍人性论提供强有力的支持的,因而也标志着对伯林的温和一致的历史主义的一种限制。毕竟,普遍价值似乎非常接近于格雷的"道德的普遍性因素",或者伊格纳季耶夫的"普遍的道德律",又或者 Kocis 所谓的"一种先验的"人性的概念。然而,这种

---

① Isaiah Berlin. Reply to Robert Kocis[M]. Political Studies,1983,31:390.
② 拉明·贾汉贝格鲁.伯林谈话录[M].杨祯钦,译.南京:译林出版社,2002:102.
③ 以赛亚·伯林.扭曲的人性之材[M].岳秀坤,译.南京:译林出版社,2005:15.

对普遍人类价值的有力的解释在普一开始就遭遇了难以逾越的困境,因为伯林毫不含糊地声明"我并不能确定何为普遍的和基本的人类价值"①。此外,伯林不可避免地把普遍性价值限定为类似普遍性的或者与普遍性相似的。那么,伯林所谓的"普遍的人类价值"所指称的是什么？他使用了一种放任的、双重意义上的强大的信仰和普通的表达方式,换言之,普遍性的人类价值意指今天人们所信奉的这种价值可以引起大部分地域和时代中人们的共鸣。首先,在普遍性的描述的意义上,伯林频繁地向人们澄清他这里所使用的意义主要是经验主义的(或类似于经验主义的)和不严谨的描述(而不是一种必然性和不变的事实)——一些人类存在的特征看起来似乎是所有已知事件中所体现的特征,但是这并不能建立必然性的普遍人类价值或排除人类变更的真伪:"没有一种文化缺少善与恶、真与假的概念。比如勇敢,可以说在我们所了解的每个社会中,都是一种值得赞美的行为。因此一般性的价值观是有的,这是关于人类的经验事实,莱布尼茨称其为事实的真理,而不是原理性的真理。不同时空的芸芸众生,绝大多数人都共同拥有某些价值观,不论这些价值观是否自觉明晰,也不论他们在态度、举止和行动上的表现如何……"②"由于它所遵循的是近乎一种关于人类的普遍性的事实,但是却并不是根植于先验的理性的洞察……这些普遍性的真理,并不意味着是亘古不变的。我并不能保证有什么东西是永远不变的。"③"当我们做出最基本的道德和政治判断时所诉诸的那些法则和原理,至少在人类有记载的历史上,已经被大多数人接受……"④在一种一般的人类范畴中,不同的社会和不同的文明中芸芸众生所遵循的是形形色色、与众不同的生活模式。这种类似于普遍性的价值似乎是可以意识到的,不论是否是自我意识,但是这种价值并非不具有严格意义上的普遍性。对人类范畴的界定,也散论于伯林的文章之中:"我所称谓的'人类范畴'是一种范畴,其中在很大程度上,不同地域和不同时代的大多数人都有意识的或无意识的共同生活在一定的价值、行为和风俗习惯中。但是我并不能保证这个范畴能永远继续下去,或者永远不会变更——我可以确定的是不但

---

① 以塞亚·伯林.自由论[M].胡传胜,译.南京:译林出版社,2003:44.
② 拉明·贾汉贝格鲁.伯林谈话录[M].杨祯钦,译.南京:译林出版社,2002:34.
③ 拉明·贾汉贝格鲁.伯林谈话录[M].杨祯钦,译.南京:译林出版社,2002:106.
④ 以塞亚·伯林.扭曲的人性之材[M].岳秀坤,译.南京:译林出版社,2005:206.

我赞成它,而且大部分人,不管他们是否相互敌对或冲突,都赞成它,事实上,依据人们相互理解和交流的倾向,这也是人类一致的最小需求。这并不是柏拉图主义,对我而言,而是一种经验主义的、不可论证的、事实上可以接受的人类经验的规定。"①这种客观的责任一方面是经验主义的,但是另一方面最终也是不可论证的。人类范畴一方面按照人们自身确信源于他们自身意义上的"人类经验的规定"定义,并且另外也通过在一种广泛的,尽管不是严格意义上的普遍性之中相应的说明来定义。此外,对不同地域和不同时代的价值的探求模式仍然是历史性的、依据经验主义和解释性的,并因此得出实验性的、解释性的结论。另外,人类普遍性所揭示的是多样性以及相互冲突性,所以暂时性的、与普遍性的价值相类似的价值仍旧是有争议的。最终,普遍性仍然并非永恒不变的。②

对伯林而言,虽然偶尔对相近似于普遍性的价值进行描述,但他的立场并没有被这种相近似于普遍性的价值的意义所限制,伯林立场的暂时性和灵活性也是远远超过那些批评者的想象的。③ 事实上,伯林的立场与那些批评者所强加给他的观点之间是格格不入的,他认为对于人类的普遍性而言,并没有什么永恒不变的必然性。④ 人类类似于普遍性的价值主张一般性的解释和经验性、历史性模式并不隶属于严格意义上的普遍性的范畴。这也是伯林使用"普遍性"这种表达方式的另一种意义:"我认为不存在对所谓永恒原则的非经验性的直觉的认识,那只不过是一般的人的信念而已。"⑤伯林与众不同的存在主义意义上的普遍性在他同贾汉贝格鲁的谈话中体现出来,当被问及"是否相信存在道德准则?"时伯林指出:"在一定意义上是有的。我理解普遍的道德准则就是大多数国家大多数人长期以来都共同遵守的道德。对这些道德的认可使人们共同生活。如果你说普遍的道德准则就是绝对的道德准则,那么我就要问你'为什么它们是绝对的','它们的根据是什么',这样又会归结为先天的了。如果你理解普遍准则是指这些准则的直觉的必然性,那么我认

---

① Isaiah Berlin. Reply to Ronald H. Mckinney[J]. Vaule Inquiry,1992,26(4):559.
② 拉明·贾汉贝格鲁.伯林谈话录[M].杨祯钦,译.南京:译林出版社,2002:107.
③ 伊格纳季耶夫.伯林传[M].罗妍莉,译.南京:译林出版社,2001:286.
④ 拉明·贾汉贝格鲁.伯林谈话录[M].杨祯钦,译.南京:译林出版社,2002:31-32,109-110,113-6.
⑤ 拉明·贾汉贝格鲁.伯林谈话录[M].杨祯钦,译.南京:译林出版社,2002:107.

为我可以感受到这一点。如果你告诉我,别的什么人拥有某种不同寻常的观点,一整套直觉知识,除非它们不可理喻,否则我还是可以尽力去领悟这些人何以会有这样的价值,虽然我必须提防免遭这种文化的伤害……我非常清楚,我没有发现绝对道德准则的能耐。列奥·施特劳斯说有绝对道德准则,因为他相信有人称之为'理性'的那种官能……施特劳斯的理性发现了绝对价值,我很羡慕他。不巧的是我没用这种理性。"①同样,在被问及是否否认人权时,伯林也明确地表明:"我否认的是那些先天地开列出来的自然权利。我热烈地信奉人权;人权是从大量我们所接受的其他东西中得出来的,但那显然是先天的东西……如果你告诉我有朝一日我们将拥有一种不同的文化,我不知道其反面是什么东西。"②伯林在这里指出一种他和其他人对普遍性感受的直觉的确定性,这些确定性的东西就像我们所认识到的,是人类生活的一个部分,可能有时会有所不同,有时甚至会相互冲突。但是这些信念可能是由我们是其所是所构成,我们赋予其正当性和真实性,在这个意义上它们具有真实的普遍性。在这个范围内它们是被人们真诚地信奉的,并且逐渐内化于人自身,由此逐渐成为历史同一性的一个真实的部分,最终达至一种真实的类型。尽管如此,普遍性的信仰,例如人性,仍然是很容易在外物的影响之下发生变更的,甚至在并不提供任何保证的形态各异的生活模式中它们也会永远继续下去,或者在过去从未缺席或从未变更。

  伯林在其他文章中论述了这种具有普遍性的信仰,以二十世纪四十年代大部分欧洲人抵抗德国人的侵略为例:"那些始终坚持信仰,甚至最终为之牺牲的人,他们会因此而赢得尊重,有时候甚至那些打击他们的人也会表示敬意。为了那些(至少在他们看来)普遍的、适用于所有人的基本准则,为了人之所以为人的人性的精华,他们承受折磨,为之献出生命。违背了这些原则,他们会感觉自己放弃了一切做人的尊严。出卖了这些原则,他们无法面对自己,也无法面对别人。因此,1940 年,打赢了仗的德国领导人呼吁战败的各国要面对现实……对于那些真正信奉普遍的人类价值的人来说,这种论证无法撼动他们的精神。有些人拒抗被教会组织、民族传统或客观真理所崇奉的普

---

① 拉明·贾汉贝格鲁.伯林谈话录[M].杨祯钦,译.南京:译林出版社,2002:102-103.
② 拉明·贾汉贝格鲁.伯林谈话录[M].杨祯钦,译.南京:译林出版社,2002:107.

遍理念,而另一些人则坚持自己的目标,这些目标是个别的、为持有者所私有,故而亦不失其神圣性。这种为了理想而献身的举动,与理想的'源头'何在无关……与现代的存在主义者的立场颇为密切。"①伯林继续刻画它在现代存在主义意境中的真实本质———些价值源自我们的义务,它们是我们人类经历的一种经验主义的观点,尽管这导致它们并不比那些我们可能信奉的价值更具有客观性和不受冲突本性的影响,事实刚好相反,这些具有普遍性的价值之间是相互冲突的。这就是伯林在自己的著作中所承认的存在主义的重要性。② 伯林在一次接受采访时宣称:"在某种程度上,我是存在主义者。也就是说,我使自己卷入或者说发现自己实际上已被卷入到这些不可通约的价值群中了。"③

从我们把一种价值内在化那一刻起,它在某种程度上就具有了客观性,因为对我们而言,它们的存在已经成为我们生活的一个部分。这些都是依据经验主义和想象力可以察觉的普遍道德价值。伯林极力说服别人赞同他所举的第二次世界大战的事例,他强调这些根本的原则并不能按照字面的意思被理解成"客观的和普遍的",但是我们使用它们的同时可以掌握我们对其更广泛的和更深刻的承诺:"正因为这些原则是根本性的,长期地、广泛地得到人们的承认,我们倾向于把它们看作普遍的伦理法则……"④我们在谈到一般的人类价值时,这些价值或概念是我们人之为人的不可或缺的组成部分。伯林认为这些规则既是我们所构建的,也是我们打破的,就像它们被那些依然想加入抵抗阵营的人们所违背的一样,但也仅仅是以人之为人和统一性为代价的。重要的是"个人的理想,即使我们无法保证其具有客观有效性,也值得尊重,甚至可以说值得敬畏"⑤。伯林紧接着指出"文明意味着你必须允许变化的可能性,而不再是指你献身于你所信奉的理想——甚至可以心甘情愿地为了理想去死"⑥。

伯林指出,普遍性正如我们使用它们的通俗用法一样,是以其两种有限的

---

① 以赛亚·伯林.扭曲的人性之材[M].岳秀坤,译.南京:译林出版社,2005:202-203.
② Isaiah Berlin. The Proper Study of Mankind[M]. London: Pimlico,1998:69-70.
③ Steven Lukes. Isaiah Berlin in Conversation with Steven Lukes.[M]//Samagundi,1998:101.
④ Isaiah Berlin. The Proper Study of Mankind[M]. London: Pimlico,1998:204-205.
⑤ Isaiah Berlin. The Proper Study of Mankind[M]. London: Pimlico,1998:200.
⑥ 拉明·贾汉贝格鲁.伯林谈话录[M].杨祯钦,译.南京:译林出版社,2002:107.

意义——具有广泛的历史和文化共鸣以及我们希望认可的规范性概念和价值——为基础的。在这个范围内当我们借助于广泛的文化和历史的共鸣时，对移情想象力的依赖不可或缺，因此另外一种合理的解释不可避免地进入我们的视线中。对伯林而言，类似于普遍性的价值借由上述原因内化为人们的标准化的信念，主观的、解释性的和富有想象力的成分再次进入我们的理解之中。伯林指出人们基于这种意义对普遍性价值的主张的合理性必然局限在一定的范畴之内，事实上，这个范畴内的价值的普遍性恰恰是现代欧洲人在经验主义的方面所诉求的："的确存在一种价值的尺度，据此，人类中的大多数——尤其是西欧人——实际上凭借着这种价值的尺度而生活，而不仅仅是机械地、按照习惯日复一日地活着，而且是自我意识到这些价值正是让他们拥有人之为人的本质的构成因素。"① 如何在它们最有力和最合理的状态下刻画类似于普遍性价值和标准的普遍信仰，在那里他们似乎立刻就能找到最广泛的文化和历史的共鸣，并且同时似乎找到构成所熟悉的最基本的道德语言和思想，特别是我们对人性的理解以及我们对何者可称为临时性的类似于普遍性的人类价值的发现。然而，这些价值首要的是源于对人性的特殊的理解——"构成人的本质"的是什么。

因此在伯林的著作中存在两种不同的普遍性，一种是经验主义的普遍性或基于历史性理解的"实质的普遍性"，另外一种是作为信念的存在主义的、创造性的普遍性。这两种普遍性与批评者所归之于伯林的严格意义上的普遍论是截然不同的。伯林并不否认这种意义上的普遍性，甚至可能很乐意使用这种普遍性。他认为我们并没有所谓的"魔眼"永久地或确定区分它们。② 仔细考察人性的组成部分，我们可以确定这种人性论是贯穿于他的温和的历史观中的。无论是人性的理念，还是它的内在的类似于普遍性的人性论和客观目标，都可以像富有想象力和经验主义的对多数特殊情况的一般性刻画一样通过对历史的探求来理解。

事实上，伯林的思想看起来是与那种确定的或先验的一般意义上的人性论相悖的。我们潜在的洞察力在特殊情况中是比一般性主张更为敏锐的："毕

---

① 以赛亚·伯林.扭曲的人性之材[M].岳秀坤，译.南京：译林出版社，2005：205.
② 拉明·贾汉贝格鲁.伯林谈话录[M].杨祯钦，译.南京：译林出版社，2002：30-32.

竟,我们永远都不能确定对我们而言什么是最好的,甚至我们之中的最睿智的人也不行;最终我们仅仅只能合理地确定什么是特殊社会或个体所渴望的……""在我看来,最终我们可以得知什么是人们所渴求的希望和恐惧、爱与恨、要求和拒斥……"。① 我们对人性的理解在涉及特殊情况时是非常到位的,而这种理解随着我们试图对人性归纳概述减弱。此外,伯林对移情想象力和客观性的描述也主张我们的洞察力随着地域的远近而减弱,缺乏经验主义的知识,正在讨论的生活模式则是相互陌生的。与之相对应,随着这些解释上升到经验的层面和熟悉感的增加,对晚近的特殊文化的和历史的生活模式,特别是我们的生活模式,可以合理地得到确定。这对归之于伯林的严格意义上的普世性的人性论产生了不利影响,由此可以再次确定这种观点是作为一种暂时性的和解释性的历史主义观点的。此外,这种观点通向的是一种对特殊生活模式内的不同历史经验的人性的"合理的"解释,简而言之,一种历史化的人性论观点(赋予人性论以历史意义)。

伯林的人性论观点是一种人们赖以生活的身体特征、道德经验范畴和价值或目标的集合体。这种人性的概念构成了关于人们如何更好生活的最终预设,或许是最重要的一种预设。伯林认为行使移情想象力和历史的重构对这种最终的预设的证明也是"容易被可解释的历史理念的整体的人、环境或文化的观点破坏或改变"②。在这点上伯林很乐意引用赫尔德的观点:"价值—目标—生和死这些社会因素都在形成的过程中内化为人们生活模式的一个部分。每一种'群体个性'都是独特的,它们自身的目标和标准都不可避免地由其他的目标和价值取代——伦理的、社会的和美学的。在它们自己的时代这些制度都是客观的和真的……"③换言之,人性的重要特征包括共通价值和"不同的时代和不同的文明的目标"④。事实上,最终的预设所详细说明的时代的更替或文明之间的差异是变动不居的。每种生活模式都包含它们自己的客观价值和目标,它们自己的特殊价值的"独特的模式"可以潜在地被生活于文化或历史范围内的每个人所理解和接受,并且在整体经验中表现出人之为

---

① Isaiah Berlin. Reply to Robert Kocis[J]. Political Studies,1983,31:392.
② Isaiah Berlin. The Proper Study of Mankind[M]. London:Pimlico,1998:23.
③ Isaiah Berlin. The Proper Study of Mankind[M]. London:Pimlico,1998:431.
④ 以赛亚·伯林. 现实感[M]. 潘荣荣,林茂,译. 南京:译林出版社,2004:20.

人。这些价值渗透入我们人性之中并"内在于我们的思维模式之中"。在这种境况中伯林认为人类是一种"不可预测的自我转化的"创造物。伯林依循维柯和赫尔德,认为人性自身是容易变更的,用伊格纳季耶夫的话说:"赋予人性以历史意义……每一种文化都有它自己的道德引力中心——赫尔德称之为道德向心力。"①伯林声明……有一种东西叫作人性。它是可以变更的,在不同的文化中它以不同的面目出现……

伯林关注于赋予了历史意义的人性反映了浪漫主义对他的影响。但是,伯林在两个本质的方面更改了浪漫主义的传承。第一,正如马克·里拉有力的论证一样,伯林比维柯和赫尔德更加强调多元性与历史观和文化向心力的影响和刻画。第二,伯林考虑到超越不同时代和文化的连贯性与"不受限制的"浪漫主义相比较,例如尼采、费希特和哈曼。他主张:"其中的一些被人类运用的时间相当长,几乎被认为放之四海而皆准。"②事实上,这些连贯性可能反映了真实的普遍人性论,尽管我们并没有办法给予其确定性。与之相对应,伯林所归之于人文学科的,特别是对历史的探求的目的并不仅仅是把注意力贯注在建立普遍性和关于人性的特定的主张上。他的这种意图要做这样的理解:对过去整体价值的发现和对其他文化的研究能使你更好地理解自己。人文学科和特殊的历史的探求最终并不是把重心放在普遍性的人类知识上,而是通过特殊的人性的经验能更好地理解为一种特殊的生活模式,特别是自身所属的生活模式。

四、基于"现实感"的实践智慧

作为一个历史学家,伯林认为一切历史上所发生之事俱都由互有差异的事件、对象和特征纠缠在一起,令无数试图探究其内在肌理的学者迷失于其中;现实世界是复杂的、丰富的,理性对现实世界的抽象破坏了现实世界的丰富性和整全性,而现实的每一个局部都是有意义的,是不能被简单忽略的。基于这一思想,伯林将现实分为两层,"表面的、公开的"现实与"深层的、复杂的"现实:"每个人和每个时代都可以说至少有两个层次:一个是在上面的、公

---

① 伊格纳季耶夫.伯林传[M].罗妍莉,译.南京:译林出版社,2001:245.
② 以赛亚·伯林.现实感[M].潘荣荣,林茂,译.南京:译林出版社,2004:20.

开的、得到说明的、容易被注意的、能够清楚描述的表层,可以从中卓有成效地抽象出共同点并浓缩为规律;在此之下的一条道路则是通向越来越不明显却更为本质和普遍深入的,与情感和行动水乳交融、彼此难以区分的种种特性。"①伯林试图说明的是,知识与科学都只是第一个表层的产物,而真实的情况是,处于表层之下的复杂特性才是现实的真正面目。"显然,在设法获得关于世界的知识的时候——不管是外部的还是内部的、物质的还是心灵的——我们必然只能注意和描述它的某些特征,或者说是那些'公开'的特征。"②这种"公开"的特征并不能说是错误的或者虚假的,而真正的问题在于它不能包含现实的全部,它极易使人将普遍和个性差别对待,将普遍的意义升高而忽略个性的意义;而伯林试图说明的是,正是一些抽象与普遍之外的个性构成了生活的重要意义。伯林并没有贬低普遍的意思,他只是表明,将普遍的意义升高是一个错误,而对复杂的、丰富的局部和个性的重视才能维护生活的丰富性和整全性。而理性一元主义将"深层的、复杂的"现实降低甚至是虚假化才是我们出现错误的原因,也是种种理性主义的一元论最终归于失败的最终原因。对伯林而言,任何抽象观念如果要获得理论上的成功,都必须经过种种艰苦的努力,克服许多明显的实际困难;但是,无论这种克服困难的努力多么成功,最终的结果至多不过是一项"高明的伪造""在当代基础上嫁接的一件人造古董"而已。真正的现实的"常态"是那些抽象理论之下的各种差异与特性,对这些差异和特性,抽象理论总是要不断地忽略和切割,以保证抽象观念自身的完整性和体系性。这是一个革命性的宣称,在西方的形而上学传统中,纷繁复杂的、支离破碎的现实总是作为一个虚假的表象出现,而和谐和统一是真实的,是本质的,是隐藏在虚假的现实之后的。柏拉图的"洞穴之喻"清楚地表达了对复杂现实的不信任和对完美、统一、和谐的追求。而伯林对"现实感"的论述,从根本上反转了这个传统。在伯林看来,和谐、完美、统一的抽象体系来源于现实,但并不反映现实的全貌,和谐、统一的抽象体系并没有权利以本质和真相的面目要求现实服从它。抽象统一的理论是影子,而复杂多元的现实才是真相。这种由无数种难以辩解的环节环环相扣以及其之间的现实感,

---

① 以赛亚·伯林. 现实感[M]. 潘荣荣,林茂,译. 南京:译林出版社,2004:22.
② 以赛亚·伯林. 现实感[M]. 潘荣荣,林茂,译. 南京:译林出版社,2004:16.

使所有建基于清晰逻辑和推理之上的科学的建构显得单薄和空洞。这种可以判断什么东西是彼此适合的现实感是无可替代的。伯林指出,十八世纪的理性主义者由于把科学研究的方法和规律应用到社会和个人生活领域,认为人类生活中的事情可以通过初始条件加上科学法则而加以演绎和推理。

由于他们把复杂的人类事务和生活方式简约化,因此也就忽略了一般概括和具体情况之间的巨大差异。从与忽视现实感的理想主义者的相异的立场出发,批评者虽然看到理性主义者的错误,但他们也往往认为虽然科学的钥匙并不是真正的钥匙,但是解开谜团的真正方法却一直存在——或者诉诸传统,或者诉诸天启和信仰,或者诉诸对生活的"有机"的看法。对伯林而言,这些解决方案原则上都是错误的,能够估量形势,能够判断何物与何物之间是彼此合适的,知晓在何时采取何种手段去行动的现实感具有不可替代性。因此,伯林所重视的现实感是人的实践智慧——管理自身生活或使手段符合目标的能力。

在面对价值冲突和多元化的现实境况时,极端的科学决定论者声称掌握和支配了社会或个人生活的各种规律,并且可以像利用其他规律征服自然一样来利用它们。这种社会技术被称为社会解剖学。依据这种社会解剖学合宜的判断必然是建立在无可置疑的知识基础之上,亦即具有确定性的科学知识或专业知识。但是伯林认为在"政治活动的领域,定律实在是少之又少;手段就是一切"①。事实上,在政治活动领域中的关键问题在于对一次特定运动、一个特定人物、一种独特事态、一种独特气氛,以及经济、政治、个人因素的具体特质的理解。虽然科学知识在不同的学科领域和人类生活的领域中不可或缺地提供了许多信息,但是在人类的实践领域中依然存在着许多科学无法解释的问题。对人类生活中各个层面所产生的稍纵即逝、支离破碎的碎片的整合,以及判断它们是否在现实中相互适合——这些生活的基本成分内在于我们,并构成我们生活的半意识和无意识状态,因此并不能分离出来以供科学来检视和分析。因此在实践生活领域,知道什么"行"、什么"不行"的感觉的实践智慧,而不是科学理性,是我们所亟需的。这种实践智慧不同于吉尔伯特·赖尔在"知其然"和"知其所以然"之间作著名的区分:懂得如何去做一件

---

① 以赛亚·伯林.现实感[M].潘荣荣,林茂,译.南京:译林出版社,2004:50.

事——具备或掌握一门技巧或诀窍——并不表示有能力说明人的实际行为的原因。他们之间的区别正如伯林所列举的会骑脚踏车与懂得脚踏车运行的原理的区别一样。

对伯林而言,生活的——也是政治的——艺术,以及一些人文学科中的艺术都具有独特的方法和技巧以及自身的判断标准。那些判断力差、缺乏现实感的人们的失败之处不在于没有成功地运用科学的方法,而是过度地运用了它们。他们由于怀有某种简单的、齐整的方式看待生活的强烈愿望,过于相信把某个理论领域中推演出来的结论直接运用于身后会产生有益的结果。而这种对理论过分依赖的结果是:如果事实——活生生的人的行为——不顺从这些实验,这些实验者就会恼火,并试图削足适履,改变事物以符合理论。这实际上意味着对社会进行一种实体解剖,直到社会变成理论原先宣布实验应该使之成为的样子。正如伯林所指出的:"热情宣扬难以达到的理想,即使它只有空想,也可以冲开盲目传统的樊篱,改变人类的价值观,但鼓吹伪科学的或其他各种经过虚假证明的手段——形而上的或其他各种虚假承诺所宣传的方法——则有百害而无一利。"①因此,伯林认为合理的政治判断所强调的主旨在于:行为者应当紧扣具体脉络,以对复杂的问题做出明确的判断。有别于僵化的抽象法则,这种实践智慧因而带有权宜的特质,提醒我们必须基于适当的理由,进行妥善的思虑,然后才能秉持可行的态度,面对每个问题的独特情况。

本章小结

伯林的历史的、哲学的和人性论的路径通常是趋向于一种温和可靠的历史观,其侧重点在于人类历史、文化和有着自身特征的现时代人性论以及个体的选择自由。这种温和的历史主义立场的核心是对作为整体的且具有独特表现力以及基本的生活文化形式的多样性和历史性的深切关注。然而,这种对多样性的关注是温和的,通过移情的想象力和一定程度上的洞察力,从而达到对不同人类文化的理解。换言之,伯林的温和的历史观正是筑基于其对生活在历史长河之中的个人所必然拥有的程度大小不同的自由之上的,且其本质

---

① 以赛亚·伯林.现实感[M].潘荣荣,林茂,译.南京:译林出版社,2004:59.

是与伯林的多元论思想相互契合的。

　　对伯林而言，人类的历史与人类的语言一样，都是多方面的和多样的，所以，也总存在着许多人类历史，而不是单一的历史。这就是人类历史的真实面目。因此，对于形而上历史观所主张的——历史有一种价值，因为它有一种本身便具有价值的目的；它的目的构成了它存在的依据，并因此为每一历史状态和历史事件的存在提供了正当性；每一历史状态和历史事件都是必要的，因为它是先定的，由此整个历史过程也是必要的；这一过程具有明确的模式，即历史是这样一个过程，在这样一个历史过程中发生的任何历史现象都需看作为向着历史目的实现而迈出的一步——观点，伯林持拒斥的态度。因为在这种历史决定论的模式之下，人们选择的自由将最终成为一种幻想。为此，他与巴特菲尔德、卡尔辩争"道德判断"的走向和基点，强调历史解释不能漠视和压制作为个体的人的自主性，而单单把重心放在对外在力量发生作用的探寻之上，换言之，伯林认为历史学家应该适当地评论个人应负的责任；此外，历史学家日常所使用的语言必然不可避免地会包含某些价值立场，他们不可能做到完全的价值中立；在对历史的叙写中，伯林认为历史学家应该关注差异性和特殊性，并且以叙述和传达过去之事的具体面目为己任；同时，伯林对于错置的科学主义非常警惕，他认为历史学家在对历史进行描述以把历史事实呈现给大众时，科学主义者所赖以立基的逻辑思考和抽象思考并不能发挥重要作用，而是必须借由富有想象的洞察力以及生动的记叙达成目标。

　　因此，伯林的历史的、哲学的和人性论的路径通常是趋向于一种温和可靠的历史观，其注意力集中于人类历史、文化和有着自身特征的现时代人性论之上。这种温和的历史主义立场的核心是对作为整体的且具有独特表现力以及基本的生活文化形式的多样性和历史性的深切关注。在这种温和的历史观中，伯林从自我转化的角度理解人性，因此其历史观呈现出不可预见性、多样性和新颖性的特征。同时，这也是一种历史主义人性论观点，这种观点意指人的特性和多样的本性既是由于族类的创造性而形成的，也是通过多少代人的活动的交织而历史地创造的。

第四章
伯林自由主义伦理视域下的人性论

　　伯林的人性论思想在构建其道德哲学思想中占有不可或缺的地位,同他一贯所秉持的价值多元主义理论相符。对伯林而言,那种一以贯之认为人性是固定不变的,并且试图用理性主义来解剖人性论,希望把科学研究的方法应用到对人性的研究中,从而演绎推理出人类的价值观念的做法是荒谬可笑的。伯林赞同浪漫主义所倡导的人类在发展的过程中具有多元性和差异性的观点,但恰恰是伯林的这种价值多元主义使大部分人认为伯林的人性论呈现出一种悲观主义的特性。这种悲观主义人性论的特性体现在:推崇价值之间的不相兼容性和不相通约性预示着人们并不能分享基本的道德范畴,从而导致不同文明和不同社会之间理解的阙如。但是把伯林散论在不同著述中的观点集中在一起,便为一种彻底的自由主义人道主义人性论提供了一个最全面、最令人信服的论证。伯林把价值多元主义糅合进人性论中,对人类有能力解决人类问题持一种乐观和积极的态度。这其中包括希冀以一种体面的方法解决价值冲突、对族群的归属感和认可的需求、人们相互理解和沟通的能力和存在一种基本的道德范畴。

　　作为一个尊崇多元化的思想家,伯林反对一切决定论思想。在探究人性的过程中,伯林也揭示出西方智识传统中所尊崇的人性的决定论。这种人性的决定论的主要特征体现在:忽略时空和地域的差异,认为人类的情感、欲望、动机具有恒久不变性,人们只要掌握足够的知识就能达至对人性的全面认识。这种追溯到西方智识传统源头的,并且作为奠定古典和基督教的自然法基础的共同人性的概念是被伯林所拒斥的:"伯林并不赞同在霍布斯、洛克、卢梭甚至休谟的著作中所发现的那种共同人性的观点,在这些哲学家看来,透过人类历史所显示给我们的多种多样的生活习惯和习俗、有差异的自我和善的概念等等文化混合物,可以发现人们的需要和情感中有一些永久不变的东西"①。这种把人性看作一成不变的、静止的观点与伯林所提倡的动态的、多元的观点背道而驰。对伯林而言,人们所欲求的目标和价值体系是多元的,并且这些目标和价值通常是相互冲突、不相兼容的。因此,借由人们自由意志的存在,作为创造者的人类实质是选择者和目的的探求者。此外,伯林温和的历史观是同其多元的人性论相互交叠的,他赋予了人性论以历史意义,而那种把人的本质看作恒定不变的观点则背离了历史,因此也被伯林所摒弃。

伯林的人性论观点是一种人们赖以生活的身体特征、道德经验范畴和价值或目标的集合体。这种人性的概念构成了关于人们如何更好生活的最终预设,或许是最重要的一种预设。② 对伯林而言,任何把理性主义应用到对人性的说明之上的做法都会导致谬误。由于人本质上是选择者和目的的探索者,所以伯林认为我们不仅可以不必受到理性的迫害,而且可以借由自身的创造能力,去创造令我们感到舒适的生活方式。"我在行动中创造,不管我是不是艺术家、哲学家或政治家,这不是因为我力求实现的目标从客观上说是美的、真实的或高尚的,也不是因为它受到公众舆论的赞成或符合多数或传统的要求,而是因为它是我自己的。"③"价值并不是被发现而是被创造出来的,它们得到实现,是因为它们是我的或我们的价值,无论这种或那种形而上学理论对真实自我的性质有什么样的看法。"④

第一节 选择者和目标的探求者

借由上述章节论述可知,价值多元主义贯穿于伯林的自由主义伦理思想之中。对伯林而言,在我们生活的道德世界中,围绕着我们的道德规则并不是

---

① 约翰·格雷.伯林[M].马俊峰,杨彩霞,路日丽,译.北京:昆仑出版社,1999:10.
② Isaiah Berlin. The Proper Study of Mankind. London:Pimlico,1998.23
③ 以赛亚·伯林.反潮流[M].冯克利,译.南京:译林出版社,2002:21.
④ 以赛亚·伯林.反潮流[M].冯克利,译.南京:译林出版社,2002:22.

和谐共存的,而是互有区别甚至相互冲突的。在这些互有区别甚至相互冲突的价值之间缺乏一种普遍有效的尺度或标准去衡量不同的道德选择,在这种情况下,个人在构建适合自身的生活方式时有权利优先选择某些价值,而这种凸显的个人的选择能力则成为人们的生活中不可或缺的组成部分。对伯林而言,选择的能力本身就假定人们所追求的目标,同时这亦是他赋予人性的最基本特性。在他的文章《科学概念的历史》中我们可以得知伯林把人类定义为:"积极的存在,追求目标,塑造自己的和他人的生活、感觉、反应、想象、创造力,在不断的与其他人的相互沟通和互动中……。"①在(形而上学)目的论的观点中,伯林是拒绝预先设定的目标的。伯林所尊崇的动态的、多元的人性论的首要特征就蕴含了个体选择的能力和创造力或对现存价值的追随。

一、目标的追求和选择的能力

对伯林而言,人类首先是一个"目标的追求者",所追求的目标并不指涉任何具体的价值或目标,例如"追求幸福,避免痛苦"。因为对伯林而言,对幸福的追随和对痛苦的避免这种目标并不具有普适性。在同麦基的谈话中伯林指出:追寻幸福也不一定是宗教徒的目标。"我记得好像在什么地方读过:有人对路德说,人有幸福的权利,或者说人生的目的在于幸福,他回答道:'幸福?不!苦难!苦难!十字架!'受难是某种形式的基督教的核心。它是一种极其深沉的信念,是对现实的一种极其深刻的看法,许许多多绝不浅薄的人都把自己的一生建筑在这种信念上了。"②对伯林而言,他所认可的这种对目标的追求的能力是同其自身的自由理论的基础相互契合的,亦即假定人们有能力对一种合理的善的概念进行架构、修正和追寻。这种善的概念并不必然是固定的、预先给定的或被决定的,且在生活的过程中可以与其他的善相互调换。

当伯林把人类定义为"目的的探求者"时,他把这个特征同人类的选择能力联系在一起。对伯林而言,"除非我们认为人能够通过深思熟虑的选择行为追求他们自己的目的"③,否则我们的整个思维方式都变得毫无意义,如果没

---

① Isaiah Berlin. Concepts and Categories[M]. New Jersey:Princeton University Press,1999:133.
② Bryan Magee. Men of Ideas:Some Creators of Contemporary Philosophy [M]. London:British Broadcoasting Corporation,1978:22.
③ 以塞亚·伯林. 自由论[M]. 胡传胜,译. 南京:译林出版社,2003:384.

有这种选择的能力,便很难称呼人之为人了。面对人类的生存现状,伯林认为人们选择的能力会遭遇严重的阻碍,因为人们必须在相互冲突的价值之间做出选择,而这种选择将会导致不可复归的损失。为了证明这一点,伯林引用了1961年的艾希曼审判这个例子,在受这个他密切关注的事例所启发的基础上假定了一种探争:"当艾希曼说'我杀害犹太人是因为我要遵守长官的命令;如果我不执行命令将会导致我自己被杀害。'人们可以说:'我认为你不可能选择自己被杀害,但是如果你决定这样做的话,原则上你就可以这样做——这里并没有文字上的压制,因为在本质上,可以导致你按照你想要的行为。'你可能认为在面对巨大的危险的时候希望人们这样做是不合理的:所以是这样的,但是也许他们决定应该这样做是不可能,在字面的意义上他们所这样做的选择。苦难是不应该被期望的,但是却可以被接受,反对不论如何的可能性——事实上,这就是它为什么如何令人羡慕的原因。"①伯林指出,通常在一个选择之中至少存在两个可能的选项,即便不能确证任何自由(消极)存在,我们亦不可避免地要做出选择。

作为一个价值多元主义者,伯林认为"在各种绝对的要求之间做出选择,便构成人类状况的一个无法逃脱的特征"②。在相互冲突的价值之间做出选择是不可避免的,因此选择的能力也可能是一种负担。像让·保罗·萨特一样,伯林认为"我们不可避免地要做出选择,并且每种选择都可能带来不能挽回的损失"③。伯林和存在主义者都认可人们不仅在不同的价值冲突之间不可避免地要做出选择,而且人们也可能会逃避做出选择后所要承担的这种责任。因为在价值冲突的状况下做出选择就意味着牺牲,做出选择所造成的结果不仅仅会影响到个人生活,也会影响到其他人的生活。由于我们所做的选择和与之相关联的责任很难承受,因此人们往往倾向于寻找借口和托辞去推卸做出选择所导致的后果。其中一个寻找托辞的方式指涉到社会学和心理学领域决定论者的理论:"通常(存在主义者)是认为人们的选择是被满足地支持的。因为选择涉及责任,并且一些人在大多数时间,大多数人在一些时候,希望避免这种负担,并有一种寻找借口和托辞的倾向。因为这个原因人们倾

---

① Isaiah Berlin. The Power of Ideas[M]. Chatto:Chatto & Windus,2000:20.
② 以塞亚·伯林.自由论[M].胡传胜,译.南京:译林出版社,2003:242.
③ 以塞亚·伯林.扭曲的人性之材[M].岳秀坤,译.南京:译林出版社,2005:15.

向于把大多数不能避免的行为归因于自然律或社会规律——例如无意识的思想,或不可改变的心理反应,或社会进化的规律。"①

我们注定要做出选择的这个事实意味着选择的能力本身就是构成人性的一个内在因素。伯林认为人类通常受他们所处的环境影响和塑造,因此可能把人类刻画为受"社会的、心理上的、自然的和历史的等这些不受人类自身控制的因素所影响"②。然而,对伯林而言,自由并不能完全被这些因素所消除。伯林希望避免一种关于人性的决定论的观点,因为这将导致"人类不过是动物王国中的一个物种",并且不能辨别"行为和行动之间的区别"的观点,同时也会导致毫无理由和借口地把人不视为人,这所造成的结果只能是使二十世纪成为痛苦的世纪。伯林是如何反对人性论的决定论观点的呢?在他长期为自由意志辩护的进程中,伯林使用了他归因于康德的论据:如果人们是完全被决定的,那么就没有能力为其行为所造成的后果负责,因此亦不会受到道德上的赞扬或谴责。"除非同时也可以选择非正义,否则,选择正义本身并不是多大的功劳。无论出于何种原因,那些执意终身选择真善美的人们不能因此自诩为有功之人,因为不管这种选择会产生多么高尚的结果,行为本身是自发产生的。因此康德推想,道德功过的观念,道德应得的观念,哪些该得到我们的赞扬,哪些该受到我们的谴责,哪些行为方式该受到鼓励或指责,所有这些都基于这个前提:即人们能够自由选择。"③对伯林而言,如果人们是完全被决定的,那么道德责任的称谓将会变得不合时宜;如果我们所有的行为都是被决定的的话,那么日常语言所做出的赞赏或谴责是毫无意义的。

在历史悠久的世界性宗教例如伊斯兰教、加尔文教和马克思主义的信仰中,伯林注意到存在着一种朝向宿命论和决定论的趋向。同时他也意识到,一方面在信徒和他们所信仰的全知全能的神眷之间存在着矛盾,另一方面他们仍然负有道德责任:"宿命论并没有在穆斯林中培育出消极性,就如决定论并没有削弱加尔文主义者与马克思主义者的活力一样(虽然马克思主义担心会如此)。实践常常欺骗心跳,不管它表白得多么真诚。"④

---

① Isaiah Berlin. Concepts and Categories[M]. New Jersey:Princeton University Press,1999:176.
② Isaiah Berlin. Concepts and Categories[M]. New Jersey:Princeton University Press,1999:179.
③ 以赛亚·伯林. 浪漫主义的根源[M]. 吕梁,等,译. 南京:译林出版社,2008:70.
④ 以塞亚·伯林. 自由论[M]. 胡传胜,译. 南京:译林出版社,2003:12.

在伯林的人性论思想之中,他强调人类选择的能力应该得到尊重,而不应遭到破坏。人们应该存在一个领域,在这个领域中个体的行为在不侵害他人利益的情况下不能被他人干涉(消极自由)。伯林在强调人们的选择能力的时候把康德视为盟友,他强烈支持康德的"剥夺一个人选择的权力是对他所能做出的能想象到的最大的伤害"并且是"一种剥削、羞辱、退化和非人化的来源"。① 为了加强对人们选择权利的尊重,伯林援引康德的观点:康德认为人们不应该被视为手段,而只能被视为他们自身的目的的理念。在给乔治·凯南(1951)的私人信件中,伯林写道:"整个康德式道德(我不知道天主教徒的态度,但新教徒、犹太教徒、穆斯林和高尚的无神论者相信它)就在于人'以自身为目的';关于这个神秘措辞,人们嘴上说的太多,不再需要去解释它。它的含义似乎在于:假定每个人都拥有选择做什么、成为什么的能力,尽管它的选择范围可能是狭窄,尽管受到他控制之外的环境的阻碍;在这种意义上,人类的所有爱与尊敬都依赖于有意识的动机这种属性"②。在观念史中,康德所倡导的人类是"以自身为目的",这种主张虽然并没有脱离原初的背景,但却已经被世俗和宗教世界所接受。康德在《道德形而上学的基础》中的解释是非常"神秘"的,康德强调人们自身有能力确定自己所要选择的生活方式和目标的价值,而人类的尊严恰恰是源于他们是以自身为目的而非手段的。这种把人类自身看作目的的观点是与人类所拥有的选择的能力相互联系的。

对伯林而言,康德在其思想中所主张的原初哲学设置的观点很难让人接受,作为一个"世俗的经验主义者",伯林并不能接受康德所主张的服从普遍理性的先验假定的自由。此外,伯林并不相信先验理性的存在,因为我们并没有一双"可以看到非经验主义的普适性真理的充满魔力的眼睛"③。

为了捍卫选择的权利,伯林也谈到了康德所极力反对的家长式作风。虽然有着良好的意愿,但是施行家长式作风的政府对于个人选择的限制还是被康德和伯林所反对。在康德的一部政治哲学著作中他写道:"家长式作风是能想象到的最大的专制主义。"④伯林对康德的这种观点的解释如下:"家长制是

---

① 以赛亚·伯林.现实感[M].潘荣荣,林茂,译.南京:译林出版社,2004:275-276.
② 以塞亚·伯林.自由论[M].胡传胜,译.南京:译林出版社,2003:384.
③ 拉明·贾汉贝格鲁.伯林谈话录[M].杨祯钦,译.南京:译林出版社,2002:106.
④ 以塞亚·伯林.自由论[M].胡传胜,译.南京:译林出版社,2003:229.

专制的,不是因为它比赤裸裸的、残酷的、未开化的专制更具压迫性,也不是因为它无视内在于我的超验的理性,而是因为它对于'我'的人的观念的一种侮辱;人之为人就意味着按照我自己的意图(不一定是理性的或有益的)来造就我自己的生活,尤其是有资格被别人承认是这样的一种人。因为,如果我不能获得这种承认,那么,我就无法承认并怀疑我自己的要作为完全独立的人的那种要求。"①虽然政治体制所制定的政策的出发点是仁慈的,但个人选择的权利必须被尊重,即便人们所做的这些选择可能是非理性的或者可能会导致不好的后果。伯林在阐述康德所提倡的这种理念时,淡化了康德所谓的"先验理性"对个体选择权利的保护的合理性。由此可知,伯林并不赞同康德的"先验理性"的理念。相反,伯林认为康德的"先验理性"的理念也是筑基于人类按照自己的目标塑造自己生活的能力之上。同时伯林也意识到,对人类尊严和选择能力的尊重的世俗基础是相对薄弱的,这种世俗基础依赖于一种康德甚至在原初的哲学中所没有设置的信条。为了确保对人类的尊严和选择的权利的尊重,仅仅援引康德的思想是远远不够的。因此在深入康德思想体系的内部寻求援助的同时,伯林亦寻求一种普遍性的哲学的支持,这种哲学尊重人类的尊严和选择的权利,以及对消极自由领域提供绝对保证。

二、塑造自身生活的能力

借由伯林对人性论的多元化的描述,我们可以得知对于伯林而言,人类不仅具有选择自己生活和价值的能力,同时也是作为一种塑造自身和他人生活的存在:"……活动的人,追求目标,塑造自己和他人的生活,感受、反映、想象、创造,不断地和他人相互沟通和互动……"②对伯林而言,存在着两种作为特性的先决条件:首先,我们并没有固定的或基本的特性;其次,我们并非注定就要遵循一些预先固定的目标来发展自我。借由这些特征我们可以得知伯林是拒斥一种本质主义的(实在论)人性论的。这种本质主义人性论的特征在于:确证存在一种适用于所有人类的、固定不变的或者基本的特性。这种本质主义人性论的一个致命的缺陷在于:力图制定规导人们应该如何生活的规范。

---

① 以赛亚·伯林. 自由论[M]. 胡传胜,译. 南京:译林出版社,2003:229.
② Isaiah Berlin. Concepts and Categories[M]. New Jersey:Princeton University Press,1999:133.

例如,对本质主义人性论者而言,妇女的天性或本质是照顾和培养孩子,而不是参加公共生活。这种本质主义缩减了人们自由的程度并试图把人们装进一个束身衣中。因此,伯林完全赞同存在主义者对这种本质主义人性论观点的批评。

在拒斥本质主义人性论观点的同时,伯林也意识到了他的反对观点中存在着消极的一面,也即并不存在任何普遍性的人性。存在主义者也注意到伯林的这个缺点,所以他们在描述人性的时候使用"存在的"而不是"本体的"的指称来弥补这个缺陷。"存在的"特征仅仅涉及人的状况,并不包含任何指导人们应该如何行动、他们设计的计划应该是什么、他们应该扮演什么角色的(形而上学)目的论的观点。首要的一个例子体现在把人类描述为"注定要做出选择"。因此,伯林把这种存在主义者的解决方法援引进自己的人性论思想之中,与存在主义者不同的是,伯林并不使用"存在的"这个术语,他倾向于通过"人类状况的一个无法逃脱的特征"①来定义人类。然而,伯林刻画人性的一个重要特征就是保留了术语"本体",也即人类自身所拥有的选择能力。

由此可知,伯林是把人类定义为可以自我转化的,因此伯林亦遵循存在主义者所阐述的另外一个重要原则——"存在先于本质"。对存在主义者而言,人类的本质并非预先设定的。当人们出生后,他们明显是存在的,在他们成长的过程中,人们有能力通过他们的行为创造他们自己的生活。所以,在人类存在之前并不预先存在固定的人性。萨特在他的文章《存在主义是一种人道主义》中把这种存在的结构与他的无神论立场联系了起来。对萨特而言,如果上帝创造了我们,那么我们的存在将先于本质,因为存在于上帝的意识中的我们是其所是的理念将先于我们而存在。作为一个不可知论者,伯林认为并没有一个存在着的上帝来定义我们人类的本质。由上述可知,伯林定义"自我转化"的人性的时候借鉴了存在主义者的"存在先于本质"的理念,但是存在主义者和伯林之间存在着重要的区别。伯林人性论的观点是远远超过存在主义者对人性的认识的,伯林认为人是社会存在物,并且是文化的或社会团体的一个组成部分。这就意味着人类的生活不仅可由自己塑造,还可能被其他人塑造。

---

① 以赛亚·伯林.自由论[M].胡传胜,译.南京:译林出版社,2003:241.

三、价值的创造者或价值的发现者

借由第一节伯林对人性的描述，我们可以得知对伯林而言，人性的不可或缺的特征就是对价值和目标的追求，但这种对目标和价值的"追求"意蕴是什么？对伯林而言，个体是价值的创造者还是价值的发现者？一方面，个体被视为价值的发现者的观点筑基于一种现实主义者的本体论之上，主张价值是独立于人类的认识之外的，因此就赋予了这些价值以绝对的、超越时间和空间的特征。对伯林而言，这种把个体视为价值的发现者的立场避免了人性的主观性，而且也确保了价值的普遍性和永恒性特征。这种现实主义立场的缺点在于其较易导向一元论的道德框架。此外，它亦严重损害了人们发现价值并改变价值的能力。另一方面，个体被视为价值的创造者的观点筑基于一种主观主义者的本体论之上，主张价值源于人们自身的文化或个人观点之中。这种观点的优势体现在其对道德差异性的解释以及有助于人们接受道德的差异性。然而，这种立场的缺点在于不能归纳和推论出普世性和永恒性的价值，所以这种主观主义的立场较易导向相对主义，因为除了个人的观点和社会实践，并没有最高的法院可以上诉。对伯林而言，一方面他并不希求这种道德相对主义，但同时也不希望对人类的自治和道德差异性有所限制。在对伯林散论在不同的讲话稿和文章中的人性论的研究中，可以得知他试图在这种进退两难的困境中寻找一种妥协。对伯林而言，在对在这种进退两难的困境之间维持微妙的平衡的论述中，主观主义不仅作为西方智识的一个不可或缺的组成部分，而且通常是被视为价值创造者的出发点。

在康德之前，主体首先是被视为一个价值的发现者。假设存在着一个可以发现诸类价值的领域，这个领域是独立于并超越思想的。由于这个领域所具有的永恒性和普遍性特征，也即意味着主体没有改变这些被发现的价值的能力。对伯林而言，康德所主张的人作为价值的创造者或发明者相互变更的观点不可能在西方思想的源头发现，而应该在启蒙思想中所标榜的对人的自主的强调中发现。根据伯林的阐述，康德把自律定义如下："自律意味着成功地自动脱离敌对力量或盲目力量，或无论怎么我本人也无法负责的力量活动的领域，例如物理定律或暴君的奇思怪想活动的领域。自律，即真正的自由，向我本人发布命令，随心所欲行事的我服从这些命令。自由便是服从自己给自己下的指令。"①对康德而言，人类的发展并不遵循一种特定的、构成普遍性价值的价值。人类独一无二的属性凸显在把他和他所知的宇宙中所有其他的实体区分开来的东西——自我管理，亦即他的自主性。然而，这种自主性存在着被内在的（心理上）或外在的（生物的、地理的和生态的）因素严重削弱的可能性。康德认为这些内在的和外在的因素都属于他律的领域，而自主的个体应该尽其所能地消除这种对自主性的消减。这种发生在现代社会中对待自然和自然秩序的整个态度的改变对伯林而言是一种重要的结果。因为在它的古典希腊—罗马形式里，以及在许多当然不是全部的基督教和穆斯林的形式里，都包含了这样一个信念，即存在一个世界结构，在其中人有一个由上帝或自然确立的固定的位置。② 在这种体系中万事万物都有其自身的固定的位置并且都遵循颠扑不破的规律。人类也毫无例外地服从这些制度，否则人类就会迷失方向。按照伯林的观点，经常因此受到指责的是康德而不是休谟，是他把自然的世界和目的、原则、价值的世界剥离开来。③ 在康德和休谟之前，服从权威和进行战斗的理由会在事物的本质里面找到，即客观的理性自然，单一的、内在一致的、独立于人类意志或思想的结构。④ 现在这个理由可以在其他场合中找到。借由康德观点的帮助，浪漫主义者更易接受主观主义的立场。

　　康德哲学一以贯之对自律的强调是受浪漫主义所鼓舞的。对伯林而言，弗里德里希·席勒就像康德一样，对于意志、自由、自律性、独立的人这些观念十分着迷。⑤ 虽然伯林十分赞赏康德所提倡的自由意志把人类从自然中解放出来的观点，但同时也指出它："把我们送上了一条狭窄的道德之路，送进了一个太刻板、太逼仄的加尔文世界，在那里，人们要么沦为自然的玩物，要么谨守路德教那套严格的职责（康德一度认为那套职责会残骸和毁灭、扭伤和扭曲人的天性）。如果人想要获得自由，他不应该只有履行职责的自由，他还必须拥有选择遵循自然或自由地履行职责的自由。他必须居于主动位置，或选择职责，或选择自然。"⑥伯林认为席勒提出了一种至关重要的观点：人类观念史上

---

① 以赛亚·伯林. 自由及其背叛[M]. 赵国新，译. 南京：译林出版社，2005：63.
② 以赛亚·伯林. 现实感[M]. 潘荣荣，林茂，译. 南京：译林出版社，2004：277.
③ 以赛亚·伯林. 现实感[M]. 潘荣荣，林茂，译. 南京：译林出版社，2004：284.
④ 以赛亚·伯林. 现实感[M]. 潘荣荣，林茂，译. 南京：译林出版社，2004：284.
⑤ 以赛亚·伯林. 浪漫主义的根源[M]. 吕梁，等，译. 南京：译林出版社，2008：82.
⑥ 以赛亚·伯林. 浪漫主义的根源[M]. 吕梁，等，译. 南京：译林出版社，2008：85.

的价值和目标都是创造出来的,而不是发现的。席勒指出:"理想、目的、目标并非通过直觉、科学的手段,通过对神圣文本的阅读,通过听取专家或权威人士的意见而被发现;理想根本不是被发现的,理想是被发明的;理想不是现成的,理想是生成的——它是生成的,犹如艺术是生成的。"①如果价值外在于我们(在上帝或自然中)并决定我们的行为,那么我们不比奴隶更为自由。对席勒而言,经过浪漫主义的洗礼之后,道德便蜕变成为"人为的发明而不是发现;道德不再是一套命题,对应于我们在自然中发现的某些事实"②。在与自然的决裂中,浪漫主义与理想主义是相互接纳的,这种学说认为我们可以创造我们的理想和目的。浪漫主义甚至认为失去单纯的人类的责任之后,人们才有能力去追求理想以及分辨出必然性与自由、激情与理智的区别。

在康德的独特的道德哲学中,拥有自主权的人们仍然是普遍性价值的发现者。康德认为人们通过正确地运用理性,是可以发现普遍性价值的。同时,道德的代理人通过倾听自己内心的声音来发现他该如何行动。对一个理性的道德代理人而言,对普遍法则的遵从是一种自由的行为;而作为一个理性行动者,他会认识到普遍法则对每一个理性存在的人都具有约束力。康德相信理性的道德代理人将会自发地遵从他自己内心的绝对命令。康德的教义的核心体现在人们是被赋予普遍理性的存在:"人被赋予理性,而且这种功能使人可以在道德以及理论的层面上得到应该做什么、应该怎么生活的答案——对生活在同样状况下的所有其他理性生物都有效的答案,无论他们生活在何时、何地,怎样生活。"③康德认为对普遍理性的遵循是人自治的一个标志,在此过程中并不需要他律的强迫,因为对康德而言,遵从普遍理性就是按照自己内心的声音去行事。因此,在康德的思想体系中,普遍道德律必须通过正确使用理性来发现。与之不同的是,对浪漫主义者而言,道德与艺术之间的创造活动具有很大的相似性。道德是发明的、是创造的,而不是发现的。在浪漫主义的观点中有一种理念是需要遵从的,但是它服从某种内在的冲动,而这种服从是一种理想的实现。④ 康德所谈及的普遍性和理性不久就在浪漫主义的背景中消

---

① 以赛亚·伯林.浪漫主义的根源[M].吕梁,等,译.南京:译林出版社,2008:91.
② 以赛亚·伯林.自由及其背叛[M].赵国新,译.南京:译林出版社,2005:68.
③ 以赛亚·伯林.现实感[M].潘荣荣,林茂,译.南京:译林出版社,2004:279.
④ 以赛亚·伯林.自由及其背叛[M].赵国新,译.南京:译林出版社,2005:63.

失了。

在对浪漫主义的阐述中,伯林也对费希特的本体论观点和自我的概念倾注了极大的关切。对伯林而言,费希特的知识理论是作为"一种出现较早却影响深远的实用主义"①而出现的。对费希特而言,知识只是自然服务于有效生活和行动的工具而已。他认为:"事物之所以是这副模样,不是因为它们外在于我而独立存在,而是因为我让它们变成那样;事物存在的形式取决于我如何对待它们,我需要它们做什么。"②伯林所列举的费希特的实用主义和主观主义认识论的例子是:"不是因为食物摆在手边我才想到吃它;而是因为我饿了,那样东西才变成了食物。"③在实用主义的进程中费希特赋予主体足够的信任。对他而言,康德的批判哲学导致了人这个主体仍然被限制在主体—客体的二元论的范畴之内,而"物自体"在康德的哲学中依然作为外在于我们并决定我们的事实而存在。费希特通过强调所有的客体都筑基在人类思想之上,由此希求在主客二分之中实现和谐。

唯我论的产生源于把事物和他人都看作自我想象中的虚构的产物。伯林认为反抗的理念在费希特的认识论中占有重要地位。费希特指出:"我们开始意识到,在你本人和你希望成为的人之间,在你和你想将你的人格施与其上的质料之间,以及你和那些抗拒施与的质料之间,绝对地存在某种矛盾和冲突。正是在抗拒之中,'自我'和'非我'浮现出来。"④对伯林而言,费希特所提出的观点同时也解决了源于休谟的怀疑论的问题。当休谟审视自身的时候,他"发现了许多感受、情感,以及记忆、希望和恐惧的碎片——所有细微的心理单元,却不能发现任何一个可以被称之为'自我'的实体。"⑤休谟由此得出结论:"自我不是一种东西,不是能被直接感知的对象,也许只有一种称谓,用来表达人类个体以及人类历史赖以形成的经验的串联,只是一种可使洋葱头瓣瓣相连的细绳,只不过并没有这种细绳。"⑥针对于此,费希特则宣称在对非我的抗拒过程中自我便浮现了出来。

---

① 以赛亚·伯林.浪漫主义的根源[M].吕梁,等,译.南京:译林出版社,2008:93.
② 以赛亚·伯林.浪漫主义的根源[M].吕梁,等,译.南京:译林出版社,2008:93.
③ 以赛亚·伯林.浪漫主义的根源[M].吕梁,等,译.南京:译林出版社,2008:93.
④ 以赛亚·伯林.浪漫主义的根源[M].吕梁,等,译.南京:译林出版社,2008:98.
⑤ 以赛亚·伯林.浪漫主义的根源[M].吕梁,等,译.南京:译林出版社,2008:97.
⑥ 以赛亚·伯林.浪漫主义的根源[M].吕梁,等,译.南京:译林出版社,2008:97.

与席勒相同，费希特亦对自由充满热情。"只要一提到自由，"费希特说，"我的心马上敞开，开出花来，而一旦说到必然性这个词，我的心就开始痛苦地痉挛。"①在与其自身的主观主义认识论相结合的基础上，费希特阐述了关于对自由的认识："自由是免于障碍的自由，自由是制造自由的自由，自由意味着你在充分发挥了创造力时免受任何事物的阻碍。"②对于这种对自由观念的解释，伯林借鉴了费希特自由思想中不同的因素，例如"纯粹形式的自我"的概念是"绝对地以它自身为基础的"，是一种"不受自我行为阻碍的自由"，并且"除了其自身之外，他人不能干涉和限制他所做出的选择"。

对浪漫主义的认识而言，费希特是作为一个界限而存在，在其之前的浪漫主义是一种"拘谨的"浪漫主义，而在其之后却蜕变成一种"奔放的"浪漫主义。对"奔放的"浪漫主义而言，其并不受康德思想所带来的影响的限制。在此期间，不但艺术作品的本质变得狂野和不受拘束，意志也同样变得越来越自由自在，不受阻碍。"不受阻碍的"意志所追求的价值观是不同的。对特殊价值生活方式的追寻并非源于这些价值是普世性的，而只是因为我选择了它们，我创造了它们，它们是我的。这些价值"表达了我独特的内在本质，并属于我的特殊的宇宙观；以其他什么的名义来否认它们就是使我所见、所感、所知的一切都变得虚假。简而言之，现在在某种意义上可以说我创造了自己的价值。"③对于浪漫主义者而言，无论会导致怎样的后果，我们都是为了自身的欲求而追寻目标，因此就凸显出了动机的重要性。一个人可能为了追求对他而言意味着是终极目标的目的而牺牲自己，但是对于一种声称可以涵括无所不包的体系比个体自身的需要更广泛和更完备的观点而言，所得到的结果只能是其得不到任何合理的解释或证明。

这是"不受约束的或不屈的意志"理念的一个"具有破坏力的方面"。这种观点否认世界上存在着需要我们绝对服从——科学即服从、顺应事物的本性，谨慎地对待存在的事物，恪守事实，科学亦是理解、知识以及顺应——的事实，因此就导向了："人们所要获得的不是关于价值的知识，而是价值的创造。你创造价值，创造目标，创造目的，最终创造出自己关于世界的前景。正如艺

---

① 以赛亚·伯林.浪漫主义的根源[M].吕梁，等，译.南京：译林出版社，2008：92.
② 以赛亚·伯林.浪漫主义的根源[M].吕梁，等，译.南京：译林出版社，2008：94.
③ 以赛亚·伯林.现实感[M].潘荣荣，林茂，译.南京：译林出版社，2004：281.

术家创造艺术品一样。"①伯林认为，费希特思想中值得我们关注的是在他之后的独裁者欣喜地在费希特的思想中发现了迫使其臣民服从其意志的正当性。此外，费希特的自我理念被证明是病态的民族主义容易俘获的目标。在费希特早期的著作中，他依旧确证了个体的"自我"和通过"它的创造性活动，它赋予物质以形式，它对物质的渗透，它对价值的创造，它对价值的奉献"②来刻画"自我"。然而，在他的后期著作中费希特有感于拿破仑入侵德国的影响以及国内民族主义情感的普遍提升，他逐渐把"自我"和国家或民族认同了起来。对伯林而言，这种认同是一种超个体的实体，也是之后十九世纪和二十世纪的病态的民族主义理念所能借鉴的难能可贵的经验。这种观念不仅会导致战争的发生，并赋予其正当性，最为可怕的是其对不同个体和民族之间的内在和外在的差异性的消解。在伯林的思想中，这种超个人的实体"会引起一些政治性的联想。如果自我不再等同于个人，而是等同于超个人的实体（比如一个教会、一个群体、一个国家或一个阶级）认同，而这些外在的实体会成为巨大的闯入者，它一意孤行的意志会把它的人格强加在外部世界，强加在它自身的构成因素，也许就是人自己身上，人由此成为更巨大、更显赫、更持久的人格的附庸或零件"③。

借由上述论述可知，与康德自身的认知相互呼应的是他的理念朝向"不屈意志"或"不受约束的意志"的危险方向前进。伯林认为恰恰是康德无意中打开了浪漫主义的大门，并且扭转了我们对"自我"的认知。康德对于他的思想无意中的走向也非常遗憾，但是在历史中所做出的改变是不可消除的。像对待浪漫主义一样，伯林也接受了康德所赞同的理性不再遵循客观的物性论的独特的洞察力。人生的轨迹不再被看作有关命运的问题，而只是一种选择而已。④ 社会已经不再被认为是反映事物永恒的方案，我们可以自主并且也有能力改善我们的生活。这就是伯林所一直坚持的浪漫主义传统，但是对于其负面影响的消除仍然悬而未决。

伯林所刻画的人的基本特征表现在追寻目标的基础上拥有选择的权利。

---

① 以赛亚·伯林.浪漫主义的根源[M].吕梁，等，译.南京：译林出版社，2008：123.
② 以赛亚·伯林.浪漫主义的根源[M].吕梁，等，译.南京：译林出版社，2008：99.
③ 以赛亚·伯林.浪漫主义的根源[M].吕梁，等，译.南京：译林出版社，2008：99.
④ 以塞亚·伯林.扭曲的人性之材[M].岳秀坤，译.南京：译林出版社，2005：7.

这种选择的能力是人之为人的不可或缺的因素,但是在做出选择的同时,责任也随之附于人们身上。伯林认为我们注定了要进行选择,但是也存在着对选择行为所带来的责任的逃避,这种逃避趋向于通过寻求科学决定论或屈从于宗教信仰的借口来实现。从伯林的人性论立场来看,虽然他意识到人性是可以通过社会的、生物学的和心理方面的因素塑造的,但是他还是预设了一个自由意志存在的前提。然而,即便这样存在的事实也并不能完全消除人的自由。在《为自由意志辩论》中伯林指出:人类如果不拥有自由选择的权利,那么就不能承担任何责任,所以我们称谓的道德称赞和道德谴责是毫无意义的。对伯林而言,人的自由选择的权利应当得到尊重。作为观念史家的伯林为了支持这种基本的道德规则,首先着眼于康德所提出的"无论在何意义上都不能把人作为手段,而只能作为他自身的目的来对待"和"家长式作风是能想象得到的最大的专制"的观点。在观念史中大量的口头承诺被用于这些康德的理念中,但是它们通常是与它们的原初的哲学背景相分离的。伯林认为仅仅依靠观念史中所存在的概念来保护选择的权利是远远不够的,他所需要的是更加坚实的基础,而不仅仅是不知何故地超越一种特定的历史的偶然性的存在。达至这一目标的最好的选择就是诉于一种人们所普遍接受的人性的概念,但这同时也将会导向一种实在论和目的论的危险,亦即希冀制定人类应该如何行动的方案,并因此预先限制人类的自由。伯林认为通过涉及人类的不涵盖任何实在论和目的论观念上的关于人类生活的时间和空间的人性的特征,那么人类先天的具体目标可能并不受制于这种人性的特征。伯林所刻画的人性的特征是对目标的追求,那么他的这种描述是否意味着我们是价值的创造者或价值的发现者?作为一个观念史家,伯林指出:康德扮演了把人性与通过先天赋予和所遵循的固定的道德结构从而给予人们真正的自治剥离开来的角色,这一结果导致了人类的本性不再是固定的,并且作为"自身价值的创造者"的人类可以依据自身所创造的价值塑造自己和他人的生活。然而,它们所不能改变的事实(先天赋予的)是他们必须在追求价值和目标之中做出选择。这在伯林的思想中是一个心照不宣的实在论观念,其与形而上学的形式的最大区别在于这些他们所不得不追求的目标和价值并不是先天赋予的,而是他们(主观)选择的。相对于存在主义者,伯林也意识到人类同时是受传统和文化所影响的社会性存在。这种人性的观念对人类自治而言易导致一种负面的结果。这种社会界限是当人类从他们被先天赋予的结构中解放出来时康德所费力清除的他律能力。

当伯林把人性刻画为对目标的"追求"时,他明慧地避免了在人类作为价值的发现者和作为价值的创造者之间做出选择。如果人们纯粹地被定义为价值的创造者,道德多样性和差异性就很容易得到诠释,并且他们的自主权也可以得到保障,但却容易导向不能归纳和推论出普世性和永恒性的价值;但如果伯林把人们定义为价值的发现者的话,那么负面的结果就是他被视为一个极端的主观主义者和相对主义者,他们的自主权将会受到限制。此外,这将会导致通向一元论的危险加剧,但是在某种程度上减少(极端的)主观主义而并不需要预设存在一种先天存在的普遍有效的价值的来源。

第二节 族群的归属感和认同的寻求

伯林通常被描述为二十世纪的自由主义的捍卫者,这很容易导致伯林的自我观点给人一种个人主义的印象。但是伯林的自由主义与强调原子式的个人主义的自由主义不同,它并没有主张只有个体自由才具有最终或内在的价值。除了个体自由,伯林还关注个人归属问题,肯定共同体的价值,认为归属于某一特定族群是个人发展和实现个体自由的重要条件,也是繁荣多元文化的必要条件。伯林确信:社会和文化样式本身具有内在的价值,自主性主体的选择活动之所以具有价值是,因为它们分享了这些社会样式的价值,在一个没有丰富和深邃的公共文化的社会中,没有艺术、科学、友谊或爱,自主性的选择将枯竭或近于无益。因此,对伯林而言具有自主性的人必然是附属在一个社会之中的。

一、修正的自由主义人性论观点

在对伯林介绍的前言中我们得知伯林具有犹太人的、俄国的和英国的生活背景,在《我生活的三个组成部分》中伯林描述了这些不同的文化背景对他的生活和哲学的影响。他的犹太人的根源使他意识到人们对归属感的需要。伯林并不是一个虔诚的宗教信仰者,但是他的犹太根源是与生俱来的和深厚的,以致使他不能"对它们进行确证和分析"①。对伯林而言,与他人之间的关系"并不仅仅是一种关于人的偶然的事实",而是"我们人之为人、把人定义为一个种类"②的不可或缺的组成部分。在构建这种人性论的过程中,伯林深受赫尔德——对人类渴求族群归属感进行确证的最早的思想家之———的影响:"德国历史哲学家赫尔德最早让人普遍注意到这样一种主张:在人类的基本需要——就像食物、住所、安全、生儿育女、群体生活一样基本的需要——中,也包括归属一个被某种纽带——尤其是语言、共同的回忆、长期生活于同一片土地——联系在一起的特殊群体的需要,这个群体还附带着一些我们今天经常听到的属性:种族、血缘、宗教信仰、共同的使命感等等。"③赫尔德把归属感的需要看作基本因素。伯林却并没走那么远,但是他也并没有把它看作相对基本的因素。依据伯林的观点,赫尔德是以下观念的创始者:"……这些人,如果他们充分发挥他们的才能,并尽其最大可能地发展,需要归属于特定的群体——有其自身的世界观、风格、传统、历史记忆和语言。"④从赫尔德这里伯林得到了一些灵感,促使他对人类归属感的需要做出了四种说明:(1)自我定义或同一性的形成;(2)自我表达;(3)真正的理解;(4)认同。

第一种解释是自我定义或同一性的形成。个体不能在排除了与其他人的关系之外定义自身。在《自由的两种概念》中伯林写道:"我的个体的自我并不是某种可以从我与别人的关系中脱离出来的东西,或者是某种我可以从我自己的那些特征——这些特征存在于别人对我的态度之中——中脱离出来的东西。"⑤一个人并不能脱离他所附属的群体来定义自身:"……我是一个社会的存在,其意义之深远远甚于我是一个与别人互动的存在。因为,如果我不是我所是的那个样子,从某种程度上讲,别人凭借什么来思考与感受我呢?"⑥对伯林而言,不仅我的物质生活依赖于与别人的互动——或者,我之为我乃是社会力量的结果——而且我的一些(甚至全部)观念,特别是我自己的道德与社会身份感,只是根据我作为某一分子(这种比喻不应被过分利用)的社会网络

---

① Isaiah Berlin. Personal Impressions[M]. London:Pimlico,1980:285.
② 以赛亚·伯林. 自由论[M]. 胡传胜,译. 南京:译林出版社,2003:331.
③ 以赛亚·伯林. 反潮流[M]. 冯克利,译. 南京:译林出版社,2002:305.
④ Isaiah Berlin. Three Critics of the Enlightenment[M]. London:Pimlico,2000:14.
⑤ 以赛亚·伯林. 自由论[M]. 胡传胜,译. 南京:译林出版社,2003:228.
⑥ 以赛亚·伯林. 自由论[M]. 胡传胜,译. 南京:译林出版社,2003:227.

才是可以理解的。

第二种解释是自我表达。公共群体对个人而言是很重要的,因为它们可以使人们与之相关的审美的和精神上的活动相符合。伯林明显受赫尔德所传达的人类是由他们自身的艺术、文化、宗教和哲学、法律和科学、娱乐和工作所塑造的观点所影响。赫尔德认为这些自我表达的方式首先是被视为沟通的形式,而并不是作为对功利意义上使用快乐或指导的反对。这些自我表达方式显示了个体或群体的全部人格和人生观。对赫尔德而言,他们甚至是"人之为人的不可或缺的组成因素"①。赫尔德对那些没有群体可以归附的人充满了怜悯,"因为他们不论是在精神上还是在肉体上都是被放逐的或自我放逐的"②。

对族群归属感的需要的第三种原因在于:人不仅从心理上而且在社会性上都需要亲密的沟通并渴望被真正理解。实现这种愿望的途径在于人们分享共同的生活方式:"当人们抱怨孤独的时候,他仅仅是意味着没有人理解他。为了彼此理解就必须分享一种共同的历史、共同的感觉和语言、共同的前提、亲密沟通的可能性——简而言之,分享共同的生活方式。"③只有具有共同的语言和共同的背景的人们之间才可能存在真正的理解。对伯林而言,"孤独并不仅仅是其他人的不在场,而更为重要的是人与人之间相互不能理解各自所说的是什么;他们也仅仅只能生活在一个社会中,那么他们之间的近乎本能的沟通才是真正可以相互理解的"④。

对族群归属感的认可的第四种原因体现在:无论是在人们自身所属的社会中的其他群体还是在国际社会中的群体,在这种情况下认可就意味着被看作社会中的成员,而不会因为是少数派以及因文化形式与主流文化相背离而被忽视。对于个体而言,拥有这些特质意味着被"我"的社会的其他成员承认,从而归属于特殊的群体或阶级。这种承认,归之于我的"最个人化与永久性特征的词汇的意义的一部分"⑤。当这种认同被否决的时候,往往会导致对

---

① Isaiah Berlin. Three Critics of the Enlightenment[M]. London:Pimlico,2000:176.
② Isaiah Berlin. Three Critics of the Enlightenment[M]. London:Pimlico,2000:219.
③ Isaiah Berlin. Personal Impressions[M]. London:Pimlico,1980:258.
④ Nathan Gardels. Two Concepts of Nationalism:An Interview with Isaiah Berlin[J]. The New York Review of Books,1991,21:21.
⑤ 以塞亚·伯林.自由论[M].胡传胜,译.南京:译林出版社,2003:228.

地位与认同的渴望。这种渴望是如此强烈,以至于不被认同的个体随时可以为了这种认同而战斗至死。对认同的需要也解释了为什么少数群体宁愿放弃他们部分的消极自由并遵循他们自己社会中或民族中的专制的领导人,却不愿意服从一些殖民地官员的相对的较轻程度的压迫。伯林指责当代自由主义者通常是对归属感的需要和认可熟视无睹。

在伯林的人性论观念中,他赞同赫尔德的观点:这种观点认为个体必须附属于一个群体并形成严格意义上的同一性认可。这不仅仅是一些偶然性的自我选择的群体,而是一种人类都处于共同的历史、语言和传统之下所具有的群体的同一性。对普世主义思想的反对贯穿于伯林一生,同时这种观点仍然是他的人性论观念的重要组成部分。一九九一年伯林会见《洛杉矶时报》的编辑奈森·嘉戴尔斯时指出:"与赫尔德一样,我认为普世主义是虚幻的。除非人们归属于一种文化,他们才能发展,即使他们反对这种文化并最终全面地改变了这种文化,他们仍然是附属于传统的一个支流。"①从赫尔德的这种人性论观点中我们可以得知,伯林主张个体之间的基本关系和他们所附属的群体是和谐相处的,个体必然需要他们所为之归属的群体,以便于定义和表达自身并且相互之间可以得到真正的理解和认同。伯林的价值多元主义的核心便是个人的欲求和人类的社会性之间存在着持久的价值冲突。

伯林在《自由的两种概念》中承认存在一种人性论观点:这种观点强调对文化和群体归属可能会导致一种关于康德学说中所提及的人的自由的问题。对伯林而言,人类必须归属于一个共同体中,之后彼此之间才能真正地理解、自我表达、自我认同和认可。然而,康德所提出的自由人的内在自由却并不需要公众的认可。对康德而言,个体如果根据其在社会中的地位与功能来认同于周围人的意见或感受是"可以想象得到的最'他律的'状况"②。这两种人性论观点之间及其与其之后的价值的观点——归属于一种文化或群体和个体自主——之间存在着一定的冲突。在伯林的人性论观点中他使用了"混合体"或"一种社会主义化的和经验主义化的康德的人类自由学说"③。他试图在社

---

① Nathan Gardels. Two Concepts of Nationalism: An Interview with Isaiah Berlin[J]. The New York Review of Books, 1991, 21: 22.
② 以赛亚·伯林. 自由论[M]. 胡传胜,译. 南京:译林出版社,2003:228.
③ 以赛亚·伯林. 自由论[M]. 胡传胜,译. 南京:译林出版社,2003:228.

会归属和个体自主之间寻求一种中道。在《自由的两种概念》中伯林提供了一种洞察力来理解这种双重交叉的人性论概念。首先，伯林对康德理念中的自我概念做出了阐释——人们希望按照自身的意图去造就自己的生活，在这种康德理念的意义上，不自由就意味着"我无法承认并怀疑我自己的要作为完全独立的人的那种要求"①。其次，伯林阐述了一种与这种自我的观点形成鲜明对比的主张："大体而言，我是什么取决于我感受什么、想什么；我的所感所想取决于我所属的社会盛行的那些情感与思想，对于这个社会，按照柏克的意思，我不是一个孤立的原子，而是（用一个危险的但却不可缺少的比喻）社会模式的有机成分。"②在这个引用中伯林强调了个体的社会性和归属于群体的重要性，他引用了保守派思想家埃德蒙德·柏克所指出的"我们是社会模式的有机成分"，但却并不因此就苟同柏克的保守主义人性论立场。在伯林的观点中，他并没有分享柏克所提出的人是与他们的文化有着千丝万缕的联系的、有组织的社会的观点。在这种有组织的观点中，个体逃脱不了他们被社会塑造的事实。在伯林对康德个体自由学说的社会主义化说明中，人们并不是"无望的遭受文化的制约"③。伯林背离这种有组织的社会的观点的动因在于，这种观点容易导致社会对个体的全面的决定。同时伯林也意识到个体在把自身的目标和社会的目的视为一体方面可能会走得更远，他们会感受到自身深深地根植于社会的习惯和传统之中，但这些附属物却并不能永久地"俘获"他们。伯林坚信人们可以超越文化的局限性，他们可以采取批判性的观点看待他们自身的文化，并且在其所属社会的范围内对其进行改变。历史已经证明通常存在着伯林所谓的时刻准备着发展出"反现实"的人生价值观点的人。对伯林而言，改变不仅是意味着作为社会中的主要事项变化的结果，而且也是对于一种新理念——不管这种新的理念是否由自我批评所反映的内在因素或外在因素所导致——的实践结果。由此可知，伯林所主张的彼此相异的文化和社会之间的沟通和交流是可能的。

伯林对"自由意志辩护"的第二种描述所关注的是：在传统内部，改革和创新的观点是不能以其他的方式阐明的（第一种描述是存在一种道德称赞和

---

① 以塞亚·伯林.自由论[M].胡传胜,译.南京:译林出版社,2003:229.
② 以塞亚·伯林.自由论[M].胡传胜,译.南京:译林出版社,2003:229.
③ 以塞亚·伯林.扭曲的人性之材[M].岳秀坤,译.南京:译林出版社,2005:90.

道德谴责的语言)。否认人们必然会完全局限于他们自身的文化中对伯林而言是至关重要的。伯林认为这种观点不仅是对人们自由的否认,更严重的是会导致一种相对主义的立场:"相对主义,就其现代形式而言,往往来自于这样一种观点:人的看法不可避免地是由他们经常意识不到的那些力量所决定的,像叔本华的非理性的宇宙力量,马克思的阶级为基础的道德感,弗洛伊德的无意识驱动,以及在社会人类学家那里,由人一般无法控制的环境因素所决定的、各种不可调和的习俗和信仰构成的全景(panorama)理论。"[1]伯林直接把相对主义与人们的观点通常是受不同的有意识的和无意识的生理、心理和社会因素所驱动的人性论联系起来。这是一种伯林尽量避免的境况,因为它可以致使人们以决定论为借口,从而逃避自身行为所造成的后果要担负的责任。

对伯林而言,共同体的价值就在于个体需要归属于其中并由此确立自己的身份。这里所引起的争议在于:伯林是作为一个视共同体为手段的工具主义者出现的,这种工具主义者认为个体对共同体的需要仅仅是把其作为达至他们自身目标的手段,共同体自身却不存在任何内在的价值,并且很容易证明出共同体仅仅是被作为个体寄生和利用的手段。为了回应这种争议,我们首先要考察下伯林是否持有一种人性的社会原子论观点,因为这种对伯林的质疑的致因体现在:一种工具主义者所持有的共同体的观点是以社会原子论者的观点为前提的,这种原子论的观点认为共同体是由不同的主观性个体之间的相互关系所构成,从而否认共同体是超出个体的利益之外的显著的实体。事实上,伯林并不认为一种完全的社会原子论观点可以在大部分的自由主义理论中找到,但是却把个体的主观性定义为个体作为社会的组成部分的逻辑性前提。他这样做如果是为了避免个体被社会所决定的话,那么为什么一些人的所做所思是"反现实的"就无从解释。此外,对伯林而言,从共同体中自由地"退出选择"并非易事。由上述可知,伯林认为个体是与他们所归属的共同体之间有着千丝万缕的联系,并且深深地根植于他们社会的习惯和传统之中的。在伯林的人性论观点中,个体的归属感仅仅是个体与共同体之间复杂异常关系的一个方面。这种根源也是"如此的深远和自然"[2]以至于他们不能

---

[1] 以赛亚·伯林. 扭曲的人性之材[M]. 岳秀坤,译. 南京:译林出版社,2005:80-81.
[2] Isaiah Berlin. Personal Impressions[M]. London:Pimlico,1980:285.

确证和分析作为一种特殊种类的人类的需求。共同体的价值甚至会激发人们放弃（暂时的）他们的自由或牺牲他们的生命，这种观点与目前我们把共同体视为寄生的和达至我们自身目的的手段的观点大相径庭。在伯林的著述中，我们甚至可以认识到一种对共同体和传统的内在赞赏。

在这种"相互交迭"的人性论观点中（强调个体自主和对归属感的希冀），伯林是能够避免极端的主观主义的，这种主观主义包括道德价值混乱的危险和浪漫主义把人类定义为价值的创造者所唤起的自我中心主义。对伯林而言，个体并非单一的原子性存在，而且也是属于几乎不可能忽视的围绕着他们的道德体系的社会中的一员。因此这不仅是主观性的创造，也是模仿、改造和对他自身所属的共同体所给予的规则的学习，亦是一种其自身所属的共同体所提供的外部的阻碍。对伯林而言，这是否意味着人类不再具有创造价值的能力？与此相反，伯林认为价值仍然是由人类创造的，只不过在创造价值的过程中个体的因素所占的比例大肆减少，而人们所生活的共同体斡旋于其中的比例增加。对于大部分的"普通人"而言，价值和目标都是预先赋予的和被他们的共同体所提供的，在这种意义上他们可以被称为价值的"发现者"。然而他们之中的创新者有能力创造和复兴价值和目标，这些人通常被称为是"反潮流的"。值得注意的是，这些"反潮流"者对价值所做的创新必须在人类的范围内被最终认同，有些价值的创新者终其一生都没有被承认和认同，直至去世——维柯就是一个不幸的例子；如果不能在人类的范围内得到承认和认同，那么这些"创新者"对价值所做的革新最终并不能成为共同体价值的一个组成部分。在这种方式中，相对主义和主观主义相对减少但并不能完全避免。伯林求助于共同体框架仍然是一种特殊主义的解决方案，因此他仅仅是保证探求历史变化的判断的可能性（在传统之内）。

二、认同的追寻

伯林的人性论观点，特别是在二十世纪八十年代之前的表达是同赫尔德的观点相类似的。这些没有归属感的个体是令人怜悯的，因为他们注定与创造性无关，并被主流文化所同化而导向对其身份的扭曲。身份和群体之间的这种关系在时下受到了质疑和挑战。在一九六〇年的文化革新之后，文化的和公共的群体不再被单独视为身份（identity）的避难所，而是作为对个体的压迫和镇压的来源,对妇女来说更是如此。可能存在着对共同体的归属的一种共同的需要,由此确立个体身份的形成,但是这些群体可能也自我选择的,选择脱离群体的自由并不会害怕遭受歧视或被迫害。在西方,愈来愈多的人仅仅想要寻求一种对他们的个体身份的认可,而不是对他们群体身份的认可。时下,赫尔德的观点表述,也包括他的文化的观点都遭受着挑战。自由主义普世主义者质疑赫尔德根植于共同体的道德和宗教起源的基础的、独特的人的观点。不但当代的普世主义者,相当部分的移民也显示出他们同时生活在不同的文化背景之中,他们并不需要有一个特定的相同的文化。"赫尔德所描述的个体通过他对一种相同的群体的归属建立他的身份变得土崩瓦解了。"①

在这方面,美国的政治学者塞拉·本哈比也提出了意义深远的批评。按照赫尔德的观点,人类需要教育,集体的价值观念教育可以使人清晰地表达自己的真实情感。在赫尔德的思想中,这些观念是一种整体文化观点的前提,这种整体的文化观忽略了文化多元主义和文化内在的差异性。但个体寻找他自身独特的身份表达时,他有充分的理由相信可以面对他文化中的相互冲突的目标。在他的意识中,个体身份的认同和形成是基于群体内部的"交谈话题"的,例如,在科学、艺术或经济领域。

伯林自身并不赞同赫尔德思想中的这种强调整体的重要性及其不可分割性的谬误。赫尔德使用有机体的理念并且这确实产生了一种对赫尔德思想中强调整体性而忽略部分性的解释。然而,伯林在其著作中不厌其烦地指出赫尔德是在一种"整体的隐喻"中,而非在形而上学中使用"有机的"和"机体论"这两个概念的。② 伯林认为在赫尔德的观点中"世界有许多个,其中一些是相互交迭的"③。赫尔德并不认为人类可以被限制在他们的文化之内:"维柯和赫尔德都坚持认为,我们有必要而且有能力超越我们自己的文化、国家或阶级的价值观,以及某些文化相对主义者企图限制我们的其他什么密闭的盒子。"④因此,在伯林的观念中,赫尔德没有把文化看作密闭的盒子,并且人类

---

① Jeremy Waldron. Minority Cultures and the Cosmopolitan Alternative[M]//Will Kymlicka. The Rights of Minority Cultures. Oxford:Oxford University Press,1995:105.
② Isaiah Berlin. Three Critics of the Enlightenment[M]. London:Pimlico, 2000:223-244.
③ 以塞亚·伯林.扭曲的人性之材[M].岳秀坤,译.南京:译林出版社,2005:87.
④ 以塞亚·伯林.扭曲的人性之材[M].岳秀坤,译.南京:译林出版社,2005:87.

有能力"超越自身文化区域(Kulturkreis)的局限去思考"①。但是即使这样为赫尔德辩护,在伯林自己受赫尔德影响的身份形成的观点中,我们还是忽略了亚文化群的存在和对抗的生活方式的自我形成的负面影响。伯林假设了他的价值多元主义所允许的更多的统一性和协调性。他相信在不相和谐的悲惨性的道德世界中有很多理由强调内在的张力。伯林思想中的整体性趋向的一个重要原因应该在他的基于赫尔德的文化概念的犹太复国主义的正当性确证中找到。

三、对普世性的自由主义的摒弃

在伯林生命的晚期,西方社会发生了巨大的变更。特别是在欧洲,由于移民、个性化,以及把教育从宗教中剥离并世俗化,西方社会中的文化形态和价值观念愈来愈多元化。在我们认识到伯林所阐述的归属感的需要和他的同化的缺陷之后,我们会期盼他倾向于一种文化多元主义的观点——尊重少数群体的文化并鼓励来自不同文化背景的移民都保持他们文化的特殊性。但是在一九九〇年与奈森·嘉戴尔斯和史蒂文·卢克斯的会谈中展现出一个与以往不同的伯林,在此期间移民希求融入主流文化的需要变得明晰起来,特别是那些来自于非西方文化之中的移民。在伯林的观点中,一种"充分的同化"对这些陌生人②而言只需要"不至于造成不公正、残忍和苦难"③。关于同化的需要是如何导致的,在读到他临终前与史蒂文·卢克斯的最后一次会面后的记录后,我们注意到巴以冲突中伯林认为双方所扮演的起着消极作用的狂热分子造成了特定的苦难:"一些犹太人是固执的,一些阿拉伯人同样也是固执的。他们顽固地认为上帝说你拥有朱迪亚和撒玛利亚的每一寸土地,但是却没有任何外人可以被允许触摸神圣的土地。"④在巴以冲突中寻找一种保持微妙平衡的方案是迫在眉睫的。"微妙的平衡意味着没有任何价值可以完全的使人满意"⑤。然而,极端的民族主义者并不能令人满意。他们甚至会为了他们的

---

① 以赛亚·伯林.扭曲的人性之材[M].岳秀坤,译.南京:译林出版社,2005:88.
② Steven Lukes. Isaiah Berlin in Conversation with Steven Lukes[M]. Samagundi,1998:119.
③ Steven Lukes. Isaiah Berlin in Conversation with Steven Lukes[M]. Samagundi,1998:119.
④ Steven Lukes. Isaiah Berlin in Conversation with Steven Lukes[M]. Samagundi,1998:119.
⑤ Steven Lukes. Isaiah Berlin in Conversation with Steven Lukes[M]. Samagundi,1998:113.

信仰而自杀。伯林意识到这样的狂热主义应该被削弱。对伯林而言，对善的概念的竞争的、相互对立和不可调和的观念不仅存在于以色列，也存在于其他的社会之中。当伯林逐渐年长的时候，他意识到多元主义在西方社会中逐渐变得比他在二十世纪五十年代至八十年代时对其所作的描写更加极端，意义更加的深远。因此，伯林调整了他的观点和立场，他主张为了维持社会的和平发展需要，人们需要一种共同的深远的文化。"除非存在一种最低限度的被人们普遍接受的价值，社会才能和平地发展，缺少这种共同价值没有一个文明的社会可以存在。"①在这种新的极端的多元主义观念中，社会的凝聚力是一种不可忽视的价值。

这种对共同文化的需要迫使移民的文化俱被他们目前生活的社会中的主流文化所同化。然而，伯林并不同意这种完全同化的要求。对伯林而言，社会中应该允许多样性文化形态的存在，而且政治和经济形式同样如此。文化不应该是"单调的——gleichgeschalted——被一些巨大的、过膝的长靴踏碎"②。因此，伯林并不需要一种统一的规则或格式。当他逐渐年长时他亦继续秉持赫尔德所主张的人们没有归属一种特定的文化就不能发展的观点，并警醒人们注意完全同化的要求的危险性："男人和女人并不是一种文化的产物，在那里他们并没有亲属关系并且不会与一些人亲近而与其他人疏远，也不存在一种母语——将会导致人之为人的因素的巨大的阙失。"③在这种境况中，伯林与自由主义的普世主义梦想进行了不屈不挠的斗争。这种梦想认为世界上再也不存在民族或宗教的暴力，一个被国际人权授意的世界公民的世界，人们可以自己的兴趣而不是以宗教或道德背景形成自己的群体。对伯林而言，这种梦想是与人性背道而驰的，同样也与归属感的需求不一致。他告诫自由主义的普世主义者：在多民族、多元文化共存的背景下，如果少数群体不被认可并且感到他们处于不利地位的话，他们将会奋起反抗那种包容一切的善意的、温和的体系。伯林希望他梦想中的社会应该支持政治和经济统一体以及文化的

---

① Nathan Gardels. Two Concepts of Nationalism：An Interview with Isaiah Berlin[J]. The New York Review of Books,1991,21:22.
② Nathan Gardels. Two Concepts of Nationalism：An Interview with Isaiah Berlin[J]. The New York Review of Books,1991,21:22.
③ Nathan Gardels. Two Concepts of Nationalism：An Interview with Isaiah Berlin[J]. The New York Review of Books,1991,21:22.

多元性的存在,这种梦想并不会通向乌托邦主义:"然而我并不希望放弃世界是可以适当和平的色彩斑斓的信仰,其中每个部分都依据其独特性的文化同一性发展并对其他人宽容并不是一种乌托邦的梦想。"①对伯林而言,情况并没有糟糕到绝望,因为人们仍然拥有共同的性质:"一个人可以夸大共同点缺失的作用。大部分人都相信,大约来说,同样的事情。但是更多国家的更多的人们在更多的世界内接受更多的共同价值通常是可信的。"②至于对不属于西方文化的人们而言,伯林承认他们的文化可能会被西方文化所反对,"但是并不是全部的,并不会通过任何方法全盘否认"③。

因此,在"文化归属感"和"社会凝聚力"之间的永久的价值冲突中,伯林做出了中道的选择。在共同价值的庇护下,文化的多元性是可以允许存在并得到尊重的。在当下的语境中,我们可以把伯林的这种解决问题的方案定义为"多元性中的统一性"模式,并且这种处理问题的模式在欧洲得到了越来越多的支持。

由上述可知,伯林反对一种普世主义的自由主义,这种观点筑基于对异教徒或宗教路线的同一性形成的削弱之上,用以减少种族和宗教的冲突。这种普世主义的自由主义否认人们对归属感和认可的需要,这亦是伯林拒斥它的原因。这种拒斥并不意味着伯林是拒绝自由主义本身的。相反,如果没有普世主义的倾向,自由主义对于伯林而言是一种调适差异性的特殊的政治制度:"自由主义者致力于创建一个社会,在这个社会中人们可以尽可能按其自身所欲求的生活自由地去生活,可以尽可能多地践履他们那些被他人干扰而不得不放弃的生活。这也正是约翰·斯图亚特·密尔所曾经提出的。"④在这种自由的信条中提出终止别人的生活方式会导致严重的后果。狂热信仰者和盲目信仰者因其践踏他人的权利而不允许他人选择自身的生活方式。对伯林而言,自由主义并不是中立的,也不能容纳所有多样性的价值。在和平时期一个自由主义的社会可能宽容地对待一些狂热分子,但是当这些狂热分子变得过

---

① Nathan Gardels. Two Concepts of Nationalism: An Interview with Isaiah Berlin[J]. The New York Review of Books,1991,21:21.
② Steven Lukes. Isaiah Berlin in Conversation with Steven Lukes[M]. Samagundi,1998:119.
③ Steven Lukes. Isaiah Berlin in Conversation with Steven Lukes[M]. Samagundi,1998:120.
④ Steven Lukes. Isaiah Berlin in Conversation with Steven Lukes[M]. Samagundi,1998:113.

于危险的时候,自由主义将把这些执迷不悟者排除在外,例如,剥夺他们的投票权甚至驱逐他们。①

在一个文化多元主义或价值多元主义的社会中,个体或群体对好的生活的看法是相互竞争并相互冲突的,在这样的社会中如何解决价值的冲突呢?遗憾的是,伯林并没有找到一种适中的方案。他可能担心这样的一种程式会成为另外一种与价值一元论相称的价值观,因此忽略道德的和文化的多样性。这一差距在随后罗尔斯的政治理论中得到补充。当伯林晚年面对罗尔斯的观点时,他并不反对罗尔斯的"重叠共识"的理念。② 正如我们在上面所认识到的,由于移民和把教育从宗教中剥离出来,伯林已经意识到西方社会已经尊崇极端的多元主义,因此他不再相信纯粹的文化多元主义。一个社会需要一种共同的文化才能正常地运行。然而,在涉及所能解决的价值冲突的时候给"正义论"加上一种前缀是困难的。对伯林而言,社会内外不同的正义概念的存在,导致了"谁制定正义的规则"这种不可避免的问题的出现。作为一个价值多元主义者,伯林意识到在多元主义的社会中,不但不相兼容的目标和价值之间是相互冲突的,而且解决这些冲突所采用的正义的最高标准之间也是相互冲突的。遗憾的是,作为一个观念史家,伯林并不认为建立一种处理这些价值冲突的机制是他的任务。

第三节 基本道德范畴存在的必要性

作为一个价值多元主义者,伯林对人类生活中的决定论理念的反对与他对道德生活的观点之间存在着一致性,这种一致性凸显为伯林根据选择活动来看到人性的构成。对伯林而言,源于霍布斯、洛克、卢梭甚至休谟的共同人性观点——这种观点认为透过人类历史所展示给我们的多样性的生活习惯和风俗、有差异的自我和善的概念等等文化混合物,可以发现人们的欲求和情感中存在一种恒久不变的东西——是被其拒斥的。尽管伯林认为人性的概念是道德理论的前提,但是他依然不能接受这种可以追溯到智者学派并奠定了古

---

① Steven Lukes. Isaiah Berlin in Conversation with Steven Lukes[M]. Samagundi,1998:117.
② Steven Lukes. Isaiah Berlin in Conversation with Steven Lukes[M]. Samagundi,1998:114.

典的和基督教自然法基础的共同人性。同时，伯林也意识到对人性的研究离不开对一些基本道德概念的用法的理解，因为"正是这些基本道德范畴而不是关于人的动机或兴趣的直接观点给出了人性概念的大部分内容"①。对伯林而言，一种合适的以基本道德为基础的理念通常被认为和需要基本道德规则支撑的共通人性相类似。他认为关于价值和伦理道德的观点在某种程度上仍然存在真假对错之分，因为某些价值是具有普遍性并且超越于文化的，可以被所有理性人所认同和接受的，以及对所有的生活方式和文化脉络都具有约束力的。正如伯林在其文章中所表述的："有些东西是人之为人所必然要求的，不管他们是法国人、德国人或者是中世纪的经院学者，只要他们是过着人的生活的男人和女人。"②这种伯林所赞同的所有人都共享、对所有生活方式都具有约束作用、可以作为判断各种道德主张的依据就是我们的共通人性（common human nature）。③伯林认为"人之所以为人，确实存在着许多的相似之处，我们有共同的能力、共同的欲望、共同的经验，也依赖共同的自然环境与社会条件才能生存"④。而种种由于生存与兴盛繁荣所衍生的渴望与需求，也就成为所有理性人所共同追求的普遍价值，例如我们都需要食物与居住的地方，都需要亲情、友情以及其他人际上的交往，也需要某些规章制度来构建我们的社会群体生活。而这些基本的需求都属于共通人性的范畴。共通人性的存在，代表了人类有某些共同的基本需要，也追求某些共同的基本价值，而这些需要与价值，正是人类对于福祉的最低要求。⑤

由前面章节可知，伯林在构建其历史观的过程中，对基本道德范畴和共通人性的描述也成为其历史观的不可或缺的组成部分。这一章的主要目的就是对基本道德范畴的存在进行论证，以及共通人性的形成过程进行论证。伯林在对人性论的探究中敏锐地意识到实在论、目的论与共通人性之间相互联结

---

① 约翰·格雷.伯林[M].马俊峰,杨彩霞,路日丽,译.北京:昆仑出版社,1999:10-11.
② 拉明·贾汉贝格鲁.伯林谈话录[M].杨祯钦,译.南京:译林出版社,2002:38.
③ 伯林认为"何谓人性的本质？它所蕴含的标准又是什么？这个问题一直是而且也将永远是一场无止尽的争辩"，由此可知，关于共通人性的的内容和范围，很难划定一个具体的领域和界限。但是历经时空转换而依然不变的人类的需求、情感、欲望和能力，毫无疑问都隶属于共通人性的核心范畴，而这个核心范畴恰恰也是各种学说中所相互交迭的部分。
④ Bhikhu Parekh. Moral Philosophy and Its Anti-pluralist Bias[M]// David Archard. Philosophy and Pluralism. New York:Cambridge University Press,1996:132.
⑤ John Kekes. Pluralism and the Value of Life[J]. Social Philosophy and Policy,1994, 11 (4):49.

后所隐藏的危险。如果事实恰如伯林所料,那么人们应该如何行动,以及他们应该寻求什么目标,都将会受制于预先制定的规则。因此,人性论的特殊的目的论观点(形而上学的)的产生就显而易见了,而这种观点正是伯林所拒斥的。

一、伯林对基本道德范畴存在的论证

伯林认为只要人们能意识到第二次世界大战的恐怖性,那么就很容易证明人们心中并不存在一种具有普遍有效性的基本道德范畴。在很多境况下,最糟糕透顶的行为——哪怕这些行为与他们自身的人性和信仰相悖——他们都有能力去执行。然而需要澄清的是,伯林的这种主张并不是对奥斯维辛事件的反应所导致的。事实上,这是向古代的自然法概念的回归,不过对我们之中的某些人而言,它披上的是经验主义的外衣,而不再必定以神学或形而上学为基础。① 对于斯多葛学派和托马斯·阿奎那而言,人们并不能通过理性去发现关于真实道德和正义等确定的法则。托马斯就曾经指出:这些法则,即便是具有一种神圣性的法则,也是可以不通过启示的帮助而发现的。② 虽然这些法则在历史的长河中不断地发生变化,但自然法的理念也预示着通过对人性的本质以对人们自然欲求的目标的理解,我们可以掌握这些存在着的基本道德律——这种基本道德律是人们得以生存以及在一个安全和稳定的环境下繁衍后代的基础。自我利益必须得到限制,否则生命就会变得短暂、孤独、令人厌恶和野蛮。自然法的理念被之后的伦理自然主义者,例如托马斯·霍布斯和大卫·休谟,以及之后的整个英国道德哲学的传统所吸纳和发展。伯林也不例外,他很明确地指出:"普遍价值虽然即便不多,最低限度总是有的,没有它,人类社会就无法生存"③。

伯林指出在自然法的传统中存在着一种重要因素——自然法和人为立法之间的区别。例如,对托马斯·阿奎那而言,如果人为立法与自然法之间发生了冲突,那么人为的立法就不具有真实性和有效性:"Lex iniusta non est lex。"④同样,伯林也认为存在着一些"不用考虑律法"的绝对的障碍,"甚至这

---

① 以赛亚·伯林. 扭曲的人性之材[M]. 岳秀坤,译. 南京:译林出版社,2005:205.
② H. L. A. Hart. The Concept of Law[M]. 2nd ed. Oxford: Clarendon Press,1994:156.
③ 以赛亚·伯林. 扭曲的人性之材[M]. 岳秀坤,译. 南京:译林出版社,2005:21.
④ H. L. A. Hart. The Concept of Law. 2nd ed. Oxford: Clarendon Press,1994.156

些律法是由君主制定的"①。针对于此,伯林给出这样的例证:"当一个人未经审批就被宣布有罪或受到追溯性的法律惩治时,当孩子们被命令去诋毁其父母、朋友被命令相互背叛、士兵被命令用野蛮的方法实施屠杀时,当人们被拷打或谋杀、少数派因为激怒多数派或暴君而被杀害时,这些原则就遭到了践踏。"②对这些规则和律法的践踏会导致令人毛骨悚然的行为的发生。在自然法传统的历史中,这些规则和律法作为一种反对不公平的人为立法的衡量标准和尺度而存在,它并非来源于神启,而是源于历史的更迭,以及人们在传承的过程中对其自身易受攻击性的特性所寻求的解决之道中:"当我们作出最基本的道德和政治的判断时所诉诸的那些法则和原理,至少在人类有记载的历史上,已经被大多数人接受,而法律规条并非如此;那些法则和原理,在我们看来,是不能被废除的。"随后,我们会看到自然法理念在发展的过程中逐渐成为决定西方基本语言和思想的"永恒哲学"的不可分割的一个部分。

借助于自然法传统的帮助,伯林向我们展示了人类易受攻击和践踏的生存境况,而对这种基本生存境况提供保护的基本法则就成为人类生存的必需品。通过这种方法,伯林为共通人性的存在奠定了基础。伯林的传记作家伊格纳季耶夫在《理解法西斯主义》中指出,伯林以消极的措辞来描述我们的共通人性:"……这些践踏人类尊严和侮辱人类人格的行为都是不能接受的。因此作为对启蒙主义乐观的认为所有人都共享被赋予的理性的替代,我们可以悲观的认为,人们都有承受苦难的能力。"③为什么人类所共同享有的只是他们承受苦难的能力?这种论证基本道德范畴存在的基础被称为一种消极的策略,之所以称之为消极策略,是因为它缺乏任何像实在论和目的论所宣称的所有的人类存在都假定是可以共享价值和规则的。这种消极的辩护策略也在《体面的社会》——伯林的以色列朋友和同事马各利特所著的畅销书——中得到应用。为了证明人们对人性的尊严和人格不受侮辱的需要的正当性,马各利特首试图使用一种所有人都能分享的、具有显著特性的"积极的"辩护策略。在某一种宗教的视域下,例如赋予人全部都是上帝创造的这种基本的

---

① 以塞亚·伯林.扭曲的人性之材[M].岳秀坤,译.南京:译林出版社,2005:212.
② 以塞亚·伯林.扭曲的人性之材[M].岳秀坤,译.南京:译林出版社,2005:212.
③ Michael Ignatieff. Understanding Fascism? [M]//Isaiah Berlin: A Celebration. London: The Hogarth Press,1991:144.

信仰以正当性,并因此具有尊严。类似的辩护策略也可以从人文主义或康德哲学的视域下得到论证。他们都认为人跟动物不同,人类是理性的,具有成为道德代理人的能力,是能够确定自身欲求的目标并赋予这种目标以价值的,是能够超越自然因果律的,等等。但是马各利特同时也意识到这种在宗教的和人文主义视域下所作的积极的辩护策略都具有严重的缺陷。其中最重要的缺陷体现在它们都秉持神人同形同性论;这种观点认为动物也是由上帝创造的,并且在某些领域具有比人类更强大的能力和成就。此外,在人性之中有许多阴暗的方面,以及存在着许多不能完全拥有康德哲学所提出的特性的残疾人。这意味着我们可以不尊重这些人吗?为了避免康德哲学和人文主义者的这些缺陷,马各利特选择了一种"消极"的辩护策略,以确保对人类尊严和不受侮辱的人格的尊重。这是以不用过多修饰的事实——人类遭受痛苦的经历,不仅是身体上(这点与动物相同),而且是精神上或心理上的,特别是他们的人格遭受侮辱和践踏的经历——为基础的。马各利特认为这种残忍是最终极的罪恶。① 伊格纳季耶夫认为伯林对基本道德范畴的论证亦采用这样一种消极辩护策略。这种辩护策略的最大优势体现在:由于缺乏任意积极地指导人们应该如何行为的能力,所以我们可以最大限度地确保对多样性的尊重。

从自然法和人为立法之间的区别可以得知,自然层面上的基本道德和传统层面上的道德之间同样互有区别。在这种区分中,伯林受其牛津的同事兼好友斯图亚特·汉普希尔的影响颇深。汉普希尔使用所谓的"道德需求的双重说明"对人们基本的需求(例如对孩子的养育)和道德的需求所蕴含的普遍的、形式各样的需求做出区分,以此来支持一种特殊的生活方式。② 这种对道德需求的双重说明的一个最大优势体现在:在自然层面,它给局外人提供论据去批评不符合人类需求的"人为的"法则和传统;而在传统的层面上它允许道德的多样性存在。对伯林而言:"……如果社会生活是可以容忍的话,必须存在特定的最小需求;但是一旦满足这种最小需求,社会可能会提供各种各样的指导方针,遵循这些指导,我们可以追求自己想要的生活方式,这种生活方式对他们以及他们的时代而言是独特的。"③这就意味着存在一些特定的东西,

---

① Avishai Margalit. The Decent Society[M]. Cambridge MA: Harvard University Press,1996:85.
② Stuart Hampshire. Morality and Conflict[M]. Oxford: Blackwell,1983:143.
③ Isaiah Berlin. Reply to Robert Kocis[J]. Political Studies,1983,31: 390.

这些东西是所有人都需要的:"……有些东西是人之为人所必然要求的,不管他们是法国人、德国人或中世纪的经院学者,只要他们是过着人的生活的男人和女人。"①最终,文化本身并不是道德有效性的主要来源。存在着一些普遍适用的基本规则。借助于基本道德需求之间的区分以及一种支持特殊生活方式的道德,伯林找到了一种评价文化的方式,这种评价方式不仅可以是历时(考虑历史演进)的方式,也可以是共时的(不考虑历史演进的)方式(依据相互差异的文化)。

　　人类的基本需要作为自然法的基础,为伯林所寻求的(有限的)现实主义本体论提供了基石。自然法传统从自身而言是人为的,但是它所寻求并旨在保护的价值是"真实的",它们都是自然的一部分,在某种意义上是与生俱来并独立于人们的构建之外的。值得我们注意的是,伯林(有限的)现实主义本体论并不必然产生对形而上学的信仰,亦即相信在天堂这个领域内,这些价值可以被上帝发现和保护,但是它们与生俱来的特性保证了最基本的价值的绝对性和普遍性。对伯林而言,价值是受限于其所处的文化范畴的,借由此点,可以更好地解释为何在我们生存的世界中存在着文化和道德的多元样态。因此,对于我们所秉持的大多数的价值观,伯林捍卫一种主观主义的和构建主义的存在论观点。但伯林的价值多元主义理论中仍然使人莫名其妙的地方在于:在道德的冲突中,这些价值具有一种不受约束的道德力量和内在价值。②我们在日常经验中所遭遇的世界,是一个我们要在同等终极的目的、同等绝对的要求之间做出选择,且某些目的之实现必然无可避免地导致其他目的之牺牲的世界。严格来讲,如果我们的大部分价值是由人自身创造的话,那么就意味着我们必须确定反对某些价值以避免陷入令人痛苦的道德两难困境。

　　与伯林通过借助于人们易受攻击的境况和自然法的传统的帮助赋予一种基本的道德范畴以基础的辩护策略相悖反,很多批评者并不认同伯林对这种基本道德范畴所作的论证。首先,从一种拘泥于习俗的立场而言,这些批评者通常会坚持一种主观主义存在论的观点,这种观点认为伯林所论述的自然法层面的道德,正如这种道德在人们头脑中的形成过程一样是真实的。需要指

---

① 拉明·贾汉贝格鲁.伯林谈话录[M].杨祯钦,译.南京:译林出版社,2002:36.
② 以塞亚·伯林.自由论[M].胡传胜,译.南京:译林出版社,2003:213.

出的是,这种对道德的构建具有鲜明的西方特征。在西方智识的传统中,人们都共同希望能在一个安全的环境中生活和繁衍后代,这种共同的需求是可以设定的。

第二种可能被提出的异议是,伯林所阐明的反对道德相对主义的原则过于拘泥于形式,而在实际使用中却并不具有太大的价值。例如,这些反对无缘无故地杀害人的生命的规则和条律可能具有普遍有效性,但是如何界定"无缘无故"以及何为正当杀人(堕胎、死刑、预防恐怖分子),即便是在西方世界中也一直存在着重大的分歧。所以这个问题又陷入了复杂化的境况中,原因在于事实上目前我们仍然不能清晰地划分自然和传统层面之间的界限。在许多文化中存在着对这种界限的不同的诠释,但更为糟糕的是,有些文化中根本就不对自然和传统层面做出辨别,这就直接导致了第三种异议的出现。

第三种反对意见认为伯林对这种基本道德范畴的辩护策略依然是建立在一种基础论的形态之上的。这种异议需要我们进行深入的解释。对基础论者而言,他们通过把知识建立在一种确定的、无异议的、普遍的、与背景无关的信仰或基础之上去寻求一种无可置疑的确定性;而对后现代者和传统主义者而言,最大的异议就是试图寻求一种凌驾于所有特殊文化传统之上的道德的基础。追溯其根由,这些所谓的凌驾于所有特殊文化之上的道德的基础,通常会以一种哲学抽象的或概念的方式出现在西方经院传统智识之中。也正是这种经院哲学文化利用自身的特性对其他的文化施加影响和压力,导致了对多元性尊崇的缺失。伯林通过使用一种消极辩护的策略对基本道德范畴的存在进行确证,同样,他对共通人性的定义亦是体现在人们承受苦难的能力之上的。因此,伯林对共通人性的定义与他对多元主义的尊崇并不相悖。然而伯林仍然没有完全回应基础论者的质疑,虽然伯林坚持共通人性对所有人都有效的哲学概念或抽象概念,亦即区分基本道德和支持一种生活方式的道德基础。

二、基本道德范畴的具体化过程

对伯林而言,人类需求的基本道德范畴并不应该在一种超然的世界或者"某种客观的境界"[①]中被发现。除了基本的人类自然需要,基本道德范畴同

---

① 以塞亚·伯林.自由论[M].胡传胜,译.南京:译林出版社,2003:211.

样可以体现在我们共同的历史和语言以及思想之中。在历史中,这种基本道德范畴的"具体化过程"是通过人们在世代累积的寻求免受伤害和践踏的实践经验的结果中所产生。我们把自身的基本需求转化为语言并制定一些规则、条令和道德范畴,这些法则和条律用于保护我们的基本需要和更多积极的人类目标。随着时间的流逝,我们认为这些基本的规则和原理是普遍适用和不可更改的,因为在时代的更替中,我们认为我们的基本价值是普遍的和不可变更的,因为在人类记载的历史上,它们已经被大部分人所接受。①

通过这种基本道德范畴的"具体化过程",不仅基本(恒久的)道德范畴,而且类似于基本道德范畴的道德范畴,都以它们自己的方式转化为语言和思想。伯林在认识论中对恒久性的和并非具有恒久性的范畴做出了区分②,同样的区分也可以应用在道德领域。这些道德范畴所应用的范围愈基础,那么它们就愈具有恒久性。严格而言,基本的道德范畴并非生存所必需的,而是对一种确定的基本生活方式的补充。这种基本的/不具有完全的永恒性的范畴都包含平等对待和对隐私的尊重。对伯林而言,平等对待是深深根植于人类思想规则之中的,"被许多价值体系——功利主义和自然权利的理论所吸收,同样也被各种各样的宗教学说所吸收"③。平等的概念看起来是一种基本的道德价值,但事实上它是一种关涉好的生活的确定的概念,因此它属于传统主义的层面,并不能得到普遍的适用。然而,与基本道德范畴相近的价值对我们而言是非常珍贵的。我们如何在相对主义和主观主义的质疑中保护它们?有鉴于此,伯林援引了永恒哲学(philosophia perennis)的理念。

永恒哲学是包含犹太人、希腊人、基督教和人文主义思想传统的西方智识。④ 它是来源于基督教,尤其是罗马天主教的一个根本观念⑤,不仅包含着渊博的智慧,也包含了伯林所认为的明显错误的但却可以应对如何生存问题的一些理念。这些理念的最显著的例子是一元论和目的论。伯林认为哲学的主要任务就体现在追溯这些"错误"的概念和范畴的源头上,如果可能的话就

---

① 以塞亚·伯林.扭曲的人性之材[M].岳秀坤,译.南京:译林出版社,2005:205.
② Isaiah Berlin. Concepts and Categories[M]. New Jersey:Princeton University Press,1999:9.
③ Isaiah Berlin. Concepts and Categories[M]. New Jersey:Princeton University Press,1999:101.
④ 以赛亚·伯林.浪漫主义的根源[M].吕梁,等,译.南京:译林出版社,2008:141.
⑤ 拉明·贾汉贝格鲁.伯林谈话录[M].杨祯钦,译.南京:译林出版社,2002:29.

对其进行修正。永恒哲学同样也蕴含了启蒙主义所传承的关于自由和人权的概念。从伯林坚持对一元论进行批判的立场来看,他对这些倾向于接受一元论观点的启蒙思想家也持批判的态度。然而,对于启蒙思想对宗教教条的挑战,为捍卫人权(宽容和社会以及种族的平等)和个体自由而同国家进行的战斗,以及对人类理性自身的信仰,伯林是非常尊敬的。严格来讲,伯林对永恒哲学这个概念的运用,赋予这些隶属于传统层面的人类生存或基本道德生活并不必需的道德范畴以更大比重。然而,这些与基本价值相近的价值成为我们生活中不可缺少的一个部分,因此我们并不想把这些价值从我们的生活中剥离出来,即便它们的存在会使我们遭受痛苦(但是并不会死)。

在同拉明·贾汉贝格鲁的谈话中,伯林指出"现代人"不仅是浪漫主义的,而且是永恒哲学的追随者:"客观的发现和主观的创造这两种传统都继承着,我们在两者之间彷徨,徒劳地想把两者结合起来,无视它们是不可结合的。"①对伯林而言,永恒哲学蕴含了在历史的长河中超越了主观性的理念与价值,而不论它们的人类起源。伯林把永恒哲学同一种具有重要传统的思想相比较:"在西方智识的传统上,被基督教、马丁·路德、文艺复兴运动或浪漫主义运动所创造的新的理念或价值最终都可以追溯到一种单一的、重要的传统,这些价值或理念有时是可以更改的。"②这种重要的传统被一代又一代的人们接受并被证明是有价值的。这意味着对属于永恒哲学的这些价值的武断改变将会激起反对,正像对自然法的侵犯将会导致令人毛骨悚然的事情的发生一样。当然,(罗马天主教的)布教总会可能临时地影响我们的道德观点。永恒哲学可以被"不受控制的"浪漫主义和马克思主义以及纳粹主义所破坏,但是,伯林认为它并不能被真正地破坏。我们仍然是"一些统一标准的传统"③下的成员。从之前我们的叙述中可以得知,伯林寻求人们所拥有的一致性旨在逃避极端主观主义的质疑。这种方法的缺陷在于,伯林通过这种方法只能保证探求现象变化的判断(在一个传统之内)的可能性。而通过对永恒哲学的引用则使不考虑历史演进的判断成为可能。

---

① 拉明·贾汉贝格鲁.伯林谈话录[M].杨祯钦,译.南京:译林出版社,2002:135.
② Nathan Gardels. Two Concepts of Nationalism: An Interview with Isaiah Berlin[J]. The New York Review of Books,1991,21:22.
③ 拉明·贾汉贝格鲁.伯林谈话录[M].杨祯钦,译.南京:译林出版社,2002:146.

永恒哲学的存在限制了极端的主观主义并赋予现实主义者以价值和客观的本质。对伯林而言,这种永恒哲学可以解释为什么主观性价值可以帮助我们摆脱道德困境。由上述可知,在极端的主观主义者的立场上,当个体倾向于反对一种特定的价值时,价值冲突事实上就成为不可置信的。然而,伯林对永恒哲学的运用虽然可以对极端的主观性有所限制,但却并非完全使人满意,原因在于大部分人们仍然意识不到他们所信奉的价值是人们所创造的,而只是相信这些价值是客观的和真实的,这些价值并非由西方智识传统所建构,而是由上帝或自然所先验赋予。然而,永恒哲学的使用范围是被西方智识的传统和受过西方教育、与浪漫主义革命相联系的、从先验的王国中解放出来的人们所限制。所以,在我们多元化的世界中,也存在这样的一种文化(即使在西方世界中):在其中人有一个由上帝或自然确立的固定位置。① 虽然如此,他们依然把自己看作价值的发现者,而不是价值的创造者。

三、基本道德范畴中自由概念的价值所在

在道德哲学中,伯林的名字是与自由紧密相连的。在上节中我们讨论了伯林对自然层面上的基本价值和传统层面上的基本价值做的一个简单的区分。然而,在这种区分的基础上衍生了很多问题:自由隶属于哪个层面,是自然的层面还是传统的层面?自由仅仅是人们的一种基本需要还是促进人们好的生活的助燃剂?同样,伯林在对自然层面和传统层面的价值进行区分的同时,在这两种层面之间设定一种价值缓冲的范畴——在大多数文化中,人们生存所必需的价值并不具有永恒性或与基本价值相类似。本节的任务就是阐述自由不仅隶属于自然和传统的范畴,也隶属于伯林所设定的作为缓冲的价值范畴之中。事实上,伯林并没有在这三种范畴之间划分严格的界限,因为伯林明睿地意识到,这将会是"无限争论的事情"②。

首先,自由必然隶属于基本道德范畴。伯林认为:"如果我们不想贬抑或否定我们的本性,我们必须保有最低限度的个体自由的领域。我们不可能处于绝对的状态,因此我们必须放弃我们的一些自由以保持另外一些,但是完全

---

① 以赛亚·伯林.现实感[M].潘荣荣,林茂,译.南京:译林出版社,2004:277.
② 以塞亚·伯林.自由论[M].胡传胜,译.南京:译林出版社,2003:126.

的是一种自我挫败。那么这种最小限度应该是什么？一个人不经殊死搏斗便不能放弃的,是他的人性的本质。"①对伯林而言,作为对选择权利的保障,自由是一种基本道德范畴。他意识到在我们生活的日益多元化的世界中,有时候为了保障其他的价值,消极自由是可以允许用来交换的。值得我们注意的是,我们所享有的自由并非完全的、无限制的自由,而自由同其他价值之间的交易不能触及一种特定的个体自由领域。伯林坚持认为,一旦这种个体自由遭到践踏,那么人性的"核心本质"就会遭到侵犯。（伯林虽然是一个反实在论主义者,但是也需要这种本质去保护人类免受这种非人化模式的侵蚀。）在大屠杀期间,这种人性的本质就是被严重破坏的。在伯林同其好友乔治·凯南的个人通信中,伯林认为第二次世界大战比其他的战争更令人震惊的地方并不在于一方的军队被另外一方的军队大规模屠杀,而是纳粹对受害者选择权利的否定。在死亡集中营中,"对他们个性的毁灭"发生于"通过在看守者与牺牲者之间建立不平等的道德条款来摧毁他们的人格,借口看守者知道牺牲者的所作所为,从而摆布他们,也就是把他们仅仅当做客体,而不是其动机、观点、意图都具有内在价值的主体。（通过）摧毁他们拥有相关的观点与观念的可能性——这乃是对人类选择的可能性的否定,因而是根本无法忍受的"②。不仅仅是在纳粹政权期间,而且在苏共期间,人也是被当作物体,或者按照康德所谓的:仅仅把人作为手段而不是作为目的本身。伯林彻底地改变是作为对"一帮人如此干涉与控制其他人,以致这些'其他人'执行这些人的意志时竟不知道他们究竟在做什么;他们因此失去作为自由人的地位,甚至根本失去作为人的地位"③的观察。在这封个人信件中伯林甚至把这种对人的自由的剥夺行为称为"对圣灵的真正犯罪"④:"只要善的可能性——这样一种状态:人为着自己的缘故自由地选择、无私地追求目的——仍然开放,任何事情都是可以忍受的,而不管他们可能经受多大的苦难。当人据以行动的东西失去其所有道德价值,行动在他们自己的眼里完全失去道德上的重要性的时候,选择的欲望也就被摧毁了;这就是你所说的通过把他们变成乞丐的办法摧

---

① 以赛亚·伯林.自由论[M].胡传胜,译.南京:译林出版社,2003:194.
② 以赛亚·伯林.自由论[M].胡传胜,译.南京:译林出版社,2003:387.
③ 以赛亚·伯林.自由论[M].胡传胜,译.南京:译林出版社,2003:386.
④ 以赛亚·伯林.自由论[M].胡传胜,译.南京:译林出版社,2003:387.

毁他们的自尊这句话的含义。这是最恐怖的,因为在这种情势下,没有任何一种有意义的存在;没有任何事情值得追求或避免,生存也已经失去了理由。"①对伯林而言,这种对自由的破坏比对自由行为的拒绝更令人恐怖。这种对人们自由能力的剥夺,不仅会使他们的个性和尊严遭到践踏,还会摧毁他们生活下去的信心。

对伯林而言,仅仅赋予最小的自由领域以优先性并不足以面对我们这个日益多元的世界。自由的领域必然会延伸至解决生活中不可避免遭遇的价值冲突的需要之上。作为一个价值多元主义的尊崇者,伯林认为我们所追求的价值和目标通常并不是相互兼容的,甚至在善与善之间也会存在冲突。这就意味着我们经常会遇到需要我们做出选择的境况:"我们在日常经验中所遭遇的世界,是一个我们要在同等终极的目的、同等绝对的要求之间做出选择,且某些目的之实现必然无可避免地导致其他目的之牺牲的世界。的确,正是因为处在这样的状况中,人们才给予自由选择以那么大的重要性。如果他们能够确信在某个完美的、人们在地球上可以实现的状态中,他们所追求的那些目的绝不会相互冲突,那么,选择的必然性与巨大的痛苦就会消失,自由选择的核心重要性也会随之消失。"②这段引用中包含了一种可能遭到批评的"事实—价值"的错误(自然主义的谬误),但是这段文本应该放在《两种自由概念》的背景中去理解。伯林的意图并不在于设置一个逻辑命题,而是寻求一种人们为什么通常愿意放弃他们的个体自由的合理解释。人们这样做的目的在于,他们都意识到宗教的或意识形态的价值和目标是比人类的基本需求更为本质的存在。之后的一元论者更是认为不论是对个人生活而言,还是对社会而言,都存在一种真正终极的目标,它们允诺一种完美的、没有冲突的存在方式,这种完美世界的存在的允诺导致的结果是人们都愿意按照一种正确的生活方式去生活。因此,"偏爱积极自由"的人是拒绝消极自由的概念的。但是伯林认为普遍性道德和他的人性论的基石——共通人性之间是有区别的,他确信我们生活中所遭遇的价值冲突是不可能完全消除的。"在各种绝对的要求之间做出选择,便构成人类状况的一个无法逃脱的特征"③,如果我们能意

---

① 以赛亚·伯林.自由论[M].胡传胜,译.南京:译林出版社,2003:388.
② 以赛亚·伯林.自由论[M].胡传胜,译.南京:译林出版社,2003:241.
③ 以赛亚·伯林.自由论[M].胡传胜,译.南京:译林出版社,2003:242.

识到这一点,那么我们将会真正地理解自由的价值。

虽然这些一元论的倾向会对评价个体自由的价值产生不利影响,但幸运的是个体自由和尊重个体隐私这样的概念同样也在西方智识的传统中占有重要地位。通过一种历史性的具体化过程,这些概念都成为了我们现在所遵循的接近于基本道德范畴的一个部分。对这种进程的描述体现在伯林的文章《希腊自由主义的兴起》中。在这篇文章中,伯林描述了自由主义作为一种政治和社会安排必须服从一些个人价值,如快乐、知识、友谊、美德或艺术与生活中的自我表达。① 伯林认为个人主义作为一种理念在西方智识传统中的诞生,主要是受到斯多葛学派和伊壁鸠鲁的影响的。他甚至怀疑这种个体自由是受到存在于犹太人圣经中的(通过亚历山大的腓罗)"个人对上帝的责任的观念中而不是体现在《耶利米书》、《以西结书》和《雅歌》里面"②的影响的。古希腊思想中仍然把人看作"社会的本质",但是当个体自由的理念诞生的时候,人们则把注意力倾注于内在生活和人们之间的私人关系上。同样,伯林也描述了在西方历史中,个体自由的理念是如何逐渐地成为个体权利和神圣的私人生活的建立的基本来源的。他认为个体自由和隐私的理念都拥有悠久的历史。在同时代西方的思想中,这些被人们广泛接受的价值逐渐成为基本的概念,然而,它们有一种偶然性的来源,为了保障这些类似于基本道德范畴的价值,我们可能要求助于(西方)永恒哲学中类似于现代我们依然珍视的,并且已经形成的个体自由或隐私的道德概念。

作为一个观念史研究者,伯林所描述的理念仅限于西方世界中。外在于西方世界的诸如对个体自由和个人隐私的尊重的理念则不在共通的思考之内。如果这里同时也存在一种占统治地位的一元论的良善的观点,那么在这些文化中,个体自由的价值和选择的自由通常会为了其他价值(通常是受意识形态或宗教影响的)的实现而做出让步就很容易得到解释了。

其次,自由同样也可以理解为一种个人生活或社会生活的理念。在这种意义上它是"最大程度上的个体自由"。我们这里所描述的自由可以用一种

---

① 以塞亚·伯林.自由论[M].胡传胜,译.南京:译林出版社,2003:339.
② 以塞亚·伯林.自由论[M].胡传胜,译.南京:译林出版社,2003:359.

当代术语"整全性的自由主义（comprehensive Liberalism）"①所代替，在政治的框架中自由被看为一种积极的价值。（整全性）自由主义反映了一种特殊的良善的观点，这种观点认为个体自由（在对破坏性的原则的限制之内）是可以得到促进的。例如，在（道德）教育中，一种（整全性）的自由将会把注意力放在自主性以及对权威的批评之上。在经济中和私人生活中，一种（整全性的）自由将会尽其可能地减少政府对其的干预。

作为一个价值多元主义者，伯林意识到在价值日益多元化的世界之中，自由作为政治和道德框架内的价值，是与其他的价值相互竞争的。然而，伯林和他的朋友伯纳德·威廉姆斯都倾向于认为：自由主义政体同比其他的价值体系更能促进道德和社会、政治的稳定性。同其他的（整全性的）政体相比，在自由主义政体之中多元化能得到最大的促进。对这种观点的一般的自由主义的解释是，人们所共同认同的基本的善的观点的活跃性通常可能是被自由主义所勉强禁止的。如果这种自由与其他价值之间的交易伤害了其他价值的话，这种对自由的限制只有筑基在消极的基础上才具有正当性。在整全性的自由政体中，宗教徒依然可以按照宗教戒律去生活（例如"安乐死"或星期天去商店购物）。而在一种宗教政体中，这样的行为有可能是被禁止的。这就意味着不信奉宗教的人们或信奉其他宗教的人们就缺少了选择，因为他们并不信奉共同的良善的概念，他们将坚持这些（对他们而言）不必要的对自由的限制，这将会导致社会的不安和动荡。

值得指出的是，在伯林对自由主义的承诺中，是把自由主义的普世主义及其变种排除在外的。对他而言，这种自由主义的普世主义是基于一种特定的、通过刺激人们脱离他们所植根的伦理和宗教的根源而成为世界公民，并且进而寻求世界和平的良善观点之上的。对伯林而言，这种自由主义的普世主义的变种认可的良善观点则是更加温和的。它仅仅效忠于保障例如自由、多样性、和平、尊重和宽容这样的价值。因为它坚持这些价值，所以并不能被称为完全中立，而仅仅是近似于中立，就像它必须把一些特定的和不宽容的团体从社会中剔除出去一样。对伯林而言，人们可以得出价值多元主义和自由并不

---

① 这个术语被罗尔斯在《政治自由主义》中所使用，用来把自由指称为一种特殊的善，这就是"整全性的自由主义"。罗尔斯也把"政治自由主义"这个术语将自由主义价值放在其他的全面的学说之下作为一种掩护，例如社会主义、基督教民主和保守主义。

是格雷所谓的竞争的自由主义的结论。如果缺乏对一种基本选择权利的尊重（第一层），以及缺乏一种人们在其中可以从相互冲突的价值和不同的好的生活中做出选择的消极自由领域（第二层），那么就不会存在一个多元化的社会。此外，在历史上，自由主义政体比其他政体更能增进社会和政治的稳定（第三层）。

四、基本道德范畴缺失的后果

伯林认为我们生活中所存在的基本道德（和认识论的）范畴甚至可以追溯至我们的语言、思想方式以及我们的概念和范畴之中，尤其是对一种"正常人"的基本概念的尊重。"这些规则和命令的共同之处在于，它们得到了广泛的接受，深深地扎根于人的现实本质中，就像它们经历了整个历史的发展，如今已成为我们所说的正常人的基本组成部分一样。"①伯林认为"正常的"人的概念并不仅仅是一种口头上的定义，亦是一种确定我们思考方法的基本范畴。如果我们给正常人下一个确切定义的话，所有基本的范畴都要发挥其作用："按照我们定义人的基本的范畴（相对应的概念）——例如社会的、自由、社会变革、遭受苦难、幸福、生产力、好和坏、对与错、选择、努力、真理、幻想（它们是完全随机的）——并不是归纳和假设的事情。认为人之为人的条件在于上述的所有理念都要各尽其职；所以称之一个人为人，但是选择或理念对其都意味着是不真实的，这将会是古怪的；它不会同我们口头上对人的定义（是随着意志而改变的）相冲突，而是同那种内在于人的思想之中的人的定义相冲突。"②在对"正常人"定义的基本范畴中，存在一种基本理念（自然层面）和政治范畴（传统层面）纠结的混合状态。伯林意识到解决这种范畴之间的纠纷是很困难的，因为在我们的历史行进的过程中，这两种范畴都已内化为我们生活和思想的不可分割的部分。然而，对伯林而言，这种混合状态并不会导向道德或文化相对主义："但是如果一个人认为在路上踢鹅卵石的行为和杀害自己家庭的行为之间没有任何差异的话，我的态度与相对主义者的倾向是不一致的，因为相对主义者倾向认为这仅仅是一种与我们不同的道德生活方式，或主张我们

---

① 以赛亚·伯林.自由论[M].胡传胜，译.南京：译林出版社，2003：238.
② Isaiah Berlin. Concepts and Categories. [J] New Jersey: Princeton University Press, 1999: 166.

具有不一样的本质,但是我们应该首先说明这是种精神错乱的行为或非人道的行为;我认为这个人是个疯子,就像一个人宣称自己是拿破仑一样的疯子;我也不认为这个存在物是完全的属于人的范畴。"①伯林所引用的事例中我们的基本理念和价值都受到侵犯。不仅仅在我们的文化中,而且在所有的文化中,做出这种行为的人都被视为疯子或白痴。

伯林的这种立场与麦金太尔在《谁之正义,何种合理性?》中的立场是有差异的。麦金太尔认为"我们"被看作"正常的"实际上只不过是在一种特殊的传统中的抽象的普遍准则,而这种传统通常是指涉西方传统。对麦金太尔而言,我们的理性和道德思考是同我们的时代联结在一起的。与之相反的是,伯林则相信一种基本的合理性和道德是独立于历史和社会背景之外的(这种观点也使他的价值多元主义受限)。

我们的生活中也存在一些并不具备这种基本道德的人,当这些人的行为脱离了基本道德范畴的影响时,伯林认为我们可以把他们的行为称为精神错乱的行为或非人道的行为。"不过还有一些道德特性是我们构想人的本质时碰到的,意义同等重要。假如,我们跟某人相遇,只不过在生活的目的上,他跟我们的意见不同,幸福和自我牺牲,他更喜欢幸福,或者说知识和友谊,他更喜欢知识,我们可以接受他们是同类的人类,因为他们对于什么是生活目的的想法,用于捍卫其目的的论证方式,还有他们一般性的行为举止,都在我们认为是人之为人的范围之内。不过,假如我们遇到另外一些人,他们不能够明白为什么他不应该破坏这个世界,以免伤及自身,或者是某些人,他们诚心诚意地相信给无辜者判刑、背叛朋友、折磨儿童这些行为都不会造成什么伤害,那么,我们会发现,跟这些人我们是无法与之辩论的,不仅因为他们让我们感到恐惧,更因为他们让我们想到有点没有人性——我们将其称为精神上的白痴。有时候我们要把这样的人关到疯人院去。"②由此可知,伯林衡量疯子或道德白痴的标准不仅在于是否宣称自己是拿破仑和随意杀人,也在于是否折磨儿童或滥杀无辜以及背叛朋友。

伯林对正常人和疯子之间所做的区分貌似非常简单——仅仅以是否违反

---

① Isaiah Berlin. Concepts and Categories[J]. New Jersey:Princeton University Press,1999:166.
② 以赛亚·伯林.扭曲的人性之材[M].岳秀坤,译.南京:译林出版社,2005:206.

基本道德准则为依据,但是,通过对伯林散论在不同文章中的描述,我们可以得知伯林对正常人和疯子之间的区分并不仅仅是依据他们自身的暴行,而是延伸至我们对其暴行之后的目的和原因的理解,虽然我们的理解必定存在着一定的局限性。伯林的价值多元主义中存在着许多道德准则,但这些道德准则并不具有无限性。对伯林而言,价值和目标的范围是有限的,因为他认为"最终有一些东西被称之为共通人性。它是可变更的,除非存在着一种人性论,否则它是随着不同文化而改变其形态的,真正的人的概念将会变得无法理解的"①。价值和目的必须限定在人类视域之内,否则人们将无法去构想它。当然,在考虑称一个人为道德白痴的过程中缺乏道德所扮演的角色,但是对伯林而言我们可以用某种方式去想象是很重要的,虽然我们憎恨道德的行为,以及为什么人们要按照这种方式行动。这也是纳粹主义者行为背后的原因和目的,所以他们很难从道德白痴的称谓中脱身出来。这里需要我们注意的一个重要方面是伯林把道德谴责从认识论的理解中分离了出来。

但是什么行为和准则是属于人类视域或被排除在人类视域之外的？伯林并没有划定一个明确的界限。在一次与卢克斯的访谈中,卢克斯提出一个问题:假设虐待的需求是人的目的之一是可理解的,针对于此,伯林指出:"心理学家告诉我,虐待狂的目的并不是人们真正想要寻求的目的,因为这种欲望会导致痛苦的产生。产生这种欲望的原因在于:童年的创伤,或诸如此类的伤害。因此这种欲望与你真正想寻求的目的是不同的。"②从康德哲学的意义上讲,理解一种目的并不意味着要尊重这种目的。虐待狂践踏了太多人的权利以及剥夺了人们的自由和令人满意的生活,所以它应该被削弱或消除。由此伯林区分了理解和谴责之间的区别。对传统主义者而言,伯林对正常人和道德白痴的区分会导致一些异议。他们认为伯林所做的这种区分是用来逃避前面错误的后果。之前伯林假设存在一种普遍的道德本质,如果这种道德本质的概念是被看作一种人们精神的构建的话,对这种本质的背离并不需要宣称一些人是疯子这种方式来解释。

对伯林而言,一个"正常的"人是被赋予了道德情感的人。当基本道德律

---

① Steven Lukes. Isaiah Berlin in Conversation with Steven Lukes[M]. Samagundi,1998:105.
② Steven Lukes. Isaiah Berlin in Conversation with Steven Lukes[M]. Samagundi,1998:118.

被打破的时候他或者她能感受到这种"道德的巨变"和恐惧："当我说一个人是正常的时候,我的部分含义是指,他不能轻易地、无顾忌地打破这些规则。当一个人未经审批就被宣布或受到追溯性的法律惩治时,当孩子们被命令去诋毁父母、朋友被命令相互背叛、士兵被命令用野蛮的方法实施屠杀时,当人们被拷打或谋杀、少数派因为激怒多数派或暴君而被屠杀时,这些原则就遭到了践踏。这些行为,即使主权使其合法化,甚至在当时也造成了恐怖。之所以如此,是源自于对这样一些绝对障碍的道德——不管法律——有效性的承认:它们阻止一个人将其意志强加于另一个人之上。"①除此之外,伯林也使用了"一种人们正常的道德感知力"来应对自私自利和寄生的道德问题。以坐公交车逃票为例,在伯林看来,只要是具有正常道德感知力的人们都能意识到,如果每个人都效仿那个逃票的人的行为,那么不久之后公交车将会停止运营。他"……的这种欺骗的方式仅仅被认为是值得担心的——这种担心不仅源自于他打破一种契约规则的事实,而且也源自于他的行为所导致的不公平。事实上这种令人不安的担心是我们称之为道德感知力的标准之一。"②对伯林而言,正常的人由这种因素所刻画:"作为神圣的承诺,社会需要保障守信、维护法治和社会秩序,以及对避免不公平的内在欲求等。"③

伯林所选用的这个事例是一九五六年,当时英国人等候公交车时严格按顺序排队闻名于世。伯林把道德情感和道德意愿作为一种被普遍承认的道德观点。但是在我们这个日益个性化的社会,我们意识到"为什么需要道德?"这个简单的问题并不容易回答。这个问题可以通过理性实践或审慎来回答。人类生活如果缺乏基本的、人们所共享的道德将会是凄惨的。但是对于寻求适合自己的最佳生活的审慎的个人而言,当其他人都继续遵守规则或赞成这种体系的时候,那个不遵守规则的人可能会得到一些非常大的利益(特别是短期内)。当人们不再深深地依恋他们所属的社团或集体,并相信他们唯一信奉的生活模式是没有任何最终的判断以及更高的目的时,他们将会审慎地寻求在不伤害他人的情况下最适合自己的生活方式。此外,道德情感的本质不再被认为是先天的,而是道德教育的结果,这种道德教育本身就是值得怀疑的,

---

① 以赛亚·伯林.自由论[M].胡传胜,译.南京:译林出版社,2003:239.
② Isaiah Berlin. Concepts and Categories[M]. New Jersey:Princeton University Press,1999:97.
③ Isaiah Berlin. Concepts and Categories[M]. New Jersey:Princeton University Press,1999:98.

因为它可能导致非生发性的内疚和羞耻的感觉。关于伯林所主张的道德情感的存在,可能是以他自身的生活背景(二十世纪六十年代的英国)作为普遍衡量标准的。

本章小结

对很多伯林人性论的阐释者而言,伯林的著述中贯穿着悲观主义的人性论。不可否认,在伯林对待人和人生需求的认识中,明确地存在一种强烈的悲剧因素:人类实现的大道,有可能彼此交汇和彼此阻碍,一个人或一个文明,为铺设一条完美人生之路而追求的最受珍爱的价值或美,有可能陷入致命的相互冲突;结果是对立的一方被消灭和绝对无法弥补的损失。对伯林而言,他认为他的责任就在于扩大和加深人们对这种不可避免的冲突和损失以及由此引起的绝对选择之必然性的意识。他使给人带来和谐和安宁的所有人生观都产生了裂痕。伯林认为人们虽能消除紧张和痛苦,但与此同时也削弱了人的活力和热情,使人们忘记自己的真实人性。他不断地呼吁我们回到自己的本质自由和责任上来。从伯林散见于不同文章和讲话中的对人性的论述而言,他乐观地认为人们希求以一种体面的方式去解决价值之间的冲突,同时也指出人们通过移情的想象力可以相互理解和沟通,并且在人类的生活中存在着一种基本的道德范畴。这些对人性的论述一旦被集中在一起,便为一种彻底的自由主义人道主义人性观以及我们前面所提到的他的困境提供了一个最全面的、最令人信服和满意的记录,从而也使它们更易于被这个时代所利用。

第五章
结语

　　尽管与政治哲学相比,道德哲学在伯林的自由主义思想体系中并没有占据主要地位,而且在道德哲学史中伯林并没有与那些著名的伦理学家相提并论,但是伯林的道德哲学仍然是非常重要,以及具有极大的研究意义的。通过对伯林自由主义伦理思想的分析,我们可以得知:作为二十世纪西方杰出的道德哲学家之一,伯林把自由理念的侧重点转移到倡导个体权利的消极自由,筑基于价值多元主义之上的对自由的重构贯穿于他的道德哲学思想中,这种以彰显个体权利和个体自由为特征的自由多元主义为核心的道德哲学与其他的道德哲学存在着明显差别。通过对正统自由主义的重新解构,伯林在价值多元主义的基础上构建了其自身的独特的自由观。但很明显的是,伯林散论在其论文和讲话中的自由主义伦理思想并不具有内在的体系性和明晰性,因此引致了许多对伯林的道德哲学思想的论争。正如一则评论所指出的:在二十世纪,对以赛亚·伯林所不知何故坚守的一种立场的论争吸引了学术界对其长达半个世纪的关注。而学界对这种伯林所遵循的推崇多元样态道德存在的观点的论争亦对我们构建和谐社会有所启示。在当今这个时代,由于一元道德统一性的退隐以及对多元价值、道德多样性存在的认可,这种多元样态道德对社会主义道德观的形成以及社会主义和谐社会的构建带来了很大的影响。

第一节 伯林自由主义思想的独特样态及其理论困境

一、价值多元主义与消极自由优先性的矛盾

对伯林而言,由于启蒙运动所尊崇的理性主义一元论并不能成功地为自由主义辩护,反而会导致其陷入极权主义的意识形态的危险境况之中,因此,伯林反对把自由主义建立在某种绝对道德价值体系之上。伯林主张把自由主义建基于价值多元主义之上,力图在此基础上对自由主义做出辩护。但是由于伯林自由主义的伦理思想缺乏一种内在的明晰性,许多学者陆续提出质疑,指出价值多元主义与自由主义之间的关系并非如伯林所说的总是相辅相成、相互联结的,相反,在这两种理论之间存在着某种不可调和的张力。

伯林在对理性主义一元论拒斥的基础上发展了价值多元主义的理念,这是价值多元主义和自由主义之间最早的联结。对伯林而言,从价值多元主义到自由主义的论证大致遵循两条主线进行:首先,伯林认为"我们在日常经验中所遭遇到的世界,是一个我们要在同等终极的目的、同等绝对的要求之间做出选择,且某些目的之实现必然无可避免地导致其他目的之牺牲的世界。的确,正是因为处在这样的状况中,人们才给予自由选择以那么大的重要性。因为,如果他们能够确信在某个完美的、人们在地球上可以实现的状态中,他们所追求的那些目的绝不会相互冲突,那么选择的必然性与巨大的痛苦就会消失,自由选择的核心重要性也随之消失"[1]。对伯林而言,我们所生活的世界中存在着各种互不兼容甚至相互冲突的价值。在这些互不兼容的价值之间并不存在一种衡量尺度和标准,因此无法为这些价值按高下排序。正是多元价值之间缺乏一个相互比较的尺度或标准,所以选择的自由对人们而言是不可或缺的价值。伯林此处所使用的选择自由,指涉的是个人在面对各种价值并且做出选择时外在干涉的阙如,属于消极自由的范畴。伯林认为只有自由主义的政治体制才能最大限度地保障个人的消极自由,他并不把某种特定价值强加于个体之上。因此伯林由价值多元主义推论出选择自由和消极自由的重

---

[1] 以赛亚·伯林.自由论[M].胡传胜,译.南京:译林出版社,2003:241.

要性,并且进一步得出价值多元主义在政治实践上支持自由主义的结论。其次,伯林的价值多元主义注重价值之间的冲突以及不可通约的善和价值,因此价值多元主义需要某种反对乌托邦的政治理论和政治制度,所以对价值多元主义者而言,适当的政治理论和政治制度必然会拒绝所有人类的善和价值可以和谐共处的观点,例如理性主义一元论的观点。此外,价值多元主义的特质使其拒斥乌托邦主义的倾向,从而导致对自由主义理论和实践上的对手的清除,如无政府主义、极权主义等意识形态。伯林肯定多元化价值形态的存在,所以适合价值多元主义的政治理论和制度必定会视冲突和艰难抉择为人的主要特征。这种政治制度并不会试图超越人类价值永久冲突的特征,而是力图克服、调解以及容纳价值之间的冲突。

伯林对价值多元主义和自由主义之间联结的论证引起了很多质疑和论争。通过伯林重视的不可通约性价值,以及我们必须在互不兼容的甚至相互冲突的价值之间做出选择的事实,是否能推论出对选择或消极自由的结论?针对于此,迈克尔·桑德尔提出了质疑:"加入一种信念只是相对有效的,那么为何还坚定地守护这些信念呢?在伯林所描述的悲剧性的道德世界中,自由的理想难道不是和其他竞争的理想一样,都要受到价值的不可通约性的约束吗?如果如此,为什么自由的理想具有优先性的地位?如果自由不具有道德上的优先地位,如果它只是众多可供我们选择的价值之一,那么我们为什么要支持自由主义呢?"①桑德尔对伯林的论证提出了两点质疑:其一,伯林的价值多元主义蕴含着浓重的相对主义色彩;其二,伯林的价值多元主义立场使其无法给予自由价值以优先性,因而无法支持自由主义。

格雷由研究伯林的思想出发,借由对伯林价值多元主义的激进阐释而推论出足以颠覆自由主义的论证引发了大量的论争与讨论。格雷指出,贯穿于伯林思想中最重要的一个概念就是价值多元主义,而当我们深入地对这个概念进行研究时,会发现其与自由主义之间存在种种冲突以及不一致。格雷认为,伯林的自由主义的独特性在于其蕴含了选择自由与消极自由这两种价值,而这两种价值对于价值多元主义而言却并不重要;同时,由于价值之间的不可通约性的存在,这些不相通约的价值所形成的生活方式和社会文化之间并不

---

① Michael Sandel. Liberalism and Its Critics[M]. New York:New York University Press,1984:7-8.

存在优劣高下之分。而有许多并没有把选择自由与消极自由视为核心价值的生活方式和社会文化仍然是有价值的,这些生活方式和社会文化体现了与自由主义价值不同的其他的客观价值。根据伯林所尊崇的价值之间的不可通约性,当自由主义价值与其他客观价值发生冲突时,自由主义并不占有优势地位。此外,对于自由主义政体所宣传的普遍性和权威性特征,格雷也持怀疑态度。依据价值多元主义的特性,价值之间是互不相容甚至相互冲突的,而在这些形态各异的价值冲突中,解决冲突的方法也是多种多样的,而自由主义政体制度仅仅是这些解决方法中的一种而已;因此,我们可以在这些价值之间选择与自由主义相互区别的价值以及解决冲突的方案,从而可以构建出与自由主义政体制度不同的其他政治制度。自由主义借由他们预先设计好的制度和社会构架,认为自身作为最理想的政体形式,可以解决所有涉及价值冲突的问题;针对于此,格雷指出价值之间产生冲突的问题异常复杂,并且没有原则可以遵循,必须是由各个社群与团体依据他们所遭遇的实际问题、所面临的当前处境、过去的历史脉络、特有的价值理念以及对于未来的期许等审慎的思考衡量,才能够找出适用于他们所身处的实际境况、足以解决他们所面对的价值冲突的解决方法。① 对价值多元主义而言,能够解决所有价值冲突问题并且使所有价值都和谐共处的生活方式或政治体制并不存在。如果自由主义意识不到其只是具有一种正当性的政体形式,相反,还基于其所认定的某些价值和规则去抨击其他形式的政体,强调自由主义政体制度的唯一正当性和普遍性,就意味着价值多元主义与自由主义分道扬镳了。

二、伯林自由主义伦理思想的独特样态

严格而言,以赛亚·伯林的著作通俗易懂,这源于伯林的文笔和思路十分流畅,且善于比喻和旁征博引。作为一个道德哲学家,在行文间他并没有大肆运用专业术语和形而上学的概念,我们只要能把握其所表述思想的主题,以及对他所处的时代背景加以理解,大部分读者都能明白伯林所欲表达的内容。但是要明晰地去理解伯林的思想却颇不容易,因为伯林经常作为一个"旁观者"隐身于对其他思想家的研究之中,以对他人思想之评析间接地表述自己的

---

① 约翰·格雷.自由主义的两张面孔[M].南京:江苏人民出版社,2008:28.

观点。与其他正统的思想家不同,伯林并没有以一种有条理和有逻辑等方式将其观点罗列出来。与之相反,伯林通过对西方智识史上不同的思想家的析评,表述自己所欲的理念。由于伯林所阐述的道德哲学思想散论于不同的文章和讲话之中,所以在构建自由主义伦理思想的过程中并不具有明晰性,所以伯林在回应其他思想家对其道德哲学思想的质疑时显得左支右绌、前后不连贯。同样,这亦是伯林在面对不同的质疑时不得不兼顾其理论的逻辑正确性,以及其理论思想与他所欲解决的现实问题相契合所致。因此伯林的道德哲学思想常被反对者以没有体系性、内在不一致而批评,没有其他伟大的思想家那种一以贯之的体系性。

伯林的道德哲学思想在对理性主义一元论的批判和历史决定论的拒斥的基础上凸显了价值多元主义理论的重要性,并试图在此基础上重构其自由观。作为二十世纪杰出的自由主义思想家之一,伯林对他所处的那个时代所受极权主义的荼毒深恶痛绝,因为他认为这种极权主义对自由的伤害最甚。对此,伯林通过对西方智识观念史的追溯,欲寻求出极权主义的根源所在。对伯林而言,梳理西方传统思想的过程意味着对与极权主义相互关联的西方文化传统,如乌托邦、理性主义一元论、积极自由等的检视,并在对这些理论进行批判的基础之上建立起以道德多元主义为核心的道德哲学思想。伯林在构建他的哲学思想时侧重于对消极自由和价值多元主义的阐述,对伯林而言,这两种理念所具有的现实意义远大于形而上学意义,因此在面对诸如格雷这样的反对者质疑其理论的逻辑性时,伯林常常会遭遇尴尬的境况。伯林并不关注理论的逻辑正确性以及各理论间的兼容性,尽管他经常以此手法(即质疑对手理论的逻辑正确性与对手各理论间的兼容性,在逻辑上证明对手理论是错误的、有矛盾的,再否定其理论存在的合理性)来作为批驳他人的利器。伯林所关注的乃是现实层面,他所探究的是在现实生活中,人类怎么样才能在不受外在干扰的情况下,发展自己的天赋以及实现自己的理想。对伯林而言,人们所致力追寻的是一种"较好"的生活,在追求的过程中,人们可能会以不同的方式去追求其所选择的各种各样的目标。价值多元主义侧重于选择的差异性和多样性,以及我们所有做出选择的价值之间的不可通约性,在这些不同的选择中,伯林认为消极自由必然作为人们追寻"较好"生活的选项,虽然消极自由与其他人们所注重的价值是平等的,但是对伯林而言,消极自由是不可或缺的。由前面章节的论述可知,诸多批评者对于伯林的价值多元主义和赋予消极自由以优先性地位之间的矛盾,伯林并没有提出明确的回应,或者这种批评者所倚重的这种论点并不能对伯林构成干扰,因为伯林认为消极自由仅是我们追寻"较好"生活的一种较好的手段而已。

  作为一个道德多元主义者,伯林经受了西方启蒙以来思想的洗礼,因而是一个非常具备人文关怀的自由主义者。伯林在回溯西方智识思想的过程中,对一些非自由主义者的浪漫主义者尤为着迷,并且从维柯和赫尔德所代表的古典人文主义和浪漫主义中寻找价值多元论的思想资源,从而在其自身的道德哲学思想中把价值多元主义提升至思想的基础和核心。与哈耶克、诺齐克等自由主义者相比,伯林认为自由的价值源于对理性选择的限制[①],而并非源于理性概念。但是在某些场合伯林又表明自己本质上是一名"自由主义理性派"[②],因为他认为理性肯定了人的价值,相信人类的未来是进步的、完善的;但对于某种历史的偶然使得理性被滥用于某些钳制人类自由的学说之上,伯林是拒斥的。因为对伯林而言,他的自由是建立在我们必须在不可通约的道德价值之间做出选择的基础之上,而不是建立在这种被歪曲的理性之上。伯林认为自由权利的结构并不受任何规则指导,亦不能从各种理论中推导出来,因为人们所面临的不可避免的选择通常是不可通约的价值之间的选择,亦是在不相兼容甚至冲突的自由权利之间行使那种权利的选择。因此,伯林不仅站在理性主义的立场上瓦解了现代道德哲学所赖以存在的并以之为基础的理性主义,而且其富有创造性的自由主义对于传统的自由主义思想的理性基础有很大的颠覆性。[③] 与此同时,伯林的"自由主义理性派"的立场使其对理性的批驳面临着许多困难,同时这一立场在其学说的运用过程中也难免造成了疏漏之处。总体而言,作为一个深受西方文化熏陶以及西方智识思想影响的思想家,伯林很难抹杀自柏拉图以降的理性主义一元论哲学对他的影响,同样也很难不受理性主义的影响。对伯林而言,在驳斥和抨击一种思想理念的模式和内容时,我们不可避免面临的是:在以我们自身构建的思想去抨击一种异己的思想类型时,我们所言说和论证的思想是否也蜕变成了一种新的模型呢?

---

① 拉明·贾汉贝格鲁.伯林谈话录[M].杨祯钦,译.南京:译林出版社,2002:89.
② 拉明·贾汉贝格鲁.伯林谈话录[M].杨祯钦,译.南京:译林出版社,2002:89.
③ 约翰·格雷.伯林[M].马俊峰,杨彩霞,路日丽,译.北京:昆仑出版社.1999:5.

尽管伯林认为我们的生活仅仅是由不同的模型所组成的不同的组合所构成，但他深信我们生活中最重要的莫过于人类的天赋与创造力，譬如人类对自身文化的归属感，譬如人类共享的道德情愫，譬如不受折磨的基本尊严，等等，而他所提倡的消极自由，便是为了保障这些价值能有与权力对抗的力量，而非成为对抗权力的力量。

同样，作为一个温和的历史主义者，伯林的历史主义观点与他的多元论和拒斥决定论的思想是相互契合的——具体表现为一种对人类本性的看法，根据这种看法，文化形式作为人类不可预言的发展过程中的一个碎片，是人类通过选择活动而实现自我创造的一系列事件中的一个事件，它们经常是彼此分离的，就像人类的自然语言那样是不可简约的、多样化的。[①] 伯林以处理历史之中独特意识经验的观念史为基点，秉持多元主义的原则，与十九世纪史学潮流相悖而行；伯林拒斥当时史学所持的进步意义，质疑非个人解释力量比重的日益增大，同时也惋惜个体在历史演进过程中的缺席，而对与个体选择的自由相伴生的个体对历史所负责任的漠视和压制更不为伯林所认同。通过这种历史化的人性论和道德、政治生活的基本模式，伯林把其历史观和道德哲学联系在一起。他在多元主义视域下所构建的历史观不仅消除了通常归因于他的道德确定性和普遍性的误解，也使其价值多样性的来源超越于抽象的概念分析。对伯林而言，他的历史和哲学思想的首要意图都集中于发展一种对道德和政治生活方式以及当代人性概念的解释性的理解方式。伯林有关历史的思想主要关注于通过移情想象力限制经验性的实例对多样性生活方式的解释性的理解。这种理解包含了模式的变更、制度、语言、艺术、理念等所有重要因素。这种历史研究的意图并非提出对不同时期和不同文化的更好的理解，而是一种对自我理解的明晰的思考。此外，伯林所首先关注的则是：何种概念可以被我们认识，并因而成为我们当代生活方式中的客观价值体系的组成部分。伯林认为历史研究和道德哲学的主要目的在于"人的最高需要是自我理解"[②]，因此我们可以理解自身信念的来源，而不至于"在黑暗中像野蛮人一样"[③]。伯林的哲学和历史的思想主要目的就体现在对刻画我们生活方式的基本类型和

---

① 约翰·格雷.伯林[M].马俊峰,杨彩霞,路日丽,译.北京：昆仑出版社.1999:78-79.
② 以赛亚·伯林.反潮流[M].冯克利,译.南京：译林出版社,2002:285.
③ Isaiah Berlin. Concepts and Categories[M]. New Jersey：Princeton University Press,1999:51.

人性的概念、背景的解释性理解的共同渴望。

　　自我理解对伯林而言,意味着通过对历史的重构以及对特殊的哲学问题的探讨发现占据主导地位的价值类型和个体所处的特殊时期的价值特征。这种自我理解也包含了对生活方式中所蕴含的客观价值的解释,也符合伯林在一般意义上对这些的描述和在特殊意义上对伦理思想的描述,也即刻画出人们通常所忽略的,与人们的人性概念相一致的基本道德和政治生活方式。这些人性的概念以及基本的道德和政治价值是古老的和行之有效的,例如基督教的理念和柏拉图主义,虽然这两者通常以新的面目出现在现代生活之中,如自由主义、浪漫主义和历史主义。正像伯林所描述的:"柏拉图、亚里士多德或马基亚维里的政治哲学,希伯莱的先知、福音书、罗马法学或中世纪教会的道德观念,无论它们是通过原著还是通过现代理论家的著作来表述,都无可比拟地较之古代科学更富于智慧,因而受到我们更多的关注。"①同样,一些历经时空转换的古老的价值谱系也嵌入我们现代的生活方式之中,例如幸福和共同体,以及其他相对而言晚近的平等、宽容、诚实、多元主义和消极自由等价值。伯林认为这些从我们可认识的基本生活方式中产生的价值是以自身为目的的终极价值。对伯林而言,基本生活方式和人性之间的差别将会导致人们对这些价值的解释大相径庭,但是至少还会存在一种基本的、确定的、可以被人们广泛认知的共同范畴,亦即伯林所谓的"一种公众世界的共同价值"。此外,伯林的伦理思想的关键之处也在于对不相兼容的基本道德生活方式和人性的概念进行对比和评价,并且提供一种可供我们选择的最少受到歪曲的道德和政治生活。"这个模式是否歪曲了现实?它是否使我们看不到真正的不同和类似之处,并产生出别的虚构的不同和类似的地方?它是否进行压制、违反、捏造和欺骗?"②伯林对这种存在的共通价值的洞察力使他导向一种最充分的并且最少受到歪曲的对当代价值多元化基础上的人性的理解,就像产生一种形态各异但同样可行的方式、观点、价值的衡量尺度等的多样性,每一种都具有自身的终极价值和目标,这些价值同等真实、同等终极,尤其是同等客观。对这个观点的核心描述体现在《两种自由概念》中:"我们在日常经验中所遭

---

① Isaiah Berlin. The Proper Study of Mankind[M]. London: Pimlico,1998:97.
② Isaiah Berlin. The Proper Study of Mankind[M]. London: Pimlico,1998:73.

遇的世界，是一个我们要在同等终极的目的、同等绝对的要求之间做出牺牲，且某些目的之实现必然无可避免地导致其他目的之牺牲的世界。"①

伯林对人性的历史化的解释构成了他的现代西方道德和政治生活方式的基础。伯林提供了一种哲学和历史相互结合的观点作为他思想的核心——多元主义的基础。伯林的解释集中于他的历史化人性论的自我理解理念上。这种对人性的理解包括可认知性，并且在客观的意义上，多元主义不仅是作为一种描述性的境况，而且其自身也是作为一种终极价值而存在。对伯林而言，无论他做的何种努力，都是为了更好地充实且回归于他的自由主义伦理思想的核心——价值多元主义之中。伯林认为，人类的自我创造总是使自己成为多元的而不是单一的，所以，单一的人类历史的观念，就像完美的人类生活的观念一样，都是一种误解。伯林的多元论所要颠覆的就是这种误解的观念。如果在人类本性中存在着基本的不确定性，通常人们持有的那种人类具有共同的不变的本性的观念就完全失效了，一般的人类历史的观念就因没有事实的根据而破产了。人类历史必然是多方面的多样的，一如语言是多样多面的，而存在许多语言恰恰是语言的本性，所以，也总存在着许多人类历史而不是单一的历史。这就是人类历史的真实面目。"

每个时代都有它的特色与它的问题，每个不同时代的思想家亦有其要面对的课题，伯林勇敢面对了属于他的时代的难题。对照于他的害羞与退却，伯林在陈述自己的理念时，却显得热情与絮聒不休，因为他面对的是他认为"西方史上最可怕的一个世纪"，人类的生命以及他认为和人类尊严、生命等重的自由，都被特殊的种族或武力强权一概彻底剥夺了。尽管在伯林去世前，所有的极权政权已经纷纷倒台，但有识之士如伯林，在目睹人类的两次浩劫之后，不免对人类的未来忧心忡忡，以至于他一直持续不断地告诫人们，自由是人类最需要珍视与维护的价值，他引经据典，强调两次世界大战都是从某些不珍视人类基本价值的野心家开始，而人民又不察，反受其利用与摆弄所造成的，伯林希望的是两次世界大战所带来的杀戮与惨况，可以是人们不敢忘却的前车之鉴。

---

① 以赛亚·伯林.自由论[M].胡传胜,译.南京:译林出版社,2003:241.

第二节　伯林自由主义伦理思想对我国社会主义建设的启示

伯林在其自由主义伦理思想中一以贯之地强调道德的多样性存在,并在价值多元主义的基础上对自由进行了重构。自从伯林构建出以价值多元主义为核心和基础的道德哲学之后,在其身后留下了一片褒贬不一的论争。这种论争可以粗略地概括为:一方面,赞同伯林道德哲学思想的思想家认为伯林的观点富有深刻的洞见;另一方面则与此相反,认为伯林的道德哲学的理论有其难以克服的困难。对我们而言,问题的关键在于伯林的道德哲学所引发的论争是否是一个值得探讨的问题,以及是否能引起众多思想家的兴趣和注意。伯林的道德哲学思想无论是受到褒扬抑或贬斥,他都是一个无愧于这个时代的哲学家。他所提出的问题是非常值得我们探讨的,而他的道德哲学思想给我们构建和谐社会的启示也是有目共睹的,同样,伯林道德哲学思想中所遭遇的困难亦是对我们这个时代所面临的困境的反映。伯林的道德哲学观点并非一定要得到我们的认可,但是,对于正处于社会急剧变迁、基本社会制度面临全面改革和重新设置,以及正在构建和谐社会的中国来说,伯林的一些思想因素对我们是具有启示意义的,同样亦值得我们加以批判性地借鉴和吸收。值得我们注意的有以下几个方面:一是对法治的推崇和对民主的促进,二是对和谐社会的构建。

一、伯林两种自由概念在社会主义建设中的意蕴及其作用

自从改革开放以来,当代中国现实生活境况产生了前所未有的深刻变化,这场改革涉及了社会中的各个方面和层面。受到这种改革变迁的影响,人们的价值观念和伦理束缚都发生了翻天覆地的变化。个体,以及以某种纽带、形式联合起来的群体,其权利诉求在经济力量的支撑下日益形成为一种社会氛围和社会心理;日益复杂的社会关系、日益频繁和普遍的利益冲突,都要求一种以个体权利为本位的社会治理和政治运行模式,个体的权利诉求对社会各个领域的改革提出了最为迫切的要求。中国社会不可阻挡地走向了一种"私

域—公域、私权—公权"二元之间既对立又统一的现代"市民"社会。① 伯林对自由的两分为我们提供了一种对处于社会变革和构建和谐社会境况下"私人领域—公共领域、私权—公权"理解和把握的有价值的分析框架。

同时,他对消极自由和积极自由的区分对于正处在由传统社会向现代社会转型的我国,具有重要的借鉴意义。消极自由涉及的是社会主义的法治,积极自由体现的是对社会主义民主的促进。对处在社会转型期的我们国家而言,加强市场经济的建设以及大力推进民主政治的目标使得个体的独立性、个体的自由和权利越来越具有重要的价值和意义,因此必须为个人提供一个能够自由思想和行动而不受他人干涉的私人领域。正因为如此,消极自由就显得尤为重要。对伯林而言,消极自由指涉"被动"意义上的自由,也即"个人在不伤害他人利益的情况下可以追求自身所欲的事情而不被外力强制干涉";伯林认为"应该存在最低限度的、神圣不可侵犯的个体自由的领域;因为如果这个领域被践踏,个人将会发现他自己处于一种甚至对于他的自然能力的最低限度发展也嫌狭窄的空间中,而正是他的那些自然能力,使得他有可能追求甚至领会各种各样人们视为善良、正确或神圣的目的"②。这就需要我们划定私人生活领域与公共权威的界线,但是这条界线的划分一直存在着争议甚至是讨价还价的问题。对伯林而言,对消极自由欲求的目的在于保护个体权利并且抵抗公共威权,其侧重点在于各种个体权利的落实以及对法治社会的推崇;有鉴于此,依法治国、建立社会主义法治国家一直是我们社会发展的重要指导原则。推崇法治,依法治国的任务和目的在于导向一种社会主义文明法治社会,要防止和杜绝暴力执法,而代以依法行政;同时,用程序公正原则来消除政治特权,从而保障公民的平等权利,体现法律面前人人平等的法治原则;推行法治的最重要目的体现在:在制定决策的过程中,以自由原则牵制积极自由,不能背离保障个体基本权利的宪政精神,切实保障公民的合法权利。

此外,伯林所指称的积极自由是"主动"的自由,其主旨在于个体获取某些利益或者实现某些目标和理想的自由,主要表现为各种参与性的社会权利,于是,积极自由往往与实现人类性或社会性的成功和理想的理念相互联系,通

---

① 杨颖、卢坤.政治:一个伦理话题[M].北京:社会科学文献出版社,2008.
② 以赛亚·伯林.自由论[M].胡传胜,译.南京:译林出版社,2003:191-192.

常外现为社会权力,也即社会主义的民主要求。作为一个消极主义者,个体所拥有的权利对伯林而言是非常重要的。"一个原则是,只有权利,而非权力,才能被称为绝对的,从而使得所有人,不管什么样的权力统治着他们,都有绝对的权利拒绝非人性的举动。"① 但是,我们应该能够体会到目前我国的法制尚未健全,在民主的法律化和制度化进程尚未完成的社会里,积极自由与消极自由相同,亦是我们不可或缺的。公民的积极自由体现在对政治和社会生活的积极参加,这亦是促进社会主义民主的内在要求。这种积极参与政治和社会生活的自由与伯林所批评的积极自由相一致。因此,我们要推行和促进社会主义民主,增强人们参与政治的自由和热情,在更高层面上促进人们的合法权利和自由,构建社会主义和谐社会。由此可见,消极自由(推行法治)和积极自由(促进民主)之间是相互促进、相辅相成的。权力的产生源于权利的部分让渡,以及权利为了维护其自身而对权力保护的需求。推崇法治和促进民主作为社会主义构建和谐社会的目标和方向,通过法治与民主的双向互动和动态平衡,我们就能实现消极自由与积极自由的辩证统一,这也是实现公民完整自由的根本前提。

二、伯林价值多元主义思想对构建和谐社会的启发

伯林所推崇的价值多元主义思想不仅动摇了那些在他所处的环境中占支配地位的道德理论,也颠覆了勾勒乌托邦蓝图、苛求"完美社会"的理性一元主义者的理论。作为一个道德多元主义者,伯林的多元主义是有限的多元主义,这种理论使我们在面对多元存在的、不相兼容甚至相互冲突的善或价值时,改变传统的一元论思维方式,代之以一种多元的视角和思维方式重新思考这些我们在其之间不可避免地做出选择的相互冲突的价值或善,审视人类的历史和生存状态,并以此为核心构建社会主义和谐社会。所谓的社会主义和谐社会的构建,意指构成社会的各个阶层、各种价值要素之间是相互协调的,同时也意味着相异价值、人性的尊重。和谐社会的提出,表明了国家对社会上不同社会阶层、不同价值取向的理解与尊重。

但是,目前对社会主义和谐社会的构建存在着不少有歧义的观念,其中最

---

① 以赛亚·伯林.自由论[M].胡传胜,译.南京:译林出版社,2003:238.

重要的一种观点认为和谐社会是一个不存在任何冲突的、完美的社会。在这种具有完美特性的和谐社会中,人与人、人与自然之间,以及各种社会阶层、不同的利益群体之间不存在任何冲突。此外,为了达至构建社会主义和谐社会的目标,我们必须不惜一切代价,甚至可以以牺牲个体自由为砝码。这也正是伯林所批判的:"如果人们的处境过于悲惨,为了实现短期的目标,而牺牲人和进行高压,也许这样的措施并不为过。但是,无论是现在,还是其他任何时候,为了遥远的目标而制造大屠杀,却只是一个让人付出沉重代价的、残酷的玩笑。"①改革开放以来,中国社会在很多领域中都凸显出多元的特征,对这些存在着的多元样态的价值、自由和善进行拒斥,固执地坚持构建社会主义和谐社会的目的就是进入一种完美社会的观点是错误的,是对构建社会主义和谐社会的简单化理解。和谐社会的具体特征体现在:不仅认同多元价值的存在,也极力提倡宽容,在各种不相兼容甚至相互冲突的价值之间保持一种"微妙的平衡";此外,进行社会主义意识形态建设过程中决不能采取单一的、教条的态度,不能压制个人的价值选择,阻碍人的全面发展。依据伯林的价值多元主义思想,我们所生活的社会中存在着相异的善和价值,这些价值和善之间不相兼容甚至相互冲突。因此,在面对相异的价值的善时,我们要采取一种审慎的、多元的思维方式,而非一元的思维方式,对这些存在着的冲突和价值持一种宽容的态度。"在具体情况下,种种价值、规则和原则,彼此之间不得不做各种程度的相互让步……维持一种不稳定的平衡,以此防止陷入绝境,或者是做出偏狭的选择——这是对一个文明社会的基本要求。"②正是由于社会中所存在的价值之间相互冲突的现状,所以在此基础上对和谐社会的构建必须提倡宽容的精神。某些特定的情形中,我们要权衡各种善的相对重要性,在某些情况下更强烈地维护一种善,而在另一种情况下更强烈地维护另一种善,我们实际上能够将各种善彼此折中平衡。例如,在自由与公共利益的冲突中,在任何给定的情况下,所涉及的自由很可能是微不足道的,而公共利益或许是意义重大的;但这并不是说我们可以轻率地对待个人或少数人的自由,并不是说我们可以以公共利益的名义随便而轻率地伤害自由或其他价值。或者相反的情况也

---

① 以赛亚·伯林.扭曲的人性之材[M].岳秀坤,译.南京:译林出版社,2005:20.
② 以赛亚·伯林.扭曲的人性之材[M].岳秀坤,译.南京:译林出版社,2005:21.

有可能。另外,对个人或团体来说,要尊重他人的选择。面对各种价值冲突,面对各种矛盾,为了避免过大的牺牲或极端的痛苦,我们要学会妥协的艺术,要学会让步,学会商谈。在实践中妥协是必要的,也是可能的。达成妥协时就要求所有有关方面以某种相互间都能接受的方式修正各自的立场,如果想要做到这一点,就必须进行政治协商以及需要各方以欣然的态度去勇敢地面对道德和认识论的高度复杂性,而高度复杂性正是现代社会所具有的特点。

综上所述,伯林自由主义伦理思想给我们构建和谐社会的最大启示并不在于可以在其理论中找寻到完美的解决问题的途径,而在于他执着地在我们所处的多元道德世界中探寻如何才能更好地生活,关键支持并非解决问题,而在于问题的提出和对问题的追问。世界的发展愈来愈趋于多样化,不论我们是对保障个体权利落实的消极自由的追求,还是对社会主义和谐社会的构建,对多元道德样态的承认和在不相兼容甚至相互冲突的价值之间持有宽容的精神都将成为我们追求美好生活不可或缺的组成部分。

参考文献

外文参考文献

一、伯林的著作

[1] BERLIN I. Against the Current[M]. London：Pimlico, 1997.

[2] BERLIN I. Concepts and Categories[M]. New York：Penguin Books, 1981.

[3] BERLIN I. The Crooked Timber of Humanity[M]. Princeton：Princeton University Press, 1990.

[4] BERLIN I. The First and the Last[M]. London：Granta Books, 1999.

[5] BERLIN I. Freedom and Its Betrayal：Six Enemies of Human Liberty[M]. Princeton：Princeton University Press, 2002.

[6] BERLIN I. Four Essays on Liberty[M]. Oxford：Oxford University Press, 1969.

[7] BERLIN I. Liberty：Incorporating Four Essays on Liberty[M]. Oxford：Oxford University Press, 2002.

[8] BERLIN I. Karl Marx：His Life and Environment[M]. Oxford：Oxford University Press, 1978.

[9] BERLIN I. Personal Impressions[M]. London：Pimlico, 1998.

［10］BERLIN I. The Age of Enlightenment: The 18th Century Philosophers[J]. New York: New American Liberty, 1956.

［11］BERLIN I. The Critics of the Enlightenment: Vico, Hamann, Herder[M]. New Jersey: Princeton University Press, 2000.

［12］BERLIN I. The First and the Last[J]. New York: The New York Review of Books, 1999.

［13］BERLIN I. The Magus of the North: J. H. Hamann and the Origins of Modern Irrationalism[M]. New York: Farrar, Straus and Giroux, 1994.

［14］BERLIN I. The Power of Ideas[M]. London: Chatto & Windus, 2000.

［15］BERLIN I. The Proper Study of Mankind: An Anthology of Essays[M]. London: Chatto & Windus, 1997.

［16］BERLIN I. The Roots of Romanticism[M]. New Jersey: Princeton University Press, 1999.

［17］BERLIN I. Russian Thinkers[M]. London: Penguin Classics, 2008.

［18］BERLIN I. The Sense of Reality[M]. London: Pimlico, 1996.

［19］BERLIN I. Three Critics of the Enlightenment[M]. London: Pimlico, 2000.

［20］BERLIN I. The Soviet Mind: Russian Culture under Communism[M]. Washington, D. C.: Brookings Institution Press, 2004.

［21］BERLIN I. Vico and Herder: Two Studies in the History of Ideas[M]. New York: Viking Press, 1976.

二、研究伯林的重要著作

［1］LILLA M, DWORKIN R, SILVERS R B. The Legacy of Isaiah Berlin[J]. New York: The New York Review of Books, 2001.

［2］ULLMANN-MARGALIT E, MARGALIT A. Isaiah Berlin: A Celebration[M]. Chicago: University of Chicago Press, 1991.

［3］CLAUDE J, GALIPEAU C J. Isaiah Berlin's Liberalism[M], New York: Oxford University Press, 1994.

［4］GRAY J. Isaiah Berlin[M]. Princeton: Princeton University

Press, 1996.

[5] IGNATIEFF M. Isaiah Berlin: A Life[M]. New York: Metropolitan Books, 1998.

[6] JAHANBEGLOO R. Conversions with Isaiah Berlin [M]. New York: Scribner's, 1992.

[7] KOCIS R. A Critical Appraisal of Sir Isaiah Berlin's Political Philosophy [M]. Lewiston: E. Mellen Press, 1989.

[8] PEZZIMENTI R. The Open Society and Its Friends: With Letters from Isaiah Berlin and the Late Karl R. Popper[M]. Rome: Gracewing, 1997.

[9] RYAN. The Idea of Freedom: Essays in Honor of Isaiah Berlin[M]. New York: Oxford University Press, 1979.

[10] WOOD A. The Guest from the Future: Anna Akhmatova and Isaiah Berlin[M]. New York: Farrar, Straus and Giroux, 1999.

[11] FRANCO P. Oakeshott, Berlin, and Liberalism[J]. Political Theory, 2003(31): 484-507.

[12] GALIPEAU C J. Liberalism and Zionism: The Case of Isaiah Berlin [J]. Queen's Quarterly, 1990 (97): 379-393.

[13] KENNY M. Isaiah Berlin's Contribution to Modern Political Theory [J]. Political Studies, 2000(48): 1026-1039.

[14] LUKES S, BERLIN I. Isaiah Berlin—In Conversation with Steven Lukes[J]. Salmagundi (Saratoga Springs), 1998(120) (Fall): 52-134.

[15] MACCALLUM G. Berlin on the Compatibility of Values, Ideals and "Ends"[J]. Ethics, 1967a (77): 139-145.

[16] RYAN I. Isaiah Berlin: Political Theory and Liberal Culture [J]. Annual Review of Political Science, 1999(2): 345-362.

[17] WORMS F. Zionism and Sir Isaiah Berlin[J]. Ariel (Jerusalem), 1999(110): 47-54.

[18] HARDY H. Isaiah Berlin's Key Idea [J/OL]. Oxford: The Isaiah Berlin Literary Trust, 2000. http://berlin.wolf.ox.ac.uk/writings_on_ib/hhonib/isaiah_berlin%27s_key_idea.html.

［19］HARDY H. Writings about Pluralism Before/Independently of Isaiah Berlin［J/OL］. Oxford：The Isaiah Berlin Literary Trust, 2001b. http：//berlin. wolf. ox. ac. uk/lists/pluralism/onpluralism. htm

［20］HARDY H. Publications about Isaiah Berlin［J/OL］. Oxford：The Isaiah Berlin Literary Trust, 2001a. http：//berlin. wolf. ox. ac. uk/lists/onib/onib. htm.

［21］HARDY H. Taking Pluralism Seriously［J/OL］. Oxford：The Isaiah Berlin Literary Trust, 2002. http：//berlin. wolf. ox. ac. uk/writings_on_ib/hhonib/taking_pluralism_seriously. html.

三、其他外文文献

［1］ARBIASTER A. The Rise and Decline of Western Liberalism［M］. Oxford：Basil Blackwell, 1984.

［2］ARCHARD D. Philosophy and Pluralism［M］. Cambridge：Cambridge University Press, 1996.

［3］BELLAMY R. Liberalism and Modern Society：A Historical Argument［M］. University Park：Pennsylvania State University Press, 1992.

［4］BELLAMY R. Liberalism and Pluralism：Towards A Politics of Compromise［M］. New York：Routledge, 1999.

［5］BOBBIO. Liberalism and Democracy［M］. New York：Verso, 1990.

［6］BRINKLEY A. Liberalism and Its Discontents［M］. Cambridge：Harvard University Press, 1998.

［7］CALDER G, GARRETT E, SHANNON J. Liberalism and Social Justice：International Perspectives［M］. Burlington：Ashgate, 2000.

［8］COLLINS I. Liberalism in Nineteenth-century Europe. London：Historical Association, 1971.

［9］DWORKIN R. Taking Rights Seriously. Cambridge：Harvard University Press, 1996.

［10］FREEDEN M. Liberalism Divided：A Study in British Political Thought, 1914-1939. New York：Oxford University Press, 1986.

[11] HAMPSHIRE S. Freedom of Mind and Other Essays[M]. Princeton: Princeton University Press, 1972.

[12] LARMORE C. Patterns of Moral Complexity [M]. Cambridge: Cambridge University Press, 1996.

[13] MACLNTYRE A. After Virtue[M]. Notre Dame: University of Notre Dame Press, 1984.

[14] MACLNTYRE A. Whose Justice? Which Rationality? [M] Notre Dame: University of Notre Dame Press, 1988.

[15] ELDERS F. On Human Dignity [M]. Utrecht: Universiteit voor Humanistiek, 1992.

[16] RORTY R. Contingency, Iron and Solidarity [M]. Cambridge: Cambridge University Press, 1990.

[17] ROSENBIUM N. Another Liberalism: Romanticism and the Reconstruction of Liberal Thought[M]. Cambridge: Harvard University Press, 1987.

[18] HAMPSHIRE S. Moral and Conflict[M]. Oxford: Blackwell, 1983.

[19] WILLIAMS B. Morality: An Introduction to Ethics[M]. Cambridge: Cambridge University Press 1972.

[20] BREITLING R. The Concept of Pluralism[M]//EHRJICHS, WOOLT G. Three Faces of Pluralism. ed. by Stanislaw Ehrjich and Graham Woolt. England: Gower Publishing Co. , 1980.

[21] STOKER W. Is the Quest for Meaning the Quest for God? The Religious Ascription of Meaning in Relation to the Secular Ascription of Meaning: a Theological Study[M]. Amsterdam: Rodopi, 1996.

[22] CHANG R. Incommensurability, Incomparability and Practical Reason. Cambridge: Harvard University Press, 1997.

[23] MAGEE B. Men of Ideas: Some Creators of Contemporary Philosophy [M]. London: British Broadcoasting Corporation, 1978.

[24] KOCIS R A. Reason, Development and the Conflicts of Human Ends: Sir Isaiah Berlin's Vision of Politics [J]. American Political Science Review, 1980, 74(1): 38-52.

[25] MAZUREK K. Isaiah Berlin's Philosophy of History: Structure; Method; Implications. Philosophy and Social Criticism, 1979.

[26] D'AMICO R. Historicism and Knowledge[M]. New York: Routledge, 1989.

[27] POPPER K. The Open Society and Its Enemies[M]. Princeton: Princeton University Press, 1966.

[28] CARR E H. What History[M]. New York: Vintage Books, 1961.

[29] GARDELS N. Two Concepts of Nationalism: An Interview with Isaiah Berlin[J]. The New York Review of Books, 1991.

[30] WALDRON J. Minority Cultures and the Cosmopolitan Alternative[M]//KYMLICKA W. The Rights of Minority Cultures. Oxford: Oxford University Press, 1995.

[31] MARGALIT A. The Decent Society[M]. Cambridge: Harvard University Press, 1996.

[32] CROEDER G. Liberalism & Value Pluralism[M]. London: Continuum, 2002.

[33] GALSTON W A. Liberal Pluralism: The Implications of Value Pluralism for Political Theory and Practice[M]. Cambridge: Cambridge University Press, 2002.

[34] GRAY J. Straw Dogs: Thoughts on Humans and Other Animals[M]. London: Granta Books, 2002.

[35] TAYLOR C. The Malaise of Modernity[M]. Don Mills: House of Anansi Press, 1991.

[36] TAYLOR C. Multiculturalism and the Politics of Recognition[M]. Princeton: Princeton University Press, 1992.

[37] WARNOCK G J. English Philosophy since 1900[M]. Oxford: Oxford University Press, 1958.

[38] SANDEL M. Liberalism and the Limits of Justice[M]. Cambridge: Cambridge University Press, 1982.

[39] SANDEL M. Deocracy's Discontent: America in Search of a Public Philosophy[M]. Cambridge: Harvard University Press, 1996.

中文参考文献

一、学术专著

[1] 徐大同.西方政治思想史[M].天津：天津教育出版社,2005.

[2] 乔治·萨拜因.政治学说史[M].刘山,译.北京：商务印书馆,1990.

[3] 洛克.政府论[M].叶启芳,等,译.北京：商务印书馆,1995.

[4] 孟德斯鸠.论法的精神[M].张雁深,译.北京：商务印书馆,1961.

[5] 斯宾诺莎.神学政治论[M].温锡增,译.北京：商务印书馆,1963.

[6] 托马斯·阿奎那.阿奎那政治著作选[M].马清槐,译.北京：商务印书馆,1963.

[7] 萨尔沃·马斯泰罗内.欧洲政治思想史[M].黄华光,译.北京：社会科学文献出版社,2001.

[8] 萨尔沃·马斯泰罗内.当代欧洲政治思想[M].黄华光,译.北京：社会科学文献出版社,1998.

[9] 阿克顿.自由与权力[M].侯建,范亚峰,译.北京：商务印书馆,2001.

[10] 阿克顿.自由史论[M].胡传胜,陈刚,李滨,等,译.南京：译林出版社,2001.

[11] 邦雅曼·贡斯当.古代人的自由与现代人的自由[M].阎克文,刘满贵,译.商务印馆,1999.

[12] 康德.法的形而上学原理[M].沈叔平,译.北京：商务印书馆,1991.

[13] 恩斯特·巴克.英国政治思想史[M].黄维新,等,译.北京：商务印书馆,1987.

[14] 鲍桑葵.关于国家的哲学理论[M].汪淑钧,译.北京：商务印书馆,1996.

[15] 布来恩·麦基.思想家——当代哲学的创造者们[M].周穗明,翁

寒松,译。北京：生活·读书·新知三联书店,1987.

[16] 安东尼·阿巴拉斯特.西方自由主义的兴衰[M].曹海军,译.吉林：吉林人民出版社,2004.

[17] 史蒂夫·威尔肯斯,阿兰·G.帕杰特.基督教与西方思想[M].刘平,译.北京：北京大学出版社,2005.

[18] 马克斯·韦伯.新教伦理与资本主义精神[M].彭强,黄晓京,译.陕西：陕西师范大学出版社,2002.

[19] 马克斯·韦伯.社会科学方法论[M].李秋零,等,译.北京：中国人民大学出版社,1999.

[20] 圭多·德·拉吉罗.欧洲自由主义史[M].杨军,译.吉林：吉林人民出版社,2001.

[21] 以赛亚·伯林.自由论[M].胡传胜,译.南京：译林出版社,2003.

[22] 以赛亚·伯林.反潮流：观念史论文集[M].冯克利,译.南京：译林出版社,2004.

[23] 以赛亚·伯林.俄国思想家[M].彭淮栋,译.南京：译林出版社,2001.

[24] 以赛亚·伯林.启蒙的时代：18世纪哲学家[M].孙尚扬,杨深,译.南京：译林出版社,2005.

[25] 以赛亚·伯林.自由及其背叛[M].赵国新,译.南京：译林出版社,2005.

[26] 以赛亚·伯林.现实感[M].潘荣荣,林茂,译.南京：译林出版社,2004.

[27] 以赛亚·伯林.扭曲的人性之材[M].岳秀坤,译.南京：译林出版社,2005.

[28] 以赛亚·伯林.启蒙的三个批评者[M].马卯,译.南京：译林出版社,2005.

[29] 拉明·贾汉贝格鲁.伯林谈话录[M].杨祯钦,译.南京：译林出版社,2002.

[30] 莱斯理·里普森.政治学的重大问题：政治学导论[M].刘晓,等,译.北京：华夏出版社,2001.

［31］汉密尔顿，杰伊，麦迪逊.联邦党人文集[M].程逢如，译.北京：商务印书馆，1982.

［32］马·克里拉，罗纳德·德沃金，罗伯特·西尔维斯.以塞亚·伯林的遗产[M].刘擎，殷莹，译.北京：新星出版社，2006.

［33］约翰·密尔.论自由[M].许宝骙，译.北京：商务印书馆，2006.

［34］霍布毫斯.自由主义[M].朱曾汶，译.北京：商务印书馆，1996.

［35］约翰·格雷.自由主义[M].曹海军，刘训练，译.吉林：吉林人民出版社，2005年版

［36］约翰·格雷.自由主义的两张面孔[M].顾爱彬，李瑞华，译.南京：江苏人民出版社，2002.

［37］约翰·格雷.伯林[M].马军峰，杨彩霞，译.北京：昆仑出版社，1999.

［38］伊格纳季耶夫.伯林传[M].罗妍莉，译.南京：译林出版社，2001.

［39］弗里德里希·沃特金斯.西方政治传统：现代自由主义发展研究[M].黄辉，杨健，译.吉林：吉林人民出版社，2001.

［40］皮埃尔·莫内.自由主义思想文化史[M].曹海军，译.吉林：吉林人民出版社，2004.

［41］约瑟夫·拉兹.自由的道德[M].孙晓春，曹海军，等，译.吉林：吉林人民出版社，2006.

［42］查尔斯·泰勒.黑格尔[M].张国清，等，译.南京：译林出版社，2002.

［43］达巍，王琛，宋念申.消极自由有什么错[M].北京：文化艺术出版社，2001.

［44］约翰·罗尔斯.正义论[M].何怀宏，何包钢，廖申白，译.北京：中国社会科学出版社，1988.

［45］约翰·罗尔斯.政治自由主义[M].万俊人，译.南京：译林出版社，2000.

［46］约翰·罗尔斯.作为公平的正义——正义新论[M].姚大志，译.上海：上海三联出版社，2002.

［47］范伯格.自由，权利和社会正义——现代社会哲学[M].王守昌，戴

栩,译.贵州:贵州人民出版社,1998.

[48] 卡尔·波普尔.开放社会及其敌人[M].陆衡,张群群,杨光明,李少平,等,译.北京:中国社会科学出版社,1999.

[49] 弗里德里希·奥古斯特·哈耶克.通往奴役之路[M].王明毅,冯兴元,等,译.北京:中国社会科学出版社,1997.

[50] 弗里德里希·奥古斯特·哈耶克.致命的自负[M].冯克利,胡晋华,等,译.北京:中国社会科学出版社,2000.

[51] 弗里德里希·奥古斯特·哈耶克.自由秩序原理[M].邓正来,译.北京:生活·读书·新知三联书店,1997.

[52] 弗里德里希·奥古斯特·哈耶克.不幸的观念[M].刘戟锋,等,译.上海:东方出版社,1991.

[53] 卡尔·曼海姆.意识形态与乌托邦[M].黎鸣,李书崇,译.北京:商务印书馆,2005.

[54] 汉娜·阿伦特.极权主义的起源[M].林骧华,译.北京:时报文化出版企业有限公司,1995.

[55] 迈克尔·沃尔泽.正义诸领域:为多元主义与平等一辩[M].褚松燕,译.南京:译林出版社,2002.

[56] 迈克尔·沃尔泽.论宽容[M].袁建华,译.上海:上海人民出版社,2000.

[57] 安东尼·德·雅赛.重申自由主义[M].陈茅,等,译.北京:中国社会科学出版社,1997.

[58] 乔治·克劳德.自由主义与价值多元论[M].应奇,张小玲,等,译.南京:江苏人民出版社,2006.

[59] 威廉·A.盖尔斯敦.价值多元主义[M].佟德志,庞金友,译.南京:江苏人民出版社,2005.

[60] 理查德·沃林.文化批评的观念[M].张国清,译.北京:商务印书馆,2000.

[61] 约翰·凯克斯.反对自由主义[M].应奇,译.南京:江苏人民出版社,2003.

[62] 约翰·凯克斯.为保守主义辩护[M].应奇,葛水林,译.南京:江

苏人民出版社, 2003.

[63] 诺尔曼·P. 巴丽. 古典自由主义与自由至上主义[M]. 竺乾威, 译. 上海：上海人民出版社, 1999.

[64] 迈克尔·H. 莱斯诺夫. 二十世纪的政治哲学家[M]. 冯克利, 译. 北京：商务印书馆, 2002.

[65] 昆廷·斯金纳. 自由主义之前的自由[M]. 李宏图, 译. 上海：上海三联书店, 2003.

[66] 迈克尔·桑德尔. 自由主义与正义的局限[M]. 万俊人, 等, 译. 南京：译林出版社, 2002.

[67] 列奥·施特劳斯, 等. 政治哲学史[M]. 李天然, 等, 译. 石家庄：河北人民出版社, 1993.

[68] 加藤节. 政治与人[M]. 唐士其, 译. 北京：北京大学出版社, 2003.

[69] 胡传胜. 观念的力量：与伯林对话[M]. 成都：四川人民出版社, 2002.

[70] 胡传胜. 自由的幻像：伯林思想研究[M]. 南京：南京大学出版社 2001.

[71] 李强. 自由主义[M]. 北京：中国社会科学出版社, 1998.

[72] 郭正林, 肖滨. 规范与实证的政治学方法[M]. 广州：广东人民出版社, 2003.

[73] 冯克利. 尤利西斯的自缚[M]. 南京：江苏人民出版社, 2004.

[74] 顾中华. 韦伯学说[M]. 桂林：广西师范大学出版社, 2004.

[75] 刘小枫. 刺猬的温顺[M]. 上海：上海文艺出版社, 2004.

[76] 石元康. 当代西方自由主义理论[M]. 上海：上海三联书店, 2000.

[77] 应奇. 从自由主义到后自由主义[M]. 北京：生活·读书·新知三联书店, 2003.

[78] 应奇, 刘训练. 第三种自由[M]. 北京：东方出版社, 2006.

[79] 顾肃. 自由主义的基本理念[M]. 北京：中央编译出版社, 2005.

[80] 吕良. 西方自由主义传统[M]. 广州：广东人民出版社, 2003.

[81] 马德普. 普遍主义的贫困——自由主义政治哲学批判[M]. 北京：人民出版社, 2005.

[82] 邓正来.自由主义社会理论[M].济南：山东人民出版社,2003.

[83] 林毓生.热烈与冷静[M].上海：上海文艺出版社,1998.

[84] 刘军宁,等.自由与社群[M].北京：生活·读书·新知三联书店,1998.

[85] 王焱.自由主义与当代世界[M].北京：生活·读书·新知三联书店,1998.

[86] 刘军宁,等.直接民主与间接民主[M].北京：生活·读书·新知三联书店,1998.

二、期刊论文

[1] 甘阳.伯林与后自由主义[J].读书,1998(4).

[2] 甘阳.自由的敌人——真善美的统一[J].读书,1998(6).

[3] 张汝沦.伯林与乌托邦[J].读书,1999(7).

[4] 钱永祥.我总是生活在表层上[J].读书,1999(7).

[5] 郝立新.以塞尔·伯林与当代西方政治哲学[J].哲学动态,1998(1).

[6] 陆建德.伯林：捍卫不同的价值观[N].环球时报 2003-05-26.

[7] 张文喜.自我的幻像：对伯林两种自由的批评[J].东南学术,2002(3).

[8] 马德普.价值多元论与普遍主义的困境——伯林的自由思想对自由主义政治哲学的挑战[J].天津师范大学学报,2001(6).

[9] 邓晓芒.伯林自由观批判[J].社会科学论坛,2005(10).

[10] 周枫.为伯林自由观辩护[J].社会科学论坛,2006(5).

[11] 邓晓芒.不成功的辩护——对周枫《为伯林自由观辩护》的回应[J].社会科学论坛,2006(10).

[12] 王秀丽.自由的悖论——伯林自由观探析[J].学术界,2006(3).

[13] 张国清.在善与善之间：伯林的价值多元论难题及其批判[J].哲学动态,2004(7)

[14] 张国清.以塞尔·伯林自由主义宪政思想批判[J].江苏行政学院学报,2005(1).

［15］刘明贤.试论伯林的悲剧观［J］.学海，2005(3).

［16］刘明贤.伯林的两种自由概念探析［J］.哲学动态，2004(9).

［17］刘明贤.伯林自由理论的内在困境及其出路［J］.深圳大学学报(社科版)，2004(4).

［19］刘擎.面对多元价值冲突的困境——伯林论题的再考察［J］.华东师范大学学报(社科版)，2005(6).

［20］殷冬水，曾水英.以观念制约观念——伯林《自由四论》及其自由主义研究［J］.云南行政学院学报，2004(5).

［21］邓春梅.论伯林的自由观——从两种自由概念谈起［J］.西南政法大学学报，2005(4).

［22］蒋柳萍.多元论与自由：伯林反启蒙的自由主义思想研究［J］.江西社会科学，2006(1).

［23］李筠.始于自由，终于专制——伯林眼中的卢梭［J］.中国政法大学学报，2006(2).

［24］储昭华.是自由的种类之分还是自由与权利之别——伯林"两种自由"理论再认识［J］.学术界，2004(4).

［25］佟德志.多元价值中的自由——当代西方自由多元主义的理论与实践［J］.浙江学刊，2006(4).

［26］应奇.两种自由概念的分与合：一个思想史的考察［J］.哲学研究，2004(7).

三、网络资源

http：//berlin.wolf.ox.ac.uk/网站汇集了目前最齐全的伯林著作及很多未发表著作。